RESEARCH REPORT ON THE DEVELOPMENT OF LABOR RELATIONS IN CHINA

2021

中国劳动关系发展研究报告

编委会主任　韩喜平　隋明利
主　　编　邵彦敏　孙在旗

学习出版社

图书在版编目（CIP）数据

中国劳动关系发展研究报告. 2021 / 邵彦敏, 孙在旗主编. -- 北京 : 学习出版社, 2025. 6. -- ISBN 978-7-5147-1290-2

Ⅰ. F249.26

中国国家版本馆 CIP 数据核字第 20246RU029 号

中国劳动关系发展研究报告（2021）

ZHONGGUO LAODONG GUANXI FAZHAN YANJIU BAOGAO（2021）

邵彦敏　孙在旗　主编

责任编辑：夏　静
技术编辑：刘　硕
封面设计：杨　洪

出版发行：学习出版社
北京市崇外大街11号新成文化大厦B座11层（100062）
010-66063020　010-66061634　010-66061646
网　　址：http://www.xuexiph.cn
经　　销：新华书店
印　　刷：北京市密东印刷有限公司

开　　本：787毫米×1092毫米　1/16
印　　张：17.25
字　　数：246千字
版次印次：2025年6月第1版　2025年6月第1次印刷

书　　号：ISBN 978-7-5147-1290-2
定　　价：76.00元

编 委 会

前 言
PREFACE

《中国劳动关系发展研究报告（2021）》是在2019年编写的《中国劳动关系发展研究报告（1949—2019）》和2022年编写的《中国劳动关系发展研究报告（2020）》的基础上的第三部，以后将会继续编写，汇集每一年关于劳动关系的研究成果，为进一步深入研究劳动关系提供参考与借鉴。

劳动关系是指在劳动过程中劳动者与劳动力使用者以及相关组织之间的一种社会经济关系，体现的是一种利益关系。一定社会的劳动关系，是由该社会的生产力和生产关系、生产方式和社会制度决定的。“劳动关系是生产关系的重要组成部分，是最基本、最重要的社会关系之一”，是劳动生产过程中劳动者与生产资料结合的具体表现形式。劳动关系作为经济关系的集中体现，会随着经济发展变革而发生变化。党的十九大报告指出，要推动互联网、大数据、人工智能和实体经济深度融合。加快发展人工智能对我国经济实现高质量、高水平发展具有重要意义。人工智能的广泛应用必将影响我国劳动力市场，影响劳资双方、生产方式、产业结构、社会关系，引发我国劳动关系变革，增加劳动关系矛盾。

劳动关系在国家发展大局中有着至关重要的地位，党和政府高度重视劳动关系治理。以习近平同志为核心的党中央颁布了《中共中央　国务院关于构建和谐劳动关系的意见》，建立起中国特色和谐劳动关系体制机制，系统规划了构建和谐劳动关系的一系列政策。建设社会主义和谐劳动关系是建设和谐社会，实现共同富裕的重要步骤。持续提高社会主义劳动关系的和谐程度，已经成为广大人民群众的共同心愿。因此，从社会主义市场经济背景出发，梳理新发展阶段劳动关系发展对于持续推进社会主义和谐劳动关系建设具有重要的理论和现实意义。

第一节 理论意义

随着劳动关系矛盾的凸显，构建和谐劳动关系成了学界研究的高频词之一。中国式现代化进程对劳动关系理论提出了全新的时代要求，而传统的劳动关系理论无法满足这一需求，建构适应中国式现代化进程的中国特色社会主义劳动关系的理论体系极为必要。但针对中国特色和谐劳动关系的理论内涵及其面临的新挑战，仍然需要进行深刻的理论研究。本书试图梳理构建中国特色和谐劳动关系的提出过程，阐释其理论内涵并分析当前面临的新情况新问题，进而探寻具体路径举措。目前，我国正处于经济社会发展转型阶段，大量新经济、新业态不断涌现，出现了灵活就业等多种就业形式。同时，在我国社会主义市场经济体制下，存在着多种所有制经济。不同所有制经济内部的劳动关系性质，又存在着各种各样的差别。以上这些现实情况，使得我国社会主义劳动关系的特征存在着复杂性和特殊性。因此，通过对新业态以及数字经济、平台经济等新形势、新问题的分析，与时俱进地研究劳动关系出现的变化，探索构建中国式现代化进程中的和谐劳动关系具有极强的现实意义。因此，本书的具体内容包括以下几个方面。

第一，习近平总书记关于工人阶级和工会工作的重要论述，深刻阐明了工会工作的地位作用、目标任务、实践要求，科学回答了工人阶级和工会工作的一系列方向性、根本性、战略性重大问题。近几年党和国家事业的发展、工会事业的发展都有了新的变化，职工队伍和劳动关系状况也发生了深刻变化，工会工作面临许多新情况新问题，党对工人阶级和工会工作提出了许多新要求新任务，关于工人阶级和工会工作的重要论述有了许多新的发展。习近平总书记提出的一系列新思想、新论断，科学回答了新时代工运事业和工会工作举什么旗、走什么路、达到什么目标等一系列方向性、根本性、战略性重大问题，形成了习近平总书记关于工人阶级和工会工作的重要论述，成为习近平新时代中国特色社会主义思想的重要组成部分。这一重要论述遵循马克思主义劳动学说和工运学说的基本原理，与中国工人运动的具体实践相结合，融入了新时代的特征元素，提出了一系列原创性思想和观点，把党对工人运动和工会工作的规律性认识提升到一个新高度，开辟了党的工运理论新境界，具有强大的思想力量、巨大的引领作用、磅礴的实践伟力，为新时代工运事业和工会工作创新发展提供了根本遵循和强大思想武器。

第二，对劳动教育理论进行了梳理与研究。党的十八大以来，习近平总书记对劳动与劳动教育作出重要论述。2015 年，教育部、共青团中央、全国少工委发布《关于加强中小学劳动教育的意见》；2020 年，教育部印发了《大中小学劳动教育指导纲要（试行）》；2020 年，中共中央、国务院出台了《关于全面加强新时代大中小学劳动教育的意见》。这 3 个重要文件的发布，为学者们研究劳动教育进一步指明了方向，劳动教育的研究从低阶进入高阶发展阶段。随着学界对劳动教育关注度的持续提升，研究成果日益丰富。学者们不断探析劳动教育的基本内涵、时代特点、政策演变历程及实施效果。在理论的提出和具体实践的摸索发展中，劳动教育的独特性与综合性育人价值日益凸显，劳动教育的内涵不断丰富，劳动教育实践及其理论研究成为教育研究的重要领域，也为我国相关政策和制度的制定提供了重要支撑。

第三，通过翔实的数据与统计分析对中国劳动关系研究领域学术影响力进行了评价。对收集到的 2019 年至 2021 年中国劳动关系研究领域的学术论文数据进行无量纲化处理，并根据引用数量与下载数量进行平均加权求和，计算学术论文的综合学术影响力，最终综合评价中国劳动关系研究领域的学术论文影响力，并按照不同年份进行详尽分析。当前企业所面对的现实问题经历了从“传统企业劳动关系管理不规范”到“平台企业用工关系模糊”的新老更替，需要更加关注如何改进传统企业劳动关系管理，开展平台企业用工管理，构建企业和谐劳动关系等问题。可以发挥先进典型的示范带动作用，借鉴全国模范劳动关系和谐企业、工业园区的管理方法，因地制宜，使不同企业都能实现构建和谐劳动关系，保障企业工会及劳动者合法权益。

第四，对劳动关系的研究不仅局限于劳动关系本身，还对与劳动关系相关的劳模精神、劳动精神、工匠精神进行了梳理与研究。现代信息技术发展突飞猛进，制造业科技含量逐渐提升，工艺流程精细复杂。随着时代发展，对劳动者素质的要求也逐渐提高。面对新一轮科技革命和产业变革，我们需要更多知识型、技能型、创新型劳动者。2020 年 12 月 10 日，习近平总书记在致首届全国职业技能大赛的贺信中强调，“各级党委和政府要高度重视技能人才工作，大力弘扬劳模精神、劳动精神、工匠精神，激励更多劳动者特别是青年一代走技能成才、技能报国之路，培养更多高技能人才和大国工匠，为全面建设社会主义现代化国家提供有力人才保障”，激发工人阶级和广大劳动群众的主力军作用，从而打造高素质劳动者队伍。高素质劳动者之于经济社会高质量发展有着重要意义，高质量发展归根到底取决于人才。培养高素质劳动者需要有劳模精神、劳动精神、工匠精神的价值引领。从根源上厘清劳模精神、劳动精神、工匠精神的理论逻辑，揭示并阐述其内在规律性，为培育德技兼修的时代新人指明了方向，提供了根本遵循。这对于新时代弘扬和发展劳模精神、劳动精神、工匠精神，开展劳模评选、精神宣传、劳动教育等活动具有重要意义。

第五，数字经济条件下，新产业、新业态、新模式的快速发展产生了新就业形态，劳动关系相较于传统的用工形式也出现了新的情况，资本对劳动的剥削更加隐蔽、多元和深化，劳动关系也出现了新的发展趋势。现阶段，以人工智能、区块链、云计算、大数据为代表的底层数字技术推动数字经济在全球蓬勃发展，对人类生产、生活和生态产生了全面深刻影响。根据中国信息通信研究院研究报告《全球数字经济新图景（2020 年）》相关数据，2019 年世界 47 个主要经济体的数字经济增加值为 31.8 万亿美元，占 GDP（国内生产总值）的比重为 41.5%，其中，发达国家数字经济 GDP 占比达 51.3%。我国 2011—2020 年数字经济年均增长率达 17.06%，2020 年数字经济增加值为 39.2 万亿元，GDP 占比达 38.5%。预计 2025 年，我国数字经济增加值将达到 60 万亿元，GDP 占比至少可达到 50%。在数字化浪潮下，数字技术带来的实时交互能力加速了工作场景的简单化、职业的大众化，伴随着新产业、新业态、新模式的快速发展，新就业形态应运而生。据国家信息中心发布的《中国共享经济发展报告（2020）》，2019 年，以新业态形式出现的平台企业员工数已达 623 万人，比上年增长了 4.2%；平台带动的就业人数约 7800 万人，同比增长 4%。新就业形态没有固定的用工模式，而是利用互联网平台在发展中不断蜕变、进化。从业者面临的劳动关系也从一种相对静态、固化形态转向动态、变化形态。这些新职业成长基础相对薄弱，劳动关系发生了变革，包括形态、主体和权益保障都发生了深刻变化。在平台经济中，雇佣劳动关系不同于传统劳动者与企业签订的书面的正式劳动关系，平台与劳动者达成劳动协议的门槛非常低，通过网络注册和协议同意就可以达成一种类似合作关系的临时用工协议，而这不是正式雇佣关系，无法得到劳动法的有效保护。劳动者由于工作时间和地点比较灵活，自备劳动工具，并且可以同时和多个平台签订合约，而被认为与平台不存在严格的行政隶属和人身依附关系。通过“去劳动关系化”，平台绕开了相关法律对数字劳动者的保护，规避了劳动者工伤、养老等社会保险费用，出现低报酬、低保障等问题。因此，有必要对智能经济时代劳动关系进行深入考察。

第六，从共同富裕、高质量发展、共享发展等视域对劳动关系问题进行了探索，初步展现中国式现代化进程中的劳动关系问题研究现状。习近平总书记指出，中国式现代化“摒弃了西方以资本为中心的现代化、两极分化的现代化、物质主义膨胀的现代化、对外扩张掠夺的现代化老路，拓展了发展中国家走向现代化的途径，为人类对更好社会制度的探索提供了中国方案”。党的二十大报告中提出，中国式现代化，是中国共产党领导的社会主义现代化，既有各国现代化的共同特征，更有基于自己国情的中国特色。中国式现代化是人口规模巨大的现代化，是全体人民共同富裕的现代化，是物质文明和精神文明相协调的现代化，是人与自然和谐共生的现代化，是走和平发展道路的现代化。中国式现代化是在新时代社会主要矛盾发生变化的背景下提出来的。其中，共同富裕是中国式现代化的重要特征，高质量发展是中国式现代化的本质要求，共享发展是中国式现代化的价值遵循。劳动关系是现代社会的基本经济关系。立足新发展阶段，在贯彻新发展理念、构建新发展格局的过程中，扎实推动共同富裕，实现高质量发展，都会影响到劳动关系的建立、存续与和谐。面对劳动关系中主要矛盾的变化，中国式现代化如何坚持问题导向回应并解决劳动关系中面临的问题，构建和谐劳动关系，是一个重要的研究课题。

第七，改革开放以来伴随着所有制结构的变迁，呈现出的中国特色社会主义劳动关系进一步发展，这需要我们不断地总结经验。非公有制企业的市场主体地位基本明确。国有企业在用人、分配等方面的自主权逐步扩大，已成为劳动关系的一方主体。劳动者拥有了较大的择业自主权，初步成为能够拥有并自主支配自身劳动力的独立主体。在劳动力市场中，劳动者与用人单位通过双向选择来建立劳动关系，劳动关系主体双方的地位和权益受到法律的保护。劳动关系的运行初步实现市场化。劳动就业逐渐从过去的统包统配转向就业市场化和失业公开化，劳动关系逐渐从过去的行政管理方式转向市场调节方式，劳动关系主体的权利和义务主要由主体双方按照市场规则自行决定，市场机制对劳动力资源的基础调节作用得到发挥。企业与劳动者之间逐渐形成主体明晰、利益多元的新型劳动关系。企业产权所有者、经营者和劳动者在根本利益一致的前提下，局部利益的矛盾开始出现并且显性化，劳动争议逐渐增多。

第八，随着新产业新业态新模式蓬勃兴起，工会组织建设与工作重点也出现了新的变化。新就业形态从业人员一般通过网上接单等方式承接工作任务，进入和退出的门槛较低、工作时间相对自由，劳动报酬是根据平台确定的规则和标准从消费者支付的费用中分成。新就业形态较为集中的行业主要包括交通出行、外卖配送、快递、直播以及网约家政服务等。不同行业平台的用工形式依经营模式不同而有所差异。这类劳动用工具有吸纳就业能力强、劳动关系非标准化、劳动就业非正规化的特点。这容易导致新就业形态从业人员的劳动和社会保障存在风险：不稳定的收入且无最低工资保障，工作时间超长且无休息休假，职业伤害风险高但由于不被认定为劳动关系而被排除在社会保险范围之外，救济与保障不足，缺乏职业技能培训等。这就要求工会发挥作用，强化新就业形态劳动者权益保障，聚焦社会关切的平台网约劳动者劳动权益保障问题，积极与行业协会、头部企业或企业代表组织就行业计件单价、订单分配、抽成比例、劳动定额、报酬支付办法、进入退出平台规则、工作时间、休息休假、劳动保护、奖惩制度等开展协商，维护新就业形态劳动者的劳动经济权益。深入开展调查研究，推进政府有关部门制定规范平台劳动用工政策，推动劳动保障法律法规的制定和修改，充分表达新就业形态劳动者意见诉求，使新就业形态劳动者群体各项权益在法律源头上得以保障。工会要会将工作重点放在新就业形态劳动者入会这一关键问题上，切实维护新就业形态劳动者劳动保障权益，最大限度地把新就业形态劳动者组织到工会中来，团结凝聚在党的周围，将党的关怀和温暖及时送达，避免新产业新业态新模式带来新的劳动关系问题。

总之，和谐的劳动关系包括了劳动关系治理中公平与企业效率、劳动者自由与平等、企业致富与劳动者共富、劳动者私益与企业公益、物质层面与精神层面价值平衡、劳动伦理与企业责任等范畴的和谐。如何实现构建和谐劳动关系，就需要政府、企业、工会等多方协作，积极营造构建和谐劳动关系的良好环境，加强组织领导和统筹协调。随着新科技革命发展进程不断提速，新一代信息通信技术、人工智能技术、机器人技术等前沿技术协同交织，创造了智能经济、共享经济、数字经济等新产业和新业态，吸引了大量劳动力参与新的经济形态，劳动关系随之也呈现出新的复杂特征，也凸显了当下系统整理、分析和总结最新的劳动关系研究成果，系统而深入地对劳动关系的新特征、新问题和新形势进行概括和梳理的重要意义。

第二节 逻辑架构及主要内容

第一章梳理了习近平总书记关于工人阶级和工会工作重要论述的研究。习近平总书记关于工人阶级和工会工作的重要论述，是他在领导党的工运事业的实践基础上形成的，是我们党的工运理论最新成果，深刻阐明了工会工作的地位作用、目标任务、实践要求，回答了工运事业和工会工作一系列重大理论和实践问题，贯穿了党全心全意依靠工人阶级的根本方针，是习近平新时代中国特色社会主义思想的重要组成部分，为进一步推进新时代工会理论研究提供了根本遵循，指明了前进方向。对习近平总书记关于工人阶级和工会工作重要论述的时代背景进行了分析。我国工人运动的时代主题，是为实现中华民族伟大复兴的中国梦而奋斗。这需要广大职工牢牢把握为实现中国梦而奋斗的时代主题，肩负起新时代在21世纪中叶建成富强民主文明和谐美丽的社会主义现代化强国的历史重任。当今世界正处于大发展大变革大调整时期，全球治理体系和国际秩序变革加速推进，我国面临改革发展的巨大考验。这要求工会组织发挥自身各项优势实现伟大梦想。新一轮科技革命和产业变革不断深入，新业态蓬勃发展，企业组织形式、管理模式、生产经营方式及用工方式等发生深刻变化，劳动关系的确立与运行、职工权益的维护和保障面临新的困难，要求工会组织在维护产业工人、新就业形态劳动者、农民工、城市困难职工等劳动群体的合法权益，完善社会治理体系与提高社会治理水平中发挥工会的优势和作用。我国社会主要矛盾发生变化，转化为人民日益增长的美好生活需要和不平衡不充分的发展之间的矛盾。要满足职工群众的美好生活需要，要求工会组织、团结、领导广大职工参与推动全面深化改革。探讨了习近平总书记关于工人阶级和工会工作重要论述的主要内容，包括“八个坚持”“十五个方面”基本内涵，以“四个立足”分析了重要论述的实践要求，深刻总结了党推进工运事业和工会工作的成功经验，集中阐述了新时代党中央关于工人阶级和工会工作的大政方针。这些重要论述是对马克思主义劳动学说和工运学说的继承和发展，是习近平新时代中国特色社会主义思想的重要组成部分。对习近平总书记关于工人阶级和工会工作重要论述研究的主要论题进行了整理。学者对习近平总书记关于工人阶级和工会工作的重要论述研究主要集中在理论内涵、理论特质、世界观和方法论、理论贡献与现实意义、各级工会深入学习的成果以及权威媒体报道等方面。学术界对习近平总书记关于工人阶级和工会工作重要论述的研究成果较为丰富，具有较强的学理性、时效性和影响力，为后续研究提供了重要的参考和借鉴。但是，研究也存在深度和广度不足的问题，研究成果数量偏少，缺乏实证研究、比较研究、跨学科研究，也缺少对现实问题的关注。在今后的研究中，应该拓展研究领域和深化研究内容，加强实证研究和调查研究，结合新技术和新应用，加强跨学科合作和研究，关注全球化和国际比较研究。

第二章重点梳理了 2020 年至 2021 年中国劳动关系领域政策。劳动法规政策是国家保障劳动者合法权益的重要依据，是推动我国劳动关系长期稳定发展的基石。总的来说，2020 年至 2021 年劳动法规政策在多个方面进行了完善和加强。这些政策主要涉及劳动合同的签订、劳动报酬的支付、社会保险的缴纳、劳动安全与保护、劳动争议的解决等方面，旨在保护劳动者的合法权益，促进劳动关系和谐稳定。劳动法规政策的建设关系到我国能否建设现代化的劳动关系与劳动市场，进一步推动我国劳动关系改革向纵深发展。2020年至2021 年，我国在招工与就业方面实施就业优先战略，完善促进就业的制度体系，实施包括就业援助、创业扶持等在内的就业政策，推进人才资源市场建设，加强职业技能培训，旨在促进就业稳定，提高劳动者的技能水平和就业能力，完善社会保障制度，为劳动者提供稳定的社会保障。两年间，为助力优化人力资源结构，提高劳动者素质，促进经济社会持续健康发展，我国政府针对职工管理实施了一系列政策，全面推进中国特色企业新型学徒制，着重提升劳动者职业技能质量。针对劳动者的劳动保护方面，我国出台了一系列政策文件，涵盖了多个领域，包括自然资源、应急管理、人力资源和社会保障、工业和信息化、住房城乡建设、生态环境、交通运输等，主要内容涉及安全生产、劳动保障、防汛防台风、粉尘防爆、优化辐射安全考核等方面，持续扎实推进安全生产工作，加强优化考核和执法相关工作，落实新就业形态劳动者劳动保障权益。社会保障是保障和改善民生、维护社会公平、增进人民福祉的基本制度保障，是促进经济社会发展、实现广大人民群众共享改革发展成果的重要制度安排，发挥着民生保障安全网、收入分配调节器、经济运行减震器的作用，是治国安邦的大问题。我国在劳动关系的社会保障上持续发力，完善政府、工会、企业共同参与的协商协调机制，构建和谐劳动关系；持续推进完善劳动者的薪酬保障制度，坚持初次分配效率与公平并重；深化养老与医疗保险制度改革，进一步充分调动劳动者的积极性；全面建成覆盖全民、城乡统筹、权责清晰、保障适度、可持续的多层次社会保障体系，努力让劳动者实现体面劳动、全面发展。中华全国总工会针对全国工会系统建设，要求进一步密切工会领导机关与基层工会和职工群众的联系，推动解决基层工会和职工群众面临的实际困难和问题；提高疫情防控期间船员劳动待遇，保障劳动者的基本收入；将工作重点放在新就业形态劳动者入会这一关键问题上，切实维护新就业形态劳动者劳动保障权益，加强社会组织工会建设。农民工群体作为我国职工队伍的主要构成之一，近年来数量增长速度放缓。随着经济发展进入新阶段，城镇化对农民工的吸纳能力减弱，农民工数量总体趋于饱和。我国政府关注农民工权益，推动农民工参加工伤保险、失业保险，开展根治欠薪行动，提升服务水平，持续推动农民工群体的职业转型和劳动力质量提高。

第三章为劳动教育理论研究。劳动是人类维持生命、不断发展的基础性活动。劳动教育是教育的重要组成部分。从中国共产党成立之日起，就将教育摆在各项事业的首位，而劳动教育更在教育领域中起着至关重要的作用。我党无论是在新民主主义革命时期、社会主义革命和建设时期、改革开放和现代化建设时期还是在中国特色社会主义进入新时代之后，我党始终重视劳动教育的发展，不断对劳动教育的政策进行探索。本章从劳动教育的内涵、劳动教育政策的演变历程、劳动教育政策的实施效果、强化劳动教育政策的对策4个方面进行论述。首先，介绍了关于劳动教育的内涵研究。劳动教育是人改造外部世界，满足人的物质文化与精神文化需求，实现人的自由全面发展的实践活动。从劳动教育的基本内涵、特征两个方面详细梳理了新时代劳动教育的理论和现实意义，也彰显了新时代开展劳动教育的必要性。其次，梳理了劳动教育政策演变历程的研究。从劳动教育政策的演变历程和演变特点两个方面进行了梳理，为明晰劳动教育的发展规律、把握劳动教育的发展趋势提供理论依据，为新时代劳动教育的高质量发展创新提供实践经验和历史镜鉴。再次，梳理了劳动教育政策的实施效果研究。劳动教育政策的实施对促进学生的健康成长和社会的进步具有重要意义。本章将从劳动教育政策的主要成就、劳动教育政策的现实意义两个方面进行梳理。最后，对强化劳动教育政策的对策研究进行了梳理。劳动教育不局限于劳动理论说教，而是整合各方面资源，结合政治、经济、文化、社会、自然等多种因素的实践教育，强化劳动教育政策对落实立德树人根本任务意义非凡。

第四章为弘扬劳模精神、劳动精神、工匠精神研究。劳模精神、劳动精神、工匠精神是以爱国主义为核心的民族精神和以改革创新为核心的时代精神的生动体现。在2020年全国劳动模范和先进工作者表彰大会上，习近平总书记站在实现中华民族伟大复兴的全局高度，精辟概括了劳模精神、劳动精神、工匠精神的深刻内涵，指出劳模精神、劳动精神、工匠精神是“鼓舞全党全国各族人民风雨无阻、勇敢前进的强大精神动力”，强调新时代要“大力弘扬劳模精神、劳动精神、工匠精神”。这成为进一步研究三种精神的根本遵循。首先，梳理了劳模精神、劳动精神、工匠精神的形成依据研究，分别是作为理论基础的马克思主义劳动观、作为文化基础的中华优秀传统劳动文化和作为实践基础的党领导人民群众的劳动历史3个方面。其次，对劳模精神、劳动精神、工匠精神的科学内涵阐释进行了整理。分别从劳模精神的科学内涵、劳动精神的科学内涵、工匠精神的科学内涵和三种精神的辩证关系研究4个角度全方位总结了三种精神内涵阐释相关的研究。再次，弘扬劳模精神、劳动精神、工匠精神的实践路径探析。新时代弘扬劳动精神，关乎中华民族伟大复兴中国梦的实现，关乎社会主义现代化强国的建设，可以通过劳动教育、开展劳动和技能竞赛、加强职工思想政治引领等形式弘扬劳模精神、劳动精神、工匠精神。最后，劳模精神、劳动精神、工匠精神的时代价值解读。劳模精神、劳动精神、工匠精神代表着中华民族独特的精神标识，彰显着我们党的光荣传统和优良作风，赓续着我们国家和民族的精神追求，始终是激励广大劳动者拼搏奋斗、不断前行的强大精神动力。劳模精神、劳动精神、工匠精神有助于从彰显马克思主义劳动观中国化的视角阐释其时代意义，有助于从丰富中华民族伟大时代精神的视角阐释其时代意义，有助于从全面建设社会主义现代化国家的视角阐释其时代意义。

第五章为智能经济下的和谐劳动关系研究。当前世界经济数字化转型不断向纵深推进，中国也正加速向数字产业化和产业数字化转型。随着互联网技术的广泛应用，数字经济条件下的劳动关系与传统的用工形式相比，在劳动过程、雇佣关系和劳资矛盾等方面均出现了新的情况，资本对劳动的剥削更加隐蔽、多元和深化，劳动关系也出现了新的发展趋势。首先，对数字经济下的和谐劳动关系研究。数字经济的发展对不同劳动群体的影响各不相同，并且大量新职业快速涌现。数字经济时代的劳动过程相较于传统经济出现了很多新特点，导致数字经济时代劳动关系出现新的特征。其次，对新业态中的劳动关系进行了研究。新业态的快速发展为劳动关系理论深化提供了新场景与新课题，这包括新业态从业人员的劳动关系问题的研究、新业态中劳动权益保护的研究和新业态构建和谐劳动关系的研究。最后，对平台经济与劳动关系作了梳理。互联网平台经济的发展催生了新型劳动关系，一方面为劳动者提供了多元就业选择，但是另一方这种劳动关系的弱从属性特征与平台有意“去劳动关系化”，使平台从业者被排除在失业保险的覆盖范围之外，面临着失业风险无法保障的现实难题。本章将从平台经济劳动关系的稳定性、平台经济劳动者权益保障、平台经济下劳动关系认定标准以及平台经济的现实特点和新技术等方面进行分析。

第六章为中国式现代化进程中的劳动关系研究。中国式现代化是我们党领导全国各族人民在长期探索和实践中历经千辛万苦、付出巨大代价取得的重大成果。中国式现代化在推进和拓展中，其内涵、特质及价值导向是不断丰富与彰显的。其中，共同富裕是中国式现代化的重要特征，高质量发展是中国式现代化的本质要求，共享发展是中国式现代化的价值遵循。对于共同富裕与新时代劳动关系，本章将从共同富裕与劳动关系的主体要素，实现共同富裕的劳动关系路向两方面进行梳理。高质量发展为全面建设社会主义现代化国家提供更为坚实的物质基础。高质量发展的要求会影响到劳动关系的建立、存续与和谐，开展劳动竞赛、积极开展劳动教育、构建和谐劳动关系、激发职工创新创造活力、弘扬工匠精神等方面都在推动高质量发展中发挥着重要作用。共享发展关系着人民群众顺利享受发展成果，保证人民群众成为改革发展最普遍的受益群体，是中国式现代化的本质体现。在中国特色社会主义建设的实践探索中，以习近平同志为核心的党中央明确提出了“共享发展”理念，对共享主体、共享内容、共享手段、共享层次作出较为准确的界定，丰富和拓展了马克思“共享发展”思想，为 21 世纪马克思主义的发展作出了重大贡献。共享经济视域下认定新型劳动关系面临巨大困难。本章从整体的视角梳理共享经济中劳动关系的认定理论研究状况，梳理平台从业者劳动关系认定问题、新型用工模式带来的社会现实问题以及网络直播的劳动关系认定问题。劳动教育是中国特色社会主义教育制度的重要内容，直接决定社会主义建设者和接班人的劳动精神面貌、劳动价值取向和劳动技能水平。以“全民共享、全面共享、共建共享和渐进共享”为核心内涵的共享发展理念，为促进劳动教育提供了思路。因此，本章从推动区域劳动教育资源共享、推动高职院校开展劳动教育、构建共享式劳动教育体系等方面，梳理了劳动教育与共享发展的研究。

第七章为企业治理下的劳动关系研究。劳动关系的和谐稳定直接影响到国家治理体系和治理能力现代化目标的达成，和谐劳动关系的构建既需要政治层面、法律层面的支持，也需要在社会层面形成正确舆论导向、强大舆论声势。在企业层面，需要构建和谐的劳动关系，促进企业和员工相互包容、共同发展。本章从就业人员和工资情况、劳动争议案件情况及职工合法权益维护两个方面梳理了不同类型企业中劳动就业和劳动关系构建的现状。对于企业治理下劳动关系研究相关论述，本章从企业和谐劳动关系构建路径、国有企业与非公有制企业和谐劳动关系构建、企业工会及劳动者合法权益维护3个方面进行探讨。为发挥先进典型的示范带动作用，促进劳动关系和谐稳定，国家协调劳动关系三方创造性地开展了和谐劳动关系创建活动，通过设置和谐劳动关系指标，对企业劳动关系状况进行评价，大量企业和工业园区积极参与。本章选取了西部矿业集团有限公司“三同”“四强”“五并行”模式、江苏红豆集团有限公司“四铸四有”工程和广西柳州高新技术产业开发区（柳东新区）“三三体系”作为不同类型企业推进新时代和谐劳动关系创建的典型案例，在展现企业治理下劳动关系构建成果的同时，为企业和谐劳动关系构建提供借鉴和参考。

第八章为中国劳动关系研究领域学术影响力评价。本章对收集到的2019年至2021年中国劳动关系研究领域的学术论文数据进行总结，并根据引用数量与下载数量进行平均加权求和，计算学术论文的综合学术影响力，最终综合评价中国劳动关系研究领域的学术论文影响力，并按照不同年份进行详尽分析，主要包括中国劳动关系研究领域学术论文影响力分析、基于年度的中国劳动关系研究领域学术影响力分析、中国劳动关系研究领域相关方向学术论文影响力分析3部分。首先，以“劳动关系”为主题，在中国知网进行了统计。近3年来，中国劳动关系研究领域共发表学术论文5319篇，其中发表在CSSCI期刊或中文核心期刊上的论文784篇，比例约为15%。3年来围绕劳动关系研究领域的学术论文呈递减趋势，由2019年的1894篇，到2020年的1863篇，再到2021年的1562篇。从CSSCI期刊与中文核心期刊数量上看，2019年至2021年，基本保持平稳。从发表的CSSCI期刊与中文核心期刊数量上看，劳动关系研究领域的学术论文精度在15%左右波动，2019年CSSCI期刊与中文核心期刊发表论文数量占总数量的13.6%，在

2020年上升为14.0%，2021年继续快速上升为17.1%。其次，在中国劳动关系研究领域相关方向学术论文影响力分析中，选取劳动教育、劳动文化、劳动精神方向作整理分析。近3年来，3个方向中劳动教育方向发表数量远超劳动文化和劳动精神方向，劳动教育方向共发表967篇CSSCI期刊或中文核心期刊论文，劳动文化方向发表65篇，劳动精神方向发表108篇。其中，基于劳动教育方向发表的学术期刊，总引用量20556次，平均引用量21.26次，总下载量1749483次，平均下载量1809.19次；基于劳动文化方向发表的学术期刊，总引用量1067次，平均引用量16.42次，总下载量101045次，平均下载量1554.54次；基于劳模精神、劳动精神、工匠精神方向发表的学术期刊，总引用量3715次，平均引用量34.39次，总下载量247293次，平均下载量2289.75次。

目 录
CONTENTS

第一章

习近平总书记关于工人阶级和工会工作重要论述研究

党的十八大以来，以习近平同志为核心的党中央站在党和国家事业发展的战略高度，高度重视工人阶级和工会工作，为发挥工人阶级主力军作用和做好工会工作指明方向。习近平总书记关于工人阶级和工会工作的重要论述，深刻阐明了工会工作的地位作用、目标任务、实践要求，科学回答了工人阶级和工会工作的一系列方向性、根本性、战略性重大问题，贯穿了党全心全意依靠工人阶级的方针，丰富了马克思主义工人阶级和工运学说，是习近平新时代中国特色社会主义思想的重要组成部分，为新时代工运事业和工会工作创新发展指明了前进方向、提供了根本遵循。全面深刻理解和把握习近平总书记关于工人阶级和工会工作重要论述这一重大科学判断的丰富内涵和实质，对于新时代我国工人阶级和工人运动始终保持正确政治方向，各级工会组织找准新时代发挥作用的切入点着力点，切实推进党的工运事业和工会工作迈上新台阶，具有重大的理论意义和现实意义。

第一节 习近平总书记关于工人阶级和工会工作重要论述的时代背景

习近平总书记关于工人阶级和工会工作的重要论述是在不断回答时代之问中创新发展的思想理论成果。习近平总书记高度重视工人阶级和工会工作，党的十八大以来，就我国工人阶级和工会工作多次发表重要讲话、作出重要指示，形成了习近平总书记关于工人阶级和工会工作的重要论述，其中一个重要内容就是明确指出，我国工人运动的时代主题，是为实现中华民族伟大复兴的中国梦而奋斗。广大职工要牢牢把握为实现中国梦而奋斗的时代主题，把自身前途命运同国家和民族前途命运紧紧联系在一起，把个人梦同中国梦紧密联系在一起，把实现党和国家确立的发展目标变成自己的自觉行动，爱岗敬业、争创一流，以不懈奋斗书写新时代华章，共同创造幸福生活和美好未来。

新时代赋予新使命，新征程呼唤新作为。中国特色社会主义进入新时代，这是我国发展新的历史方位。党的十九大描绘了决胜全面建成小康社会、夺取新时代中国特色社会主义伟大胜利的宏伟蓝图，作出了在2020年全面建成小康社会的基础上，分两步走在本世纪中叶建成富强民主文明和谐美丽的社会主义现代化强国的战略安排。这是工人阶级的历史重任，也是工会组织必须肩负的庄严使命。当今世界正处于大发展大变革大调整时期，全球治理体系和国际秩序变革加速推进，我国面临的改革发展稳定任务之重、矛盾风险挑战之多、治国理政考验之大前所未有。这要求工会组织发挥自身政治优势、组织优势、制度优势、群众优势、资源优势，引领职工脚踏实地艰苦奋斗、改革创新，在进行伟大斗争、建设伟大工程、推进伟大事业、实现伟大梦想中，展现新时代奋斗者的新风采。

随着新一轮科技革命和产业变革不断深入，数字经济、共享经济等新业态蓬勃兴起；企业组织形式、管理模式、生产经营方式及用工方式等发生深刻变化；劳动关系的确立与运行、职工权益的维护和保障面临许多新情况新问题，要求工会组织把推动构建中国特色和谐劳动关系作为工作主线，及时研判劳动关系的新动向、新特征和新问题，积极化解劳动关系矛盾，组织动员职工积极参与社会治理，最大限度增加和谐因素、最大限度减少不和谐因素，构建企业与职工命运共同体，维护职工队伍团结统一与社会和谐稳定，在完善社会治理体系与提高社会治理水平中发挥工会的优势和作用。新时代新征程，工会工作对象更加多元，特别是第三产业中的新就业形态劳动者大量涌现；工会工作领域更加广泛，工作触角要延伸到新经济组织、新社会组织等领域，工作重点要下移到街镇、社区、工业园区等基层；职工群众对工会工作提出更高期待，维护产业工人、新就业形态劳动者、农民工、城市困难职工等劳动群体的合法权益还有不少难点堵点。这些都对工会工作提出了新课题新挑战。

新时代我国社会主要矛盾已经转化为人民日益增长的美好生活需要和不平衡不充分的发展之间的矛盾。适应这一新变化，不断满足职工群众的美好生活需要，成为新时代工会的奋斗目标。当前我国职工队伍规模不断壮大、结构深刻变化、素质逐步提升、权益得到实现，同时在收入分配、利益诉求、价值取向、思想观念等方面呈现日益多样化、差异化的新特征。党的十九大在新的历史起点上对全面深化改革作出战略谋划，党的十九届三中全会对深化党和国家机构改革作出重大部署。改革进入新阶段，将进一步触及深层次利益格局调整和制度体系变革，复杂性、敏感性、艰巨性更加突出。落实改革新任务，要求工会必须以坚定的政治性引导职工，以鲜明的先进性组织职工，以广泛的群众性凝聚职工，组织动员广大职工成为全面深化改革的支持者、参与者、推动者，以更大力度、更实举措推进工会改革创新，增强工会团结教育、维护权益、服务职工功能。这要求工会组织坚持以职工为中心的工作导向，深化对职工队伍发展变化特点与规律的认识，研究解决职工在劳动经济、精神文化、民主法治、公平公正、安全环境等方面多样化的需求，协调不同职工群体之间的利益关系，更好促进职工体面劳动、舒心工作、全面发展。

第二节 习近平总书记关于工人阶级和工会工作重要论述的主要内容

习近平总书记始终高度关心重视工人阶级和工会工作，对工人阶级和工会工作的思考一以贯之。党的十八大以来，以习近平同志为核心的党中央从党和国家事业发展全局出发，大力推进党的工运事业和工会工作，2015 年召开了党的历史上第一次中央党的群团工作会议、制定了加强和改进党的群团工作的意见。习近平总书记出席了 2013 年中国工会第十六次全国代表大会、2018 年中国工会第十七次全国代表大会，以及 2015 年和 2020 年两次全国劳模表彰大会等重要会议，2013 年、2018 年两次同全国总工会新一届领导班子成员集体谈话。2015 年习近平总书记主持召开的中央全面深化改革领导小组第十八次会议审议通过《全国总工会改革试点方案》，2017 年中共中央、国务院印发《新时期产业工人队伍建设改革方案》。这些都为工人阶级和工会工作把关定向。习近平总书记对广大职工十分关心，他每次在国内考察时，都要深入企业看望一线职工、农民工、劳动模范，与他们亲切交流。他在百忙中抽出时间，2018 年和 2020 年分别给中国劳动关系学院劳模本科班学员、郑州圆方集团全体职工回信，2020 年和 2022 年分别向首届全国技能大赛、首届大国工匠创新交流大会致贺信，并且每年“五一”国际劳动节都向全国广大劳动群众致以节日的祝贺和慰问。

习近平总书记围绕工人阶级和工会工作多次发表重要讲话、作出重要指示，坚持党对工会工作的领导、坚持全心全意依靠工人阶级、坚持为实现中华民族伟大复兴的中国梦而奋斗、坚持中国特色社会主义工会发展道路等，深刻阐明了工会工作的地位作用、目标任务、实践要求，科学回答了工人阶级和工会工作的一系列方向性、根本性、战略性重大问题，形成了习近平总书记关于工人阶级和工会工作的重要论述。这些重要论述是对马克思主义劳动学说和工运学说的继承和发展，是习近平新时代中国特色社会主义思想的重要组成部分，为新时代工会工作创新发展提供了理论指导和行动指南。

2018 年 10 月，中国工会第十七次全国代表大会用“八个坚持”对习近平总书记关于工人阶级和工会工作的重要论述作了概括阐释：

坚持党对工会工作的领导。强调中国共产党领导是中国特色社会主义最本质特征，是中国特色社会主义制度的最大优势，党是领导一切的。做好群众工作，保持党同人民群众的血肉联系，是全党重大而紧迫的政治任务。工会工作是党的群团工作、群众工作的重要组成部分，是党治国理政的一项经常性、基础性工作。各级党委要加强和改进对工会的领导，注重发挥工会组织的作用，加大对工会工作的支持保障力度，为工会工作创造更加有利的条件。这是做好工会工作的政治原则和根本保证。

坚持全心全意依靠工人阶级。强调工人阶级是我们党最坚实最可靠的阶级基础，是我国的领导阶级。坚持和发展中国特色社会主义，必须巩固工人阶级的领导阶级地位，充分发挥工人阶级的主力军作用。全心全意依靠工人阶级要贯彻到党和国家政策制定、工作推进全过程，落实到企业生产经营各方面，做到在政治上保证、制度上落实、素质上提高、权益上维护，更好地把广大职工群众紧紧团结在党和政府周围。这是党和国家始终坚持的根本方针。

坚持为实现中华民族伟大复兴的中国梦而奋斗。强调实现中华民族伟大复兴，是中华民族近代以来最伟大的梦想，根本上要靠包括工人阶级在内的全体人民的劳动、创造、奉献。工会要牢牢抓住这个主题，把推动科学发展、实现稳中求进作为发挥作用的主战场，建设知识型、技能型、创新型劳动者大军，在改革发展稳定第一线建功立业。这是我国工人运动的时代主题。

坚持中国特色社会主义工会发展道路。强调中国特色社会主义工会发展道路是中国特色社会主义道路的重要组成部分，深刻反映了中国工会的性质和特点，符合我国国情和历史发展趋势。要始终坚持这条道路，不断拓展这条道路，做到自觉接受党的领导、团结服务职工、依法依章程开展工作，努力使这条道路越走越宽广。这是工运事业和工会工作发展的正确方向。

坚持弘扬劳模精神、劳动精神、工匠精神。强调要树立劳动最光荣、劳动最崇高、劳动最伟大、劳动最美丽的理念，倡导辛勤劳动、诚实劳动、创造性劳动，尊敬劳动模范，用劳模的干劲、闯劲、钻劲鼓舞更多的人，激励广大劳动群众争做新时代的奋斗者，营造劳动光荣的社会风尚和精益求精的敬业风气。这是引领教育广大职工的重要抓手。

坚持维护职工合法权益。强调保障职工权益是我国社会主义制度的根本要求，是党和国家的神圣职责，也是发挥广大职工群众积极性、主动性、创造性最重要最基础的工作。工会要坚决维护职工合法权益，把竭诚为职工群众服务作为一切工作的出发点和落脚点。要发挥好协调劳动关系的作用，健全劳动关系协调机制，及时正确处理劳动关系矛盾。这是工会组织的基本职责。

坚持增强政治性、先进性、群众性的工会改革方向。强调时代在发展，事业在创新，工会工作也要发展、也要创新。加强和改进新形势下工会工作，最重要的是要保持和增强政治性、先进性、群众性。政治性是工会组织的灵魂，先进性是工会工作的重要着力点，群众性是工会组织的根本特点。在建机制、强功能、增实效上下功夫，创新组织体制、运行机制、活动方式、工作方法，让职工群众真正感受到工会是职工之家、工会干部是最可信赖的娘家人、贴心人，把工会组织建设得更加充满活力、更加坚强有力。这是推进工会工作创新发展的根本要求。

坚持加强基层工会建设。强调必须以职工为中心、让职工当主角，眼睛向下、面向基层，力量配备、服务资源向基层倾斜，着力扩大覆盖面、增强代表性，着力强化服务意识、提高维权能力，着力加强队伍建设、提升保障水平，切实增强工会组织的凝聚力。最大限度把农民工吸收到工会组织中来，使他们成为工人阶级坚定可靠的新生力量。这是工会工作彰显活力的基础和关键。

2022 年 6 月 28 日，中华全国总工会第十七届执行委员会第六次全体会议将习近平总书记关于工人阶级和工会工作重要论述的核心要义概括为 15 个方面：

一是要求工会永远保持自觉接受党的领导这一优良传统，在思想上政治上行动上同党中央保持高度一致，牢牢把握正确政治方向；二是要求工会加强对职工的思想政治引领，承担好引导职工群众听党话、跟党走，巩固党长期执政的阶级基础和群众基础的政治责任，把坚持党的领导和我国社会主义制度落实到广大职工中去；三是要求坚持全心全意依靠工人阶级方针，充分发挥工人阶级主力军作用，夯实党最坚实最可靠的阶级基础；四是要求牢牢把握为实现中华民族伟大复兴中国梦而奋斗的工运时代主题，组织动员职工在改革发展稳定第一线建功立业；五是要求坚定不移走中国特色社会主义工会发展道路，始终坚持这条道路，不断拓展这条道路，努力使这条道路越走越宽广；六是要求大力弘扬劳模精神、劳动精神、工匠精神，树立劳动最光荣、劳动最崇高、劳动最伟大、劳动最美丽的观念，营造劳动光荣的社会风尚和精益求精的敬业风气，培养造就更多劳动模范、大国工匠；七是要求扎实推进产业工人队伍建设改革，造就一支有理想守信念、懂技术会创新、敢担当讲奉献的宏大的产业工人队伍；八是要求工会认真履行维护职工合法权益、竭诚服务职工群众的基本职责，把服务职工、维护职工合法权益的大旗牢牢掌握在自己手中；九是要求做好城市困难职工解困脱困工作，及时做好因各种原因返贫致困职工的帮扶救助，确保全面建成小康社会一个也不能少，共同富裕路上一个也不能掉队；十是要求把快递员、送餐员、卡车司机等灵活就业群体和新就业形态劳动者吸引过来、组织起来、稳固下来，使工会成为他们愿意依靠的组织；十一是要求构建和发展和谐劳动关系，健全劳动关系协调机制，最大限度增加和谐因素、最大限度减少不和谐因素；十二是要求切实维护劳动领域政治安全，增强政治敏锐性和政治鉴别力，高度重视和防范敌对势力在劳动领域的渗透破坏活动，维护职工队伍和工会组织团结统一，维护企业和社会大局和谐稳定；十三是要求围绕保持和增强政治性、先进性、群众性，深入推进工会改革创新，构建联系广泛、服务职工的工会工作体系；十四是要求工会发挥好党联系职工群众的桥梁和纽带作用，把群众路线作为工会工作生命线和根本工作路线，把工作重心放在最广大普通职工身上，让职工群众真正感受到工会是职工之家，工会干部是最可信赖的娘家人、贴心人；十五是要求做好基层工会工作，坚持眼睛向下、面向基层，着力扩大覆盖面、增强代表性，着力强化服务意识、提高维权能力，着力加强队伍建设、提升保障水平，切实增强工会组织的吸引力凝聚力。

习近平总书记关于工人阶级和工会工作重要论述的“八个坚持”“十五个方面”基本内涵，以“四个立足”分析了重要论述的实践要求，深刻总结了党推进工运事业和工会工作的成功经验，集中阐述了新时代党中央关于工人阶级和工会工作的大政方针，蕴含着习近平总书记的深邃思考和殷切期望，必将在指导我国工运事业和工会工作中展示出强大的思想力量、巨大的引领作用、磅礴的实践伟力，具有重大政治意义、深远历史意义、深刻理论意义、鲜明实践意义。

第三节 习近平总书记关于工人阶级和工会工作重要论述研究的主要论题

理论研究追求彻底，理论越彻底，解释力量就越强。提升理论水平和理论能力迫切需要我们站在时代发展的高度深入地读原著、学原文、悟原理，对原来的理论概括框架进行新的整合，对该重要论述进行系统的再思考、再梳理，作出新的理论概括，进行新的理论阐释。

一、习近平总书记关于工人阶级和工会工作的重要论述的理论内涵研究

习近平总书记关于工人阶级和工会工作的重要论述，内容丰富、思想深邃，其思想理论观点集中体现为党的十八大以来的实践探索和理论思考，植根于中国现阶段经济社会发展的时空方位，源于实践也指导实践。这些重要思想是对马克思主义劳动学说的继承、创新和发展，是中国共产党人关于劳动思想的集大成者，是对新时代工人阶级和工会工作面临问题的新阐释新回答。习近平总书记关于工人阶级和工会工作重要论述是一个逻辑结构清晰、系统脉络完整的理论体系。其重要论述的逻辑起点是劳动观、人民观、全面从严治党等治国理政思想，逻辑落脚点是为中国人民谋幸福，为中华民族谋复兴；同时又构成了习近平新时代中国特色社会主义思想的“工人阶级及工会工作篇章”，是国家工运事业的根本指针，是坚持走中国特色社会主义工会发展道路、实现中华民族伟大复兴的根本遵循和行动指南。

有学者指出，习近平总书记站在国家战略发展高度，继承和发展马克思主义工运理论，立足我国当前工运事业的实践和发展规律，高屋建瓴地对新时代中国工运的基础理论进行了继承与提炼，以工人阶级历史地位与作用、工会组织的本质特征为系统论述的基础理论，对“工人阶级是什么、工会组

织是什么”的问题进行概括和总结，形成习近平总书记关于工人阶级和工会工作重要论述的“基础概念和基础理论”。习近平总书记关于我国工人阶级在新时代的历史地位和作用先后用了“三个不能”“三个始终不动摇”等来论述，既立足中国工运事业发展的实践，又结合新时代我国工人阶级发展规律和特点。习近平总书记科学地对新时代我国工会组织面临的困境及发展出路做了历史判断，用“政治性、先进性、群众性”概括工会组织的本质特征。①

有学者指出，习近平总书记关于工人阶级和工会工作的重要论述是一个内容广博、思想深刻、系统完整、逻辑严密的科学理论体系。他把这一科学理论体系简要概括为“三观、十三新论断”，即劳动观（包括劳动创造、劳动价值、劳动幸福、劳动教育、和谐劳动关系 5 个新论断），工人阶级观（包括依靠方针、工运主题、产业工人 3 个新论断），工会观（包括党对工会的领导、工会发展道路、工会基本职责、工会改革创新、基层工会建设 5 个新论断），是一个全新的理论阐释框架。②有学者指出习近平总书记关于工人阶级和工会工作的重要论述科学回答了工人阶级和工会工作一系列方向性、根本性、战略性重大理论和实践问题，是习近平新时代中国特色社会主义思想的重要组成部分。一是深化认识工人阶级和工会工作的地位作用，弄清楚“是什么”的问题；二是深入梳理党的工运理论的发展脉络，弄清楚“为什么”的问题；三是深刻把握工会工作和工会组织的政治性、先进性、群众性，弄清楚“干什么”的问题；四是深度聚焦新发展阶段工会工作的重点，弄清楚“怎么干”的问题。③

有学者认为，习近平总书记关于工会工作的重要论述是在坚持辩证唯物主义与历史唯物主义的基础上，对工会理论的创新和发展。论述立足于新时

① 朱志惠：《习近平关于工人阶级和工会工作重要论述的形成及时代意蕴》，《天津市工会管理干部学院学报》2020 年第 2 期。

② 陶志勇：《习近平总书记关于工人阶级和工会工作重要论述的新概括与新阐释》，《山东工会论坛》2022 年第 6 期。

③ 陈刚：《推动工运事业和工会工作高质量发展——学习贯彻习近平总书记关于工人阶级和工会工作的重要论述》，《中国工人》2021 年第 9 期。

代中国工运实践，坚持中国特色社会主义工会观、树立新时代中国工人阶级观、加强新时代工会维权观，坚持走中国特色社会主义工会发展道路。论述对工会工作做了一系列重要指示，切实将辩证唯物主义与历史唯物主义的方法论运用于解决新时代工会工作面临的新问题，深刻分析了工人阶级的现状和工会工作的时代特征。[①]

有学者认为，习近平总书记关于工人阶级和工会工作重要论述在阐释基础理论及核心思想的基础上，结合我国工运事业发展实践，集中阐释了促进工运事业科学发展的战略举措，聚焦如何实现工人阶级“三个不动摇”的历史地位与作用以及如何增强工会组织的政治性、先进性、群众性。这些论述从推进产业工人队伍建设、做好工会维权服务工作、增“三性”去“四化”、深化工会改革创新、提高工会系统党的建设质量等方面进行阐释，为党团结和引领广大劳动者建功立业新时代提供了强大的行动指南，其论述中体现唯物辩证方法论，如坚持实事求是、问题导向、底线思维、调查研究等，实现了立场观点方法的统一，既讲是什么、怎么看，又讲怎么办、怎么干，实现了科学性和可操作性有机统一，进一步阐释工人阶级建功立业的实践路径。[②]

二、习近平总书记关于工人阶级和工会工作的重要论述的理论特质研究

习近平总书记关于工人阶级和工会工作的重要论述深刻阐述了一系列新思想新论断新观点，内涵丰富、论述深刻、逻辑严密、系统完备，回答了工人阶级和工会工作的一系列方向性、根本性、战略性重大问题，具有鲜明的理论特质，展现出强大的真理力量、人民力量、科学力量和实践力量。

2021 年 7 月 29 日，全国总工会召开《深入学习贯彻习近平总书记关于

---

① 徐志坚、王少宁：《习近平关于工会工作重要论述的科学内涵与实践路径》，《牡丹江师范学院学报（社会科学版）》2022 年第 5 期。

② 朱志惠：《习近平关于工人阶级和工会工作重要论述的形成及时代意蕴》，《天津市工会管理干部学院学报》2020 年第 2 期。

工人阶级和工会工作的重要论述》出版座谈会，会议深刻总结了习近平总书记关于工人阶级和工会工作的重要论述的理论特质，从真理性、人民性、科学性、实践性 4 个方面进行了系统的阐释。

一是坚持马克思主义的真理性。习近平总书记指出，我国工人阶级是我们党最坚实最可靠的阶级基础。不论时代怎样变迁，不论社会怎样变化，我们党全心全意依靠工人阶级的根本方针都不能忘记、不能淡化，我国工人阶级地位和作用都不容动摇、不容忽视。这些重要论述体现了马克思主义阶级观点，揭示了工人阶级对人类解放事业的伟大历史作用。习近平总书记指出，维权是维稳的基础，维稳的实质是维权。这些重要论述彰显了马克思主义辩证唯物主义原理，体现了事物发展的对立统一规律。习近平总书记强调，伟大的事业需要伟大的精神，伟大的精神来自伟大的人民。劳模精神、劳动精神、工匠精神，是伟大民族精神的重要内容。这些重要论述既讲物质也讲精神，体现了马克思主义历史唯物主义的基本观点。

二是竭诚为职工服务的人民性。习近平总书记多次强调坚持全心全意依靠工人阶级的方针，强调必须发挥工人阶级的主力军作用，始终高度重视提高劳动者素质，培养宏大的高素质劳动者大军，保证工人阶级主人翁地位，让改革发展成果更多更公平惠及广大人民群众。这些论述都是着眼工人阶级的地位和作用，注重保持和增强工人阶级的先进性，体现了紧紧依靠人民、充分尊重人民，团结带领人民为美好生活而奋斗。习近平总书记要求工会认真履行维护职工合法权益、竭诚服务职工群众的基本职责。要坚持把群众路线作为工会工作的生命线和根本工作路线，健全联系广泛、服务职工的工会工作体系，体现了以人民为中心的发展思想，时刻代表人民利益、全心全意服务人民，始终为实现好、维护好、发展好最广大人民根本利益的决心，是“人民至上”这一党的根本政治立场在工会领域的具体展现。

三是系统完备集大成的科学性。重要论述涉及工运事业和工会工作的政治保证、指导方针、价值理念、工运主题、发展道路、基本职责、前进动力、组织基础等方方面面，构成了一个科学完整的思想理论体系。理论因其科学而具有穿透力，思想因其丰富而充满解释力。这一科学体系在传承马克思主义劳动学说和工运学说基础上，结合新时代特征和工会工作实际进行了一系列创新，开创性地提出加强和改进新形势下党的群团工作，最重要的是要保持和增强政治性、先进性、群众性，强调引导职工群众听党话、跟党走，巩固党执政的阶级基础和群众基础，是工会组织的政治责任，首次明确劳模精神、劳动精神、工匠精神的科学内涵和重要意义，拓展了工会的基本职责，重视构建中国特色和谐劳动关系，突出提出统筹推进产业工人队伍建设改革和工会改革，开辟了党的工运理论新境界。这一科学体系既聚焦工人阶级和工会本身讲是什么、为什么，又立足形势任务和工作重点讲干什么、怎么干，既部署“过河”的任务，又指导解决“桥”或“船”的问题，生动体现了马克思主义世界观和方法论的统一。

四是指导工运事业的实践性。重要论述是在我国波澜壮阔的工人运动伟大实践中产生的科学理论，源于实践，又指导实践。党的十八大以来，习近平总书记亲自谋划推动群团工作和群团改革，出席中央党的群团工作会议、中国工会第十六次和第十七次全国代表大会、全国劳模大会等重要会议，两次同全国总工会新一届领导班子成员集体谈话，主持中央全面深化改革领导小组（2018 年 3 月改为中央全面深化改革委员会）会议审议通过全国总工会改革试点方案，推动深化新时期产业工人队伍建设改革走深走实。习近平总书记对广大职工十分关心，每次在国内考察时，都要深入企业看望一线职工和劳模，与他们亲切交流，还在百忙之中抽出时间给中国劳动关系学院劳模本科班学员、郑州圆方集团全体职工回信，在“五一”国际劳动节向广大劳动群众致以节日的祝贺和慰问等。这些重要讲话、指示、批示、贺信，是经过长期工运实践探索形成的智慧结晶，体现了对工会工作规律和经验的深邃把握和深刻总结，同时又成为指导工运事业和工会工作创新发展的实践指引。[①]

---

① 陈刚：《在〈深入学习贯彻习近平总书记关于工人阶级和工会工作的重要论述〉出版座谈会上的讲话》，《工人日报》2021 年 7 月 30 日。

三、习近平总书记关于工人阶级和工会工作重要论述的世界观和方法论研究

世界观是人们对世界总的根本的观点，主要解决世界“是什么”“怎么样”的问题。方法论是指导人们认识世界和改造世界的根本原则和根本方法，主要解决“怎么办”的问题。党的二十大报告系统阐明了习近平新时代中国特色社会主义思想的世界观和方法论。从2012年10月到2017年10月，习近平总书记主持十八届中央政治局进行了43次集体学习，其中有4次学习（2013年12月3日、2015年1月23日、2015年11月23日和2017年9月29日）的主题是关于马克思主义哲学、政治经济学的基本原理和方法论以及当代世界马克思主义思潮。在党的二十大精神指引下，深入研究阐释习近平总书记关于工人阶级和工会工作的重要论述的世界观和方法论，对于我们进一步坚持好、运用好贯穿其中的立场观点方法，推动重要论述在实践中落地生根、开花结果，具有重要的理论意义和实践意义。深入研究阐释重要论述的世界观和方法论，有助于我们加深对其精髓要义的理解，有助于推动广大职工群众和工会干部坚持好、运用好贯穿其中的立场观点方法，不断夯实工会工作的群众基础。

围绕习近平总书记关于工人阶级和工会工作重要论述的世界观和方法论的形成基础与理论指导的研究。习近平总书记关于工人阶级和工会工作重要论述的科学理论体系，是在遵循马克思主义科学方法论的指导下，针对我国工会工作的实际情况，逐渐提出、日益完善的，是新时代中国人民的宝贵精神财富。有学者认为，习近平总书记从党、国家、工人阶级和工会的性质地位出发，充分肯定工人阶级作为党的阶级基础、国家领导阶级的重要地位，并运用辩证思维、战略思维、创新思维，对全心全意依靠工人阶级、中国工人运动的时代主题、产业工人队伍建设改革等进行了系统阐述，把对“全心全意依靠工人阶级”的理解与认识推向了一个新高度。有学者指出，习近平总书记关于工人阶级和工会工作重要论述蕴含人民创造历史、劳动开创未来

的唯物史观，蕴含全心全意依靠工人阶级的政治立场，蕴含坚定不移地走中国特色社会主义工会发展道路的自信自立，蕴含高举维护职工权益旗帜的责任担当，蕴含增强工会政治性、先进性、群众性的系统观念，开辟了马克思主义工运理论的新境界。习近平总书记关于工人阶级和工会工作重要论述一以贯之地强调辩证唯物主义和历史唯物主义。马克思主义政党的一切理论和奋斗都致力于实现以劳动人民为主体的广大人民的根本利益，这是马克思主义鲜明的政治立场。习近平总书记的重要论述坚守马克思主义政治立场，坚持运用唯物论、历史观、辩证法和系统论，提出了一系列关于工人阶级和工会工作的新思想新观点新论断，对新时代工人阶级和工会工作面临的新问题作出了科学回答，明确新时代赋予工人阶级和工会工作在实现中华民族伟大复兴中国梦中的神圣职责。①

围绕习近平总书记关于工人阶级和工会工作重要论述的世界观和方法论的具体理论阐释的研究。有学者指出，习近平总书记坚持马克思主义的辩证唯物主义思想，从实践中来，到实践中去，对工会工作提出了一系列重要指示。以“两点论”和“重点论”相统一的方法摆正了工会坚持党的领导和自主开展工作的关系；在坚持联系的观点基础上，继承、发展并创新了对工人阶级的认识；以实事求是、敢于直面问题的方法揭示我国工会存在的问题；以物质和意识的辩证关系，提倡弘扬劳模精神、劳动精神、工匠精神②，形成了丰富的理论体系。

围绕习近平总书记关于工人阶级和工会工作重要论述的世界观和方法论对工会工作指导意义的研究。习近平总书记对职工群众和工会工作非常关注，他于不同场合先后提出了一系列关于工人阶级和工会工作的重要论述，这些论述不仅凝聚了习近平总书记对职工群众的深切关怀，更对我们如何做

---

① 赵健杰：《以习近平总书记关于工人阶级和工会工作的重要论述武装头脑 开创新时代党的工运事业新局面》，《工会信息》2020 年第 19 期。

② 王艳霞：《习近平关于工人阶级和工会工作重要论述的方法论分析》，《天津市工会管理干部学院学报》2020 年第 2 期。

好当前工会工作指明了前进方向和方法引领。有学者认为，习近平总书记重要论述立足大局、把握大势，高瞻远瞩、思想深邃，具有很强的政治性、思想性、指导性、针对性，对工人阶级和广大劳动群众在全面建设社会主义现代化国家中充分发挥主力军作用发出了动员令，为各级工会推动新时代党的工运事业和工会工作创新发展指明了前进方向。[①] 有学者提出，习近平总书记关于工人阶级和工会工作重要论述的科学理论体系，是在遵循马克思主义科学方法论的指导下，针对我国工会工作的实际情况，逐渐提出、日益完善的，是新时代中国人民的宝贵精神财富。[②]

四、习近平总书记关于工人阶级和工会工作的重要论述的理论贡献与现实意义研究

习近平总书记关于工人阶级和工会工作重要论述是新时代新征程工会工作的根本遵循。以习近平新时代中国特色社会主义思想为指导，深入学习贯彻习近平总书记关于工人阶级和工会工作的重要论述，进一步研究阐释重要论述的基本内涵、精神实质、实践要求，促进涉及职工队伍和工会工作全局性、趋势性问题的研究和成果转化，用科学理论武装头脑、指导实践，推动工会工作迈上新台阶、开创新局面，具有重要的理论价值和现实意义。

作为习近平新时代中国特色社会主义思想的重要组成部分，习近平总书记关于工人阶级和工会工作的重要论述，把我们党对工运事业和工会工作的规律性认识提升到一个新高度，为推动新时代工会工作创新发展提供了强大思想武器和根本遵循。有学者指出，“三观”“十三新论断”，是认识理解习近平总书记关于工人阶级和工会工作重要论述的学理体系、思想逻辑、丰富内涵的一个全新视角。通过这一理论新概括，有助于我们进一步加深对重要论述的重大政治意义、深刻理论意义、深远历史意义、强大实践意义的认识，使我们

① 李玉赋：《用习近平总书记全国劳模大会重要讲话精神指导实践创新》，《旗帜》2021 年第 1 期。

② 王艳霞：《习近平关于工人阶级和工会工作重要论述的方法论分析》，《天津市工会管理干部学院学报》2020 年第 2 期。

深刻理解到，在中华民族伟大复兴战略全局和世界百年未有之大变局的宏阔复杂背景下，该重要论述必将为推动党的工运事业进一步发展指明方向、提供指南。[①] 有学者提出，深入学习贯彻习近平总书记关于工人阶级和工会工作的重要论述是一项长期的重要政治任务，也是各级工会的一件头等大事。[②]

习近平总书记关于工会的重要论述立足于新时代工会工作发展的伟大实践，从中国共产党统揽全局的视角，指出工会工作必须牢牢依靠工人阶级，充分发挥社会主义制度下工会的独特作用。这些论述为形成新时代马克思主义工会工作理论的新成果提供实践指导，引导着中国工人阶级在实现中华民族伟大复兴中国梦的历史进程中不断努力奋斗。有学者认为，从思想渊源、科学内涵、实践路径 3 个方面深入学习和把握习近平总书记关于工会工作的重要论述，有助于更加准确把握这一论述的思想逻辑，有助于各级工会组织更好理解工会工作的时代要求，推进新时代工会工作在社会主义现代化强国建设中不断迈上新台阶。[③]

有学者认为，习近平总书记对党的工运事业和工会工作高度重视，深刻阐明了工会工作的地位作用、目标任务、实践要求，科学回答了工人阶级和工会工作的一系列方向性、根本性、战略性重大问题，形成了习近平总书记关于工人阶级和工会工作的重要论述。学习贯彻习近平总书记关于工人阶级和工会工作的重要论述，对推动新时代工运事业和工会工作创新发展、团结动员全国各族职工群众夺取新时代中国特色社会主义伟大胜利、实现中华民族伟大复兴的中国梦具有极其重要的政治意义、理论意义和实践意义。要坚持把深入学习贯彻习近平总书记关于工人阶级和工会工作的重要论述作为一项重要政治任务，坚持以理论创新推动工作创新，努力做到全面领会、准确

---

① 陶志勇：《习近平总书记关于工人阶级和工会工作重要论述的新概括与新阐释》，《山东工会论坛》2022 年第 6 期。

② 叶鹏飞、茹晓燕：《深入学习贯彻习近平总书记关于工人阶级和工会工作的重要论述 用工会力量凝聚共识 用生动实践担当使命》，《中国工人》2022 年第 2 期。

③ 徐志坚、王少宁：《习近平关于工会工作重要论述的科学内涵与实践路径》，《牡丹江师范学院学报（社会科学版）》2022 年第 5 期。

把握，持之以恒、不断深化，结合工作实际抓好贯彻落实。①

习近平总书记关于工人阶级和工会工作的重要论述，是对马克思主义劳动学说的继承和发展，为新时代党的工运理论奠定了坚实根基。习近平总书记关于工人阶级和工会工作的重要论述展现出强大的实践伟力，为新时代工会工作高质量发展提供了根本遵循。第九次全国职工队伍状况调查表明，全国亿万职工发自内心爱戴拥护习近平总书记，对习近平新时代中国特色社会主义思想高度认同。在国际工会领域，习近平新时代中国特色社会主义思想和习近平外交思想赢得国际工会运动广泛赞誉，中国特色社会主义工会发展道路赢得高度认同。国际劳工界高度关注，持续聚焦党的二十大。许多国家工会组织和工会领导人纷纷向我们发来贺电贺函，充分表达了他们对党的二十大胜利召开的热烈祝贺和对中国特色社会主义成就的衷心赞扬。②

当前，我国已经开启全面建设社会主义现代化国家新征程，进入稳步促进全体人民共同富裕的历史阶段。展望未来，在习近平总书记关于工人阶级和工会工作重要论述的指引下，不管社会风云如何变幻，劳动将始终是推动我国社会发展的重要力量，工人阶级和广大劳动群众在社会生活中的主体地位必将进一步确立，劳动要素在社会分配中将更加受到重视，广大劳动者在社会关系中将更加得到尊重，中国特色和谐劳动关系将稳步建立，全社会劳动的活力将竞相迸发，创造的源泉将充分涌流，中国工会将更好地团结组织动员工人阶级奋力谱写新时代的劳动之歌，用劳动托起中国梦。

五、各级工会深入学习习近平总书记关于工人阶级和工会工作重要论述的学习成果

党的十八大以来，全国各级工会在积极开展贯彻落实习近平总书记关于

① 陈忠宽：《以咬定青山不放松的韧劲　续写新疆工运事业新篇章》，《中国工人》2021年第12期。

② 江广平：《学深悟透党的二十大精神　履职尽责做好本职工作》，《工人日报》2022年11月22日。

工人阶级和工会工作重要论述的学习活动的同时，坚持以习近平总书记关于工人阶级和工会工作的重要论述武装头脑、指导实践、推动工作，努力把学习成果转化为更加坚定的理想信念、更加自觉的实际行动、更加实在的工作成效。深入学习贯彻落实习近平总书记关于工人阶级和工会工作的重要论述，要求各级工会干部在实际工作中，切实保持和增强政治性、先进性、群众性，以锐意进取、开拓创新的精神，推动新时代我国工运事业和工会工作取得新的更大成效。

2021 年 7 月 29 日，全国总工会在北京召开《深入学习贯彻习近平总书记关于工人阶级和工会工作的重要论述》出版座谈会，研讨如何扎实推动学习贯彻工作进一步走深走实。学习贯彻习近平总书记关于工人阶级和工会工作的重要论述是一项长期的重要政治任务。全国总工会组织专门力量历时 3 年多编写完成的《深入学习贯彻习近平总书记关于工人阶级和工会工作的重要论述》，经国家新闻出版署作为重大选题备案审查同意后出版。此书对重要论述进行了系统阐释解读，是近年来全国总工会和各级工会学习贯彻重要论述的一个重要阶段性成果。①

2021 年全国工会研究室主任会议在北京召开，会议指出要把学习研究阐释习近平总书记关于工人阶级和工会工作的重要论述作为首要任务，抓住党史学习教育契机系统梳理党领导百年工运史的成就、经验和启示，坚持深入基层、面向群众开展理论研究和调查研究；聚焦推动产业工人队伍建设改革和工会改革，聚焦新业态、新就业群体，聚焦构建和谐劳动关系，深入研究“十四五”时期工会工作的重大理论和实践问题；着力构建全方位研究格局、提高研究成果质量、增强研究能力，不断拓宽新时代工会理论研究新路子。②

山东省总工会始终把学习贯彻习近平总书记关于工人阶级和工会工作的

① 郑莉、郝赫、朱欣:《为了实现职工对美好生活的向往》,《工人日报》2022 年 1 月 29 日。

② 徐田成、张泽:《研究百年工运史 谋划工会“十四五” 不断拓宽工会理论研究新路子——2021 年全国工会研究室主任会议综述》,《中国工运》2021 年第 7 期。

重要论述作为重要政治任务，常态化组织学习研讨，在学深悟透、融会贯通上狠下功夫；山东省总工会联合山东大学加强对重要论述的研究阐释，聚焦重大理论和实践问题，深化系统性、前瞻性研究，形成系列高质量成果，全国总工会、山东省委领导给予充分肯定。《深入学习贯彻习近平总书记关于工人阶级和工会工作的重要论述》的出版发行，为广大工会干部完整、准确、全面地学习贯彻重要论述提供了一把“金钥匙”。①

河北省总工会深入学习贯彻习近平总书记关于工人阶级和工会工作的重要论述，坚持党对工会工作的全面领导，充分发挥工人阶级主力军作用，团结动员广大职工为加快建设现代化经济强省、美丽河北贡献智慧和力量。要牢牢把握工人运动时代主题，围绕建设“六个现代化河北”，在办好“三件大事”、产业转型升级、科技创新等领域，深入推进产业工人队伍建设改革；要不断增强工会维权服务实效，特别是加强新就业形态劳动者的权益保障，切实解决职工群众急难愁盼的实际问题；要努力推动构建和谐劳动关系，积极参与相关法律法规、政策制度的研究制定，推动完善企事业单位民主管理制度，大力推进行业性、区域性集体协商，竭诚服务职工群众。②

四川省总工会深入贯彻落实习近平总书记关于工人阶级和工会工作的重要论述以及中央党的群团工作会议精神，按照全国总工会深化改革创新的总体部署，以推动工会资产高质量发展为主线，持续加大改革力度，积极创新资产监管运行机制，聚焦工人文化宫建设和发展主题，持之以恒开展工人文化宫清理整改和恢复建设工作，不断优化服务阵地资源，充分彰显工会资产的公益性服务性。③

新疆生产建设兵团总工会表示，学习宣传贯彻落实好习近平总书记重要

---

① 刘贵堂:《奋力推动习近平总书记关于工人阶级和工会工作的重要论述转化为生动实践》,《中国工人》2021 年第 10 期。

② 李昱霖、罗生达、张立凯:《河北省政府与省总工会举行联席会议　为工会工作创造更有利条件》,《工人日报》2022 年 1 月 5 日。

③ 李茂林:《深化改革　聚焦主业　实现工会资产社会效益最大化》,《中国工会财会》2021 年第 8 期。

讲话精神，是当前和今后一个时期兵团各级工会组织的重大政治任务，要重点把握重要讲话的深刻内涵。要重点把握重要讲话对工会工作的指导意义，深刻认识中国共产党百年奋斗的光辉历程和伟大成就，牢牢把握我国工人运动时代主题，广泛深入持久开展劳动和技能竞赛，充分发挥工人阶级主力军作用，为更好履行兵团维稳戍边职责使命、建设新时代中国特色社会主义新疆、实现中华民族伟大复兴作出新的更大贡献。①

关于深入学习习近平总书记关于工人阶级和工会工作的重要论述并针对工会工作中的一些难点热点问题的理论研讨，中国工人出版社社长认为，在劳动领域的理论研究上要突出实践性、传承性、集成性，这样才能为工运理论的研究和发展打开空间。上海市工会管理职业学院院长认为，要研究破解当前劳动关系、职工队伍和工会工作中的瓶颈难题，加强顶层设计、开展课题评选、整合研究力量、聚焦薄弱环节、抓好研究保障、提出意见建议。四川省总工会把调查研究贯穿于服务构建和谐劳动关系全过程，在参与制定推动构建和谐劳动关系的重要决策、重要项目之前，组织开展深入扎实的调查研究。海南省总工会举全会之力推动工会理论研究工作，推动形成常态化制度化的工会调研大格局。重庆市总工会深入思考新时代工会理论研究工作，提高理论研究质量，推进工会理论创新。河北、广东等省总工会深入开展调研，提出疫情防控常态化条件下协调劳动关系的对策建议。上海市总工会从着力激发组织活力上介绍工会改革经验。江苏省总工会从加强党对产业工人队伍建设改革的领导、推动产业工人队伍建设改革措施落实落地、形成推进产业工人队伍建设改革的合力等方面，介绍产业工人队伍建设改革经验。甘肃省总工会以职业技能竞赛为抓手，介绍全力打造知识型、技能型、创新型产业工人队伍的经验做法。新疆维吾尔自治区总工会采取“下沉指导＋层层摸底”双管齐下的方式，对货车司机等八大群体入会工作进行专题调研，最

① 郭玮:《兵团总工会机关干部学习研讨习近平总书记在庆祝中国共产党成立100周年大会上的重要讲话》,《兵团工运》2021年第4期。

大限度地将以农民工为主体的货车司机等群体吸纳到工会组织中来。全国总工会研究室联系点北京朝阳区总工会、双井街道总工会、爱慕股份有限公司介绍了基层工会的鲜活经验，为工会研究工作开阔了思路、拓宽了视野。①

关于学习习近平总书记关于工人阶级和工会工作的重要论述理论指导下的实践工作的成果。北京市总工会总结为“五个必须”，必须把坚持党的领导放在首位，必须在服务北京市工作大局中主动作为，必须坚持问题导向深化工会改革，必须以职工为中心履行主责主业，必须坚持重心下沉夯实基层基础。黑龙江省总工会把习近平新时代中国特色社会主义思想作为第一课，党史学习教育作为必修课，构建以“四史”、龙江“四大精神”、黑龙江工运史等为重要内容的课程体系，同时筹备将第六次全国劳动大会旧址改建为工运史馆。山东省总工会建设山东工运史展览馆、青岛工人运动纪念馆、胶东地区工运史展馆（烟台）。湖南省总工会表示要重点抓好“七个一”工程，包括编修《湖南早期工运史》，出版《湖湘百年工运》，推动工运史学习往深里走、往实里走、往心里走。海南省总工会认真组织学习习近平总书记关于工人阶级和工会工作的重要论述，以及党史、工运史，做到常学常新、常思常明、常践常得、常悟常进。重庆市总工会在开展党史学习教育中要求把工运史纳入党史学习教育内容，认真学习宣传、搞好传承吸收、砥砺前行动力。要以学促研、以史鉴今，更加自觉地把学习研究阐释习近平总书记关于工人阶级和工会工作的重要论述作为首要任务，牢牢把握工会理论研究的正确政治方向。②

六、习近平总书记关于工人阶级和工会工作重要论述的权威媒体报道

党的十八大以来，全国各地积极开展贯彻落实习近平总书记关于工人阶

① 徐田成、张泽：《研究百年工运史　谋划工会“十四五”　不断拓宽工会理论研究新路子——2021年全国工会研究室主任会议综述》，《中国工运》2021年第7期。

② 徐田成、张泽：《研究百年工运史　谋划工会“十四五”　不断拓宽工会理论研究新路子——2021年全国工会研究室主任会议综述》，《中国工运》2021年第7期。

级和工会工作重要论述的学习活动，国内权威媒体围绕习近平总书记关于工人阶级和工会工作重要论述，从收集整理习近平总书记关于工人阶级和工会工作重要论述的论述摘编、习近平总书记关心工人阶级和工会工作纪实、全国各级工会深入学习习近平总书记关于工人阶级和工会工作重要论述等多个层面展开全方位宣传报道，这些权威媒体对习近平总书记关于工人阶级和工会工作重要论述的宣传报道工作，对学界阐释和解读习近平总书记关于工人阶级和工会工作重要论述的理论研究，以及各级工会深入学习贯彻落实习近平总书记关于工人阶级和工会工作重要论述，提供了丰富的素材和明确的导向，对推动工会工作迈上新台阶、开创新局面具有重要的理论价值和现实意义。

围绕全国各级工会深入学习习近平总书记关于工人阶级和工会工作的重要论述，《工人日报》《中国工运》《中国工人》等国内工会系统的权威报刊进行了集中报道。其中，《工人日报》围绕“充分发挥工人阶级主力军作用”“引导职工听党话、跟党走”，以及“工会改革创新”等主题，以评论员文章的形式就学习贯彻习近平总书记同中华全国总工会新一届领导班子成员集体谈话时的重要讲话精神进行了专题报道。

针对习近平总书记关于工人阶级和工会工作重要论述的论述摘编，人民网“习近平系列重要讲话数据库”收录 2021 年《深入学习贯彻习近平总书记关于工人阶级和工会工作的重要论述》出版发行的相关报道，指出学习宣传贯彻习近平总书记关于工人阶级和工会工作的重要论述是工会的重大政治任务。数据库还收录了《人民日报》和新华社对习近平总书记同中华全国总工会新一届领导班子成员集体谈话并发表重要讲话的新闻报道并以论述摘编的形式收集整理习近平总书记关于工会工作的部分重要论述。

《深入学习贯彻习近平总书记关于工人阶级和工会工作的重要论述》出版发行，国内权威媒体纷纷进行报道。2021 年，全国总工会就认真组织学习《深入学习贯彻习近平总书记关于工人阶级和工会工作的重要论述》印发通知，强调各级工会要落实全国总工会有关部署，把学好用好《深入学习贯彻习近平总书记关于工人阶级和工会工作的重要论述》作为一项重要政治任务来抓，努力实现对工会干部和职工培训的全覆盖，切实做到学懂弄通做实，引导广大工会干部和职工把学习重要论述的成果转化为奋进新征程、建功新时代的实际行动。《深入学习贯彻习近平总书记关于工人阶级和工会工作的重要论述》的出版发行，是全国总工会深化理论学习和研究阐释的重大成果，是集思想性、权威性、指导性、实用性于一体的重要学习读本，成果来之不易，理论意义重大。2021 年 7 月 27 日，新华社对《深入学习贯彻习近平总书记关于工人阶级和工会工作的重要论述》出版发行进行了新闻报道，有力扩大了社会影响力。全国总工会宣传教育部将以学习读本的出版为契机，进一步把习近平总书记关于工人阶级和工会工作的重要论述学习宣传贯彻工作引向深入。2021 年 7 月 28 日，《人民日报》发表文章指出《深入学习贯彻习近平总书记关于工人阶级和工会工作的重要论述》坚持以习近平新时代中国特色社会主义思想为指导，系统梳理阐释了习近平总书记关于工人阶级和工会工作重要论述的基本内涵、精神实质和实践要求，是各级工会组织、广大干部职工深化党的创新理论学习的重要读物。[①]2021 年 7 月 31 日《工人日报》发表《以习近平总书记关于工人阶级和工会工作的重要论述武装头脑指导实践推动工作——〈深入学习贯彻习近平总书记关于工人阶级和工会工作的重要论述〉出版座谈会发言摘编》，包括全总宣传教育部部长文章《坚持学深悟透　营造浓厚氛围》，中央和国家机关工委群众工作部副部长、中央和国家机关工会联合会副主席文章《充分发挥中央和国家机关工会干部学习习近平总书记关于工人阶级和工会工作重要论述的示范引领作用》，广东省总工会党组成员、经审委员会主任文章《推动习近平总书记关于工人阶级和工会工作的重要论述走进基层走近职工》等 5 篇文章。[②]

---

① 郑莉：《〈深入学习贯彻习近平总书记关于工人阶级和工会工作的重要论述〉出版发行》，《工人日报》2021 年 7 月 28 日。

② 《以习近平总书记关于工人阶级和工会工作的重要论述武装头脑指导实践推动工作——〈深入学习贯彻习近平总书记关于工人阶级和工会工作的重要论述〉出版座谈会发言摘编》，《工人日报》2021 年 7 月 31 日。

2021年8月20日，《工人日报》发表《全总就认真组织学习〈深入学习贯彻习近平总书记关于工人阶级和工会工作的重要论述〉印发通知　推动重要论述走向基层走进企业走近职工　把学习成果转化为建功新时代的实际行动》。文章指出，为深入学习贯彻习近平总书记关于工人阶级和工会工作的重要论述，推动重要论述走向基层、走进企业、走近职工，真正用以武装头脑、指导实践、推动工作，全国总工会组织编写了《深入学习贯彻习近平总书记关于工人阶级和工会工作的重要论述》一书，经国家新闻出版署作为重大选题备案审查同意后出版发行。全国总工会在通知中指出，习近平总书记关于工人阶级和工会工作的重要论述，为推动新时代党的工运事业和工会工作创新发展提供了强大思想武器和根本遵循。《深入学习贯彻习近平总书记关于工人阶级和工会工作的重要论述》是对习近平总书记关于工人阶级和工会工作的重要论述进行系统阐释解读的辅导读本，为广大工会干部和职工学习宣传贯彻重要论述提供了一本很好的工具书，也是关心关注工会工作的社会各界读者学习参考的重要资料。① 要把学好用好《深入学习贯彻习近平总书记关于工人阶级和工会工作的重要论述》作为一项重要政治任务来抓，努力实现对工会干部和职工培训的全覆盖，切实做到学懂弄通做实，引导广大工会干部和职工把学习重要论述的成果转化为奋进新征程、建功新时代的实际行动。

第四节　对习近平总书记关于工人阶级和工会工作重要论述研究的评析

习近平总书记关于工人阶级和工会工作的重要论述，既不是对马克思主义工会理论的刻板复制，也不是对中国共产党人工会思想的简单套用，而是

① 郑莉：《全总就认真组织学习〈深入学习贯彻习近平总书记关于工人阶级和工会工作的重要论述〉印发通知　推动重要论述走向基层走进企业走近职工　把学习成果转化为建功新时代的实际行动》，《工人日报》2021年8月20日。

结合理论与现实、贯通历史与当代、立足国际与国内，基于思考与实践的创造性发展，其既着眼于宏观又聚焦于微观，必将为变局中的工运事业及工会工作的开展指明航向。社会各界对习近平总书记关于工人阶级和工会工作重要论述的研究成果丰富，为后续研究提供重要参考。

一、习近平总书记关于工人阶级和工会工作重要论述研究的价值

从研究成果的整体情况来看，2021 年学术界和社会各界对习近平总书记关于工人阶级和工会工作重要论述的研究取得了积极进展，研究成果具有较强的学理性、时效性和影响力，代表了该领域的理论研究水平。这些研究成果不仅可以帮助我们深入了解工人阶级和工会工作的历史、现状和发展趋势，还可以为后续的政策制定和实践操作提供重要参考和借鉴。

一是对于习近平总书记关于工人阶级和工会工作的历史演变和发展趋势论述的研究。有利于了解工人阶级和工会在不同时期所面临的问题和挑战，如权益保障、文化教育、组织建设等方面的问题，以及为解决这些问题所采取的策略和措施。同时，有助于我们探讨工人阶级和工会工作的发展趋势和未来走向。二是关于工人阶级和工会工作的实践经验和创新做法。通过对不同地区、不同行业、不同企业的工人阶级和工会工作实践经验的总结和提炼，我们可以了解他们在解决实际问题中所采取的创新做法和成功经验，为其他地区、行业和企业政策制定和实践操作提供有益的借鉴和参考。三是工人阶级和工会工作的政策和法律法规的研究有利于了解政府在解决工人阶级和工会工作问题中所采取的政策和法律法规，以及这些政策和法律法规对于工人阶级和工会工作的影响和作用。

学术界对于习近平总书记关于工人阶级和工会工作重要论述的研究成果较为丰富，为后续研究提供了重要的参考和借鉴。我们需要在已有的研究成果基础上，不断拓展研究领域、深化研究内容、加强实证研究和调查研究等，为工人阶级和工会工作的创新和发展作出更大的贡献。

二、习近平总书记关于工人阶级和工会工作重要论述研究存在的不足

对习近平总书记关于工人阶级和工会工作重要论述研究存在的不足主要表现在研究深度和广度上。国内学者对于工人阶级和工会工作重要论述的研究相对较少，缺乏深入的理论探讨和实践研究。虽然有一些学者进行了相关研究，但他们的研究往往局限于某个特定的领域或角度，缺乏全面性和系统性。

一是研究成果数量偏少，发表在CSSCI来源期刊上的高水平的理论研究成果匮乏。国内学者对于习近平总书记关于工人阶级和工会工作重要论述方面的研究成果数量偏少。这可能是因为该领域的研究需要综合多个学科的知识和理论，难度较大，同时也需要深入实践进行调查和研究，投入的时间和精力较多。此外，CSSCI来源期刊对于研究成果的要求也比较高，需要具备一定的创新性和实用性，这也增加了研究的难度。二是缺乏实证研究。国内学者对于工人阶级和工会工作重要论述的研究，往往偏重于理论层面，缺乏实证研究。这使得研究成果的实用性和针对性不强，在实践工作的指导性方面需要持续强化。三是缺乏比较研究。国内学者对于工人阶级和工会工作重要论述的研究，往往只关注国内的情况，缺乏与国外相关研究的比较和借鉴。这使得我们难以了解国际上对于工人阶级和工会工作重要论述的最新研究成果，也难以借鉴其他国家的成功经验。四是缺乏跨学科研究。国内学者对于工人阶级和工会工作重要论述的研究，往往只局限于某个特定的学科领域，缺乏跨学科的研究。这使得研究成果难以综合各学科的优点和成果，难以形成全面、系统的理论体系。五是缺乏对现实问题的关注。国内学者对于工人阶级和工会工作重要论述的研究，往往只关注理论层面，缺乏对现实问题的关注和研究。这使得研究成果难以解决实际问题，难以发挥指导实践的作用。

因此，我们需要加强对于工人阶级与工会工作重要论述的深度和广度研究，加强实证研究和比较研究，加强跨学科研究和对于现实问题的关注，以

推动国内学者在该领域的研究取得更多的成果。

三、习近平总书记关于工人阶级和工会工作重要论述研究的展望

鉴于对习近平总书记关于工人阶级和工会工作重要论述研究的主要特点和存在的不足，习近平总书记关于工人阶级和工会工作重要论述的研究展望可以从以下几个方面进行探讨：

第一，拓展研究领域和深化研究内容。随着社会经济的发展和变化，工人阶级和工会工作所面临的问题和挑战也在不断变化。因此，学者们可以进一步拓展研究领域，深化研究内容，从多角度、全方位研究工人阶级和工会工作的各个方面。例如，可以深入研究新时代工人阶级的思想状况、权益保障、文化教育等方面的问题，提出有针对性的解决方案和发展建议。

第二，加强实证研究和调查研究。理论研究需要建立在实践基础之上，因此，学者们可以加强实证研究和调查研究，通过对实际案例的分析和研究，了解工人阶级和工会工作的实际情况和问题，提出更加具有针对性和可操作性的解决方案和发展建议。

第三，结合新技术和新应用，创新研究方法。随着互联网、大数据、人工智能等新技术的应用和发展，学者们可以结合新技术和新应用，创新研究方法，多维度、多层次地分析工人阶级和工会工作的数据和信息，提高研究效率和成果质量。

第四，加强跨学科合作和研究。工人阶级和工会工作涉及多个学科领域，如社会学、政治学、经济学、管理学等。因此，学者们可以加强跨学科合作和研究，借鉴不同学科的理论和方法，综合分析工人阶级和工会工作的问题和挑战，提出更加全面和系统的解决方案和发展建议。

第五，关注全球化和国际比较研究。全球化使得各国工人阶级和工会工作面临着许多共同的问题和挑战。因此，学者们可以关注全球化和国际比较研究，了解国际上对于工人阶级和工会工作的最新研究成果和实践经验，加强国际交流和合作，为我国工人阶级和工会工作的创新和发展提供有益的借

鉴和参考。总之，国内学者关于工人阶级和工会工作重要论述的研究展望需要在不断拓展研究领域、深化研究内容、加强实证研究和调查研究、结合新技术和新应用、加强跨学科合作和研究以及关注全球化和国际比较研究等方面进行探讨和实践。

当前，我国已踏上全面建设社会主义现代化国家的新征程，在习近平总书记关于工人阶级和工会工作重要论述的指引下，在党的坚强领导下，我国工运事业及工会工作必将蓬勃发展，工人阶级的伟大力量必将进一步凸显，广大劳动群众在三种精神的指引下必将奋发有为，全社会必将掀起尊重劳动、崇尚劳动、热爱劳动的热潮，基层工会的作用必将充分彰显，职工的合法权益必将得到充分保障，全社会劳动的活力和创造力必将充分迸发，中华全国总工会必将更好地团结工人阶级和广大劳动群众投身于全面建设社会主义现代化国家的浪潮之中。

第二章

中国劳动关系领域政策梳理（2020—2021年）

劳动法规政策是国家保障劳动者合法权益的重要依据，是推动我国劳动关系长期稳定发展的基石。总的来说，2020—2021 年劳动法规政策在多个方面进行了完善和加强。这些政策主要涉及劳动合同的签订、劳动报酬的支付、社会保险的缴纳、劳动安全与保护、劳动争议的解决等方面，旨在保护劳动者的合法权益，促进劳动关系和谐稳定。劳动法律政策的建设关系到我国能否建设现代化的劳动关系与劳动市场，进一步推动我国劳动关系改革向纵深发展。

第一节 招工与就业

2020—2021 年，我国在招工与就业方面实施了一系列举措，旨在促进就业稳定，提高劳动者的技能水平和就业能力，完善社会保障制度，为劳动者提供稳定的社会保障。总体体现在以下几个方面：

一、实施就业优先战略

国家将就业优先政策置于宏观政策层面，强化政府促进就业的责任，坚持经济发展就业导向，把稳定和扩大就业作为经济社会发展的优先目标，以稳定和扩大就业带动经济增长。2020 年年初，新冠疫情的暴发给全球经济带来了巨大的冲击，许多企业面临停工停产的困境，就业形势变得严峻。为了稳定就业，中国政府提出了就业优先战略。就业优先战略的目标是在保证经济稳定增长的同时，提高就业率和就业质量。这一战略旨在通过一系列的政策措施，鼓励企业稳定就业岗位，支持劳动者创业和再就业。政府通过多种政策手段来实现就业优先战略的目标。这些政策措施包括为企业提供贷款支持、减免税收、提供社会保险补贴等，以减轻企业的负担，促进企业的稳定发展；为劳动者提供职业技能培训、创业扶持、就业援助等措施，以提高劳动者的就业能力、增加劳动者的就业机会；此外，政府还通过加强公共就业服务，改善劳动力市场信息不对称等问题，提高就业服务的针对性和有效性。通过一系列的政策措施，政府在 2020—2021 年实现了就业优先战略的目标。根据官方数据，2020 年城镇新增就业人数达到了 1186 万人，年末全国城镇调查失业率降到了 5.2%，这一成绩在全世界范围内都是非常难得的。就业优先战略的实施，不仅稳定了就业形势，还体现了以人民为中心的发展思想。政府通过实施这一战略，夯实了民生之本，为经济的稳定增长和社会和谐稳定作出了重要贡献。

二、完善促进就业的制度体系

国家出台了一系列促进就业的制度，包括就业促进法、劳动法、劳动合同法、社会保险法等。这些法律和制度为促进就业提供了有力的法律保障。政府通过建立就业公共服务体系，提供就业信息、职业介绍、创业扶持等服务，以满足劳动者的就业需求。完善劳动关系协调机制，协调劳资关系，保障劳动者的合法权益，促进企业与劳动者之间的和谐共生。实施终身职业技能培训制度，提高劳动者的就业能力和竞争力，以适应经济发展和市场需求的变化。针对高校毕业生、农民工、就业困难人员等重点群体，制定相应的就业政策，提供个性化的就业服务，以满足不同群体的就业需求。支持规范发展新就业形态，如数字经济、共享经济等新业态，为劳动者提供更多的就业机会和选择。加强就业需求调查和失业监测预警机制，及时掌握市场就业动态，制定相应的政策措施，以保障就业市场的稳定。2020—2021 年，我国政府通过建立完善的促进就业的制度体系，大力推进了就业工作的开展，以实现更加充分更高质量就业的目标。

三、实施积极的就业政策

国家实施了一系列积极的就业政策，包括就业援助、创业扶持、技能培训等。这些政策旨在促进就业，提高就业质量。坚持在推动高质量发展中强化就业优先导向，加快建设现代化经济体系，推进制造业转型升级，壮大战略性新兴产业，大力发展现代服务业，提供更多适合高校毕业生的就业岗位。支持中小微企业更多吸纳高校毕业生就业，按规定给予社会保险补贴、创业担保贷款及贴息、税费减免等，对吸纳高校毕业生就业达到一定数量且符合相关条件的中小微企业，在安排纾困资金、提供技术改造贷款贴息时予以倾斜；对招用毕业年度高校毕业生并签订 1 年以上劳动合同的中小微企业，给予一次性吸纳就业补贴，建立中小微企业专业技术人员职称评定绿色通道和申报兜底机制，健全职业技能等级（岗位）设置，完善职业技能等级认定机制，落实科研项目经费申请、科研成果等申报与国有企事业单位同类人员同等待遇。设置好“红灯”“绿灯”，促进平台经济健康发展，带动更多就业。

四、推进人力资源市场建设

国家推进人力资源市场建设，包括完善市场机制、加强市场监管、提高市场服务水平等。这些措施旨在提高人力资源市场的效率和服务质量，促进就业。坚持促进就业、服务人才。发挥人力资源服务业匹配供需、专业高效的独特优势，有效破解就业结构性矛盾，提高劳动者职业素质，促进人才顺畅流动、优化配置。坚持市场主导、政府推动。发挥市场在人力资源配置中的决定性作用，更好发挥政府作用，健全人力资源市场体系，破除妨碍人力资源服务业高质量发展的体制机制障碍。坚持完善政策、优化服务。健全完善人力资源服务业发展政策体系，持续提升人力资源服务能力，实现公共服务有效保障、市场化服务优质高效，更好满足日益增长的人力资源服务需求。坚持加强规范、创新发展。统筹行业发展和规范管理，激发市场活力，维护市场秩序，健全行业正向激励和优胜劣汰机制，注重防范和化解风险，健全统一规范、竞争有序的市场格局。

五、加强职业技能培训

国家加强了职业技能培训，包括实施职业技能培训计划、加强职业技能培训基地建设等。这些措施旨在提高劳动者的技能水平，促进就业。着力培养高技能人才，重点强化高级技师等培训。教育部、财政部和人力资源社会保障部制定支持企业开展技能培训、加快培养高技能人才的措施。对高校毕业生、新生代农民工等重点群体广泛开展就业创业技能培训；促进职业技能培训与学历教育相互衔接。健全以职业能力为导向的人才评价、技能等级等制度，制定企业技术工人按技能要素和创新成果贡献参与分配的办法，鼓励凭技能创造财富、增加收入。大力发展民办职业技能培训，鼓励企业兴办职业培训机构。加大职业技能培训经费保障，建立政府、企业、社会多元投入机制；政府补贴的职业技能培训项目全部向具备资质的职业院校和培训机构开放。强化培训质量监管，对职业技能培训公共服务项目实施目录清单管理，完善培训绩效评估体系；用更加优质高效的职业技能培训，打造素质高、创新力强的产业工人队伍（见表 2-1）。

表 2-1　2020—2021 年国家在招工与就业方面的政策与制度

序号	标题	制定机关	公布日期	施行日期
1	国务院办公厅关于进一步支持大学生创新创业的指导意见	国务院办公厅	2021 年 9 月 22 日	2021 年 9 月 22 日
2	退役军人事务部等 8 部门关于促进退役军人到开发区就业创业的意见	退役军人事务部、国家发展和改革委员会（含原国家发展计划委员会、原国家计划委员会）、科学技术部、财政部、自然资源部、商务部、海关总署、国家税务总局	2021 年 1 月 27 日	2021 年 1 月 27 日

续表

序号	标题	制定机关	公布日期	施行日期
3	国家发展改革委、科技部、工业和信息化部等关于依托现有各类园区加强返乡入乡创业园建设的意见	国家发展和改革委员会（含原国家发展计划委员会、原国家计划委员会）、科学技术部、工业和信息化部、财政部、人力资源和社会保障部、自然资源部、住房和城乡建设部、商务部、文化和旅游部、中国人民银行、国家税务总局、国家市场监督管理总局、中国银行保险监督管理委员会、中国证券监督管理委员会	2021年3月10日	2021年3月10日
4	人力资源社会保障部、国家发展改革委、财政部等关于切实加强就业帮扶巩固拓展脱贫攻坚成果助力乡村振兴的指导意见	人力资源和社会保障部、国家发展和改革委员会（含原国家发展计划委员会、原国家计划委员会）、财政部、农业农村部、国家乡村振兴局	2021年5月4日	2021年5月4日
5	人力资源社会保障部、国家发展改革委、教育部等关于延续实施部分减负稳岗扩就业政策措施的通知	人力资源和社会保障部、国家发展和改革委员会（含原国家发展计划委员会、原国家计划委员会）、教育部、财政部、中央军委国防动员部	2021年5月20日	2021年5月20日
6	人力资源社会保障部、财政部、国家税务总局、国务院港澳事务办公室关于支持港澳青年在粤港澳大湾区就业创业的实施意见	人力资源和社会保障部、财政部、国家税务总局、国务院港澳事务办公室	2021年9月23日	2021年9月23日
7	人力资源社会保障部、国家发展改革委、财政部等关于推进新时代人力资源服务业高质量发展的意见	人力资源和社会保障部、国家发展和改革委员会（含原国家发展计划委员会、原国家计划委员会）、财政部、商务部、国家市场监督管理总局	2021年11月8日	2021年11月8日

续表

序号	标题	制定机关	公布日期	施行日期
8	教育部办公厅关于推荐全国普通高校毕业生就业创业指导委员会委员的通知	教育部	2021 年 1 月 12 日	2021 年 1 月 12 日
9	国家邮政局办公室、教育部办公厅关于开展 2021 年邮政快递业面向高校毕业生网上招聘活动的通知	国家邮政局、教育部	2021 年 1 月 12 日	2021 年 1 月 12 日
10	教育部办公厅关于开展 2020 届全国普通高校毕业生就业创业工作典型案例总结宣传工作的通知	教育部	2021 年 1 月 13 日	2021 年 1 月 13 日
11	人力资源社会保障部办公厅关于做好《网络招聘服务管理规定》贯彻实施工作的通知	人力资源和社会保障部	2021 年 1 月 29 日	2021 年 1 月 29 日
12	财政部关于下达 2021 年支持创新创业创造（双创支撑平台项目）中央基建投资预算（拨款）的通知	财政部	2021 年 3 月 3 日	2021 年 3 月 3 日
13	人力资源社会保障部关于做好 2021 年全国高校毕业生就业创业工作的通知	人力资源和社会保障部	2021 年 3 月 10 日	2021 年 3 月 10 日
14	国家发展改革委办公厅、教育部办公厅、工业和信息化部办公厅等关于深入组织实施创业带动就业示范行动的通知	国家发展和改革委员会（含原国家发展计划委员会、原国家计划委员会）、教育部、工业和信息化部、人力资源和社会保障部、农业农村部、国务院国有资产监督管理委员会	2021 年 3 月 23 日	2021 年 3 月 23 日
15	教育部办公厅关于加强高校毕业生就业创业信息报送工作的通知	教育部	2021 年 3 月 24 日	2021 年 3 月 24 日
16	教育部办公厅、商务部办公厅关于举办服务外包企业面向 2021 届高校毕业生网上招聘活动的通知	教育部、商务部	2021 年 3 月 29 日	2021 年 3 月 29 日

续表

序号	标题	制定机关	公布日期	施行日期
17	工业和信息化部办公厅、教育部办公厅关于开展2021年全国中小企业网上百日招聘高校毕业生活动的通知	工业和信息化部、教育部	2021年3月30日	2021年3月30日
18	人力资源社会保障部、教育部、退役军人事务部等关于开展2021年全国民营企业招聘月活动的通知	人力资源和社会保障部、教育部、退役军人事务部、中华全国总工会、全国妇女联合会、中华全国工商业联合会	2021年3月31日	2021年3月31日
19	教育部办公厅、商务部办公厅关于举办电子商务行业面向2021届高校毕业生网上招聘活动的通知	教育部、商务部	2021年4月2日	2021年4月2日
20	财政部、人力资源社会保障部关于下达2021年就业补助资金预算的通知	财政部、人力资源和社会保障部	2021年4月9日	2021年4月9日
21	教育部办公厅关于高等学校做好2021年开发科研助理岗位吸纳毕业生就业工作的通知	教育部	2021年4月22日	2021年4月22日
22	人力资源社会保障部办公厅、教育部办公厅关于做好2021年中小学幼儿园教师公开招聘工作的通知	人力资源和社会保障部、教育部	2021年4月25日	2021年4月25日
23	教育部办公厅关于开展2021届高校毕业生就业促进周活动的通知	教育部	2021年5月6日	2021年5月6日
24	教育部办公厅、国务院国资委办公厅关于举办战略性新兴产业面向2021届高校毕业生网络招聘会的通知	教育部、国务院国有资产监督管理委员会	2021年5月7日	2021年5月7日
25	教育部办公厅、国务院国资委办公厅关于举办全国大中型企业面向2021届高校毕业生网上双选月活动的通知	教育部、国务院国有资产监督管理委员会	2021年5月7日	2021年5月7日

续表

序号	标题	制定机关	公布日期	施行日期
26	中共中央组织部、人力资源社会保障部等十部门关于实施第四轮高校毕业生“三支一扶”计划的通知	中共中央组织部、人力资源和社会保障部、教育部、财政部、水利部、农业农村部、国家卫生健康委员会、国家乡村振兴局、国家林业和草原局、共青团中央	2021年5月28日	2021年5月28日
27	国家发展改革委办公厅关于印发宁波市灵活就业人员支持政策典型经验的通知	国家发展和改革委员会（含原国家发展计划委员会、原国家计划委员会）	2021年7月2日	2021年7月2日
28	财政部、人力资源社会保障部关于调减陕西省部分2021年中央财政就业补助资金预算的通知	财政部、人力资源和社会保障部	2021年7月2日	2021年7月2日
29	人力资源社会保障部办公厅、国家发展改革委办公厅、国家乡村振兴局综合司关于开展易地扶贫搬迁安置区就业协作帮扶专项活动的通知	人力资源和社会保障部、国家发展和改革委员会（含原国家发展计划委员会、原国家计划委员会）、国家乡村振兴局	2021年7月8日	2021年7月8日
30	人力资源社会保障部对政协第十三届全国委员会第四次会议第0355号（社会管理类051号）提案的答复	人力资源和社会保障部	2021年7月27日	2021年7月27日
31	人力资源社会保障部对政协第十三届全国委员会第四次会议第4994号（社会管理类416号）提案的答复	人力资源和社会保障部	2021年7月28日	2021年7月28日
32	人力资源社会保障部关于开展2021年高校毕业生就业服务行动的通知	人力资源和社会保障部	2021年8月20日	2021年8月20日
33	人力资源社会保障部、国家发展改革委、民政部、财政部关于实施提升就业服务质量工程的通知	人力资源和社会保障部、国家发展和改革委员会（含原国家发展计划委员会、原国家计划委员会）、民政部、财政部	2021年9月12日	2021年9月12日

续表

序号	标题	制定机关	公布日期	施行日期
34	教育部办公厅关于开展全国高校毕业生就业能力培训基地遴选工作的通知	教育部	2021 年 9 月 13 日	2021 年 9 月 13 日
35	人力资源社会保障部等五部门关于开展 2021 年金秋招聘月活动的通知	人力资源和社会保障部、民政部、退役军人事务部、中华全国总工会、中华全国工商业联合会	2021 年 10 月 11 日	2021 年 10 月 11 日
36	人力资源社会保障部关于职业院校毕业生参加事业单位公开招聘有关问题的通知	人力资源和社会保障部	2021 年 10 月 22 日	2021 年 10 月 22 日
37	教育部高等教育司关于报送 2021 年国家级大学生创新创业训练计划项目年度进展报告的通知	教育部	2021 年 10 月 25 日	2021 年 10 月 25 日
38	财政部、人力资源社会保障部关于提前下达 2022 年就业补助资金预算的通知	财政部、人力资源和社会保障部	2021 年 10 月 29 日	2021 年 10 月 29 日
39	财政部关于提前下达新疆生产建设兵团 2022 年就业补助资金预算的通知	财政部	2021 年 10 月 29 日	2021 年 10 月 29 日
40	人力资源社会保障部办公厅、国务院国资委办公厅、教育部办公厅关于开展第十一届中央企业面向西藏青海新疆高校毕业生专场招聘活动的通知	人力资源和社会保障部、国务院国有资产监督管理委员会、教育部	2021 年 11 月 11 日	2021 年 11 月 11 日
41	教育部办公厅等五部门关于联合开展 2022 年度高校毕业生等重点群体促就业“国聘行动”的通知	教育部、人力资源和社会保障部、国务院国有资产监督管理委员会、共青团中央、中央广播电视总台	2021 年 11 月 12 日	2021 年 11 月 12 日
42	教育部办公厅关于开展 2022 届高校毕业生校园招聘月系列活动的通知	教育部	2021 年 11 月 12 日	2021 年 11 月 12 日
43	教育部关于做好 2022 届全国普通高校毕业生就业创业工作的通知	教育部	2021 年 11 月 15 日	2021 年 11 月 15 日

续表

序号	标题	制定机关	公布日期	施行日期
44	教育部高校学生司关于开展宏志助航计划——全国高校毕业生就业能力网络培训的通知	教育部	2021 年 12 月 1 日	2021 年 12 月 1 日
45	人力资源社会保障部关于开展 2022 年全国公共就业服务专项活动的通知	人力资源和社会保障部	2021 年 12 月 9 日	2021 年 12 月 9 日
46	人力资源社会保障部、国家乡村振兴局、中国残疾人联合会关于开展 2022 年就业援助月专项活动的通知	人力资源和社会保障部、国家乡村振兴局、中国残疾人联合会	2021 年 12 月 27 日	2021 年 12 月 27 日
47	教育部办公厅关于做好 2022 届教育部直属师范大学公费师范毕业生就业工作的通知	教育部	2021 年 12 月 28 日	2021 年 12 月 28 日
48	人力资源社会保障部、国家乡村振兴局、中国残疾人联合会关于开展 2022 年就业援助月专项活动的通知	中国残疾人联合会、人力资源和社会保障部、国家乡村振兴局	2021 年 12 月 27 日	2021 年 12 月 27 日
49	关于做好新型冠状病毒感染肺炎疫情防控期间稳定劳动关系支持企业复工复产的意见（人社部发〔2020〕8 号）	人力资源社会保障部、中华全国总工会、中国企业联合会 / 中国企业家协会、中华全国工商业联合会	2020 年 2 月 7 日	2020 年 2 月 7 日
50	关于应对新冠肺炎疫情影响强化稳就业举措的意见（国办发〔2020〕6 号）	国务院办公厅	2020 年 3 月 18 日	2020 年 3 月 18 日
51	关于提升大众创业万众创新示范基地带动作用进一步促改革稳就业强动能的意见（国办发〔2020〕26 号）	国务院办公厅	2020 年 7 月 23 日	2020 年 7 月 23 日
52	关于支持多渠道灵活就业的意见（国办发〔2020〕27 号）	国务院办公厅	2020 年 7 月 28 日	2020 年 7 月 28 日
53	网络招聘服务管理规定（中华人民共和国人力资源和社会保障部令第 44 号）	人力资源和社会保障部	2020 年 12 月 18 日	2021 年 3 月 1 日
54	关于推动返乡入乡创业高质量发展的意见（发改就业〔2020〕104 号）	国家发展改革委、教育部、科技部等	2020 年 1 月 19 日	2020 年 1 月 19 日

续表

序号	标题	制定机关	公布日期	施行日期
55	关于做好疫情防控期间有关就业工作的通知（人社部明电〔2020〕2号）	人力资源社会保障部、教育部、财政部等	2020年2月5日	2020年2月5日
56	人力资源社会保障部办公厅关于切实做好新型冠状病毒感染的肺炎疫情防控期间高校毕业生“三支一扶”计划有关工作的通知（人社厅明电〔2020〕9号）	人力资源和社会保障部人力资源流动管理司	2020年2月5日	2020年2月5日
57	关于应对新冠肺炎疫情影响扩大农村劳动力就业促进农民增收的通知（农办规〔2020〕9号）	农业农村部办公厅	2020年3月2日	2020年3月2日
58	关于进一步加大创业担保贷款贴息力度全力支持重点群体创业就业的通知（财金〔2020〕21号）	财政部、人力资源和社会保障部、中国人民银行	2020年4月15日	2020年4月15日
59	关于应对新冠肺炎疫情影响部分职业资格“先上岗、再考证”阶段性措施的通知（人社部发〔2020〕24号）	人力资源社会保障部、教育部、司法部等	2020年4月21日	2020年4月21日
60	关于发布就业补贴类政策清单及首批地方线上申领平台的通知（人社厅发〔2020〕44号）	人力资源社会保障部办公厅、财政部办公厅	2020年4月23日	2020年4月23日
61	关于加大湖北地区和湖北籍劳动者就业支持力度的通知（人社厅发〔2020〕46号）	人力资源社会保障部办公厅、财政部办公厅、民政部办公厅	2020年4月26日	2020年4月26日
62	关于企业稳岗扩岗专项支持计划的通知（人社部发〔2020〕30号）	人力资源社会保障部、财政部	2020年5月9日	2020年5月9日
63	关于做好2020年中小学幼儿园教师公开招聘有关工作的通知（人社部发〔2020〕28号）	人力资源社会保障部、教育部、中央编办、财政部	2020年5月9日	2020年5月9日
64	关于大力开展以工代训工作的通知（人社厅明电〔2020〕29号）	人力资源社会保障部办公厅	2020年5月20日	2020年5月20日

续表

序号	标题	制定机关	公布日期	施行日期
65	关于进一步用好公益性岗位发挥就业保障作用的通知（人社部发〔2020〕38 号）	人力资源社会保障部、财政部、自然资源部等	2020 年 5 月 29 日	2020 年 5 月 29 日
66	关于印发线下招聘活动疫情防控工作指南的通知（人社厅发〔2020〕60 号）	人力资源社会保障部办公厅	2020 年 5 月 29 日	2020 年 5 月 29 日
67	关于高等学校进一步做好开发科研助理岗位吸纳毕业生就业工作的通知（教科技厅函〔2020〕23 号）	教育部办公厅	2020 年 6 月 4 日	2020 年 6 月 4 日
68	关于进一步做好就业扶贫工作的通知（人社部发〔2020〕48 号）	人力资源社会保障部、财政部、国务院扶贫办	2020 年 6 月 17 日	2020 年 6 月 17 日
69	关于引导和鼓励高校毕业生到城乡社区就业创业的通知（人社部发〔2020〕53 号）	中共中央组织部、人力资源社会保障部、民政部等	2020 年 6 月 22 日	2020 年 6 月 22 日
70	关于进一步加强就业见习工作的通知（人社部函〔2020〕66 号）	人力资源社会保障部、教育部、财政部等	2020 年 7 月 8 日	2020 年 7 月 8 日
71	关于支持新业态新模式健康发展 激活消费市场带动扩大就业的意见（发改高技〔2020〕1157 号）	国家发展改革委、中央网信办、工业和信息化部等	2020 年 7 月 14 日	2020 年 7 月 14 日
72	关于进一步加强贫困家庭高校毕业生就业帮扶工作的通知（人社部函〔2020〕75 号）	人力资源社会保障部、教育部、国务院扶贫办	2020 年 7 月 15 日	2020 年 7 月 15 日
73	关于开展人力资源服务行业促就业行动的通知（人社部发〔2020〕58 号）	人力资源社会保障部	2020 年 7 月 17 日	2020 年 7 月 17 日
74	关于做好共享用工指导和服务的通知（人社厅发〔2020〕98 号）	人力资源社会保障部办公厅	2020 年 9 月 30 日	2020 年 9 月 30 日
75	关于应对新冠肺炎疫情影响做好事业单位公开招聘高校毕业生工作的通知（人社厅发〔2020〕27 号）	中共中央组织部办公厅、人力资源社会保障部办公厅	2020 年 3 月 11 日	2020 年 3 月 11 日

续表

序号	标题	制定机关	公布日期	施行日期
76	关于实施高校毕业生就业创业推进行动的通知	中共中央组织部、人力资源社会保障部、教育部等	2020 年 8 月 31 日	2020 年 8 月 31 日

第二节　职工管理

2020—2021 年，我国政府针对职工管理实施了一系列政策，其中职业技能提升成为我国政府针对当前就业形势和经济发展需求作出的一项重要决策。这一政策的实施将有助于优化人力资源结构，提高劳动者素质，促进经济社会持续健康发展。

一、全面推行中国特色企业新型学徒制

随着我国经济发展进入新常态，产业结构调整和转型升级加速推进，我国对高技能职业工人的需求逐步升高。通过全面推行中国特色企业新型学徒制，加强技能人才培养，提高劳动者素质，促进经济社会发展。这一政策的实施，体现了政府对技能人才培养的高度重视，对推动我国经济高质量发展、实现制造强国目标具有重要意义。当前，国家明确提出了培养高素质技能人才的目标，要求企业结合自身实际，制订科学合理的培养计划，确保培养内容与岗位需求相匹配。鼓励企业探索新型学徒制培养模式，通过师傅带徒弟、工学结合等方式，提高学徒的实践能力和操作技能。要求企业加强师资队伍建设，选聘优秀技能人才担任师傅，提高师资队伍的整体素质。明确了一系列政策支持措施，包括财政补贴、税收优惠等，以激励企业积极开展学徒制培养工作。通过全面推行中国特色企业新型学徒制，将有效提高技能人才队伍的整体素质，为经济社会发展提供有力的人才保障。高素质的技能人才将更好地适应产业结构调整和转型升级的需求，推动我国经济高质量发展。企业通过推行新型学徒制，将培养出更多符合自身需求的技能人才，提

高企业的竞争力和创新能力。

二、着重提升劳动者职业技能质量

我国为持续提升劳动者职业技能质量、适应经济社会发展需求，2020—2021年着重开展职业技能质量提升活动，其中以职业技能提升行动质量年活动为核心。主要目标是组织开展职业技能提升行动质量年活动，以此进一步提高职业技能培训的质量，确保培训效果，并推动职业技能提升行动的深入开展。主要内容包括提升培训质量，通过优化课程设计、提高师资水平、强化实践教学等方式，提升职业技能培训的质量。强化监管评估，加强对职业技能培训机构的监管，建立评估机制，确保培训效果和质量。通过推动创新发展，鼓励在培训模式、内容、方法等方面进行创新，以适应经济社会发展和人力资源市场的需求。系列活动进一步推动了职业技能质量的提升，提高劳动者的技能水平和就业能力。其中，质量年活动可以吸引更多的劳动者和企业参与职业技能培训，提高职业技能培训的社会认知度和影响力。在活动期间，通过对职业技能培训的实践和总结，可以进一步发现和解决问题，推动职业技能培训体系的完善（见表2-2）。

表2-2 2019—2020年国家在职业技能考核和提升方面的政策与制度

序号	标题	制定机关	公布日期	施行日期
1	人力资源社会保障部、财政部、国资委等关于印发《关于全面推行中国特色企业新型学徒制 加强技能人才培养的指导意见》的通知	人力资源和社会保障部、财政部、国务院国有资产监督管理委员会、中华全国总工会、中华全国工商业联合会	2021年6月8日	2021年6月8日
2	民政部、人力资源社会保障部关于举办全国养老护理职业技能大赛的通知	民政部、人力资源和社会保障部	2021年5月11日	2021年5月11日
3	人力资源社会保障部办公厅关于印发《职业指导员基础知识及理论培训大纲》和《职业指导员技能操作能力训练大纲》的通知	人力资源和社会保障部	2021年4月20日	2021年4月20日

续表

序号	标题	制定机关	公布日期	施行日期
4	人力资源社会保障部办公厅关于印发《专业技术人员职业资格考试考务工作规程》的通知	人力资源和社会保障部	2021年3月11日	2021年4月1日
5	人力资源社会保障部职业能力建设司关于做好职业技能培训业2020年财务统计年报工作的通知	人力资源和社会保障部	2021年3月8日	2021年3月8日
6	人力资源社会保障部关于2021年组织开展职业技能提升行动质量年活动的通知	人力资源和社会保障部	2021年2月7日	2021年2月7日
7	人力资源社会保障部关于表扬中华人民共和国第一届职业技能大赛获奖选手和为大赛作出突出贡献的单位的通报	人力资源和社会保障部	2021年2月5日	2021年2月5日
8	职业技能鉴定中心关于印发《职业技能等级认定工作规程（试行）》的通知（人社职司便函〔2020〕17号）	人力资源社会保障部职业能力建设司、人力资源社会保障部职业技能鉴定中心	2020年4月10日	2020年4月10日

第三节　劳动保护

2020—2021年，我国针对劳动者的劳动保护方面出台了一系列政策文件，涵盖了多个领域，包括自然资源、应急管理、人力资源和社会保障、工业和信息化、住房城乡建设、生态环境、交通运输等，主要内容涉及安全生产、劳动保障、防汛防台风、粉尘防暴、优化辐射安全考核等方面。

一、持续扎实推进安全生产工作

防范化解安全生产重大风险是劳动领域的重要政治责任，也是推进行业更高质量、更高水平安全发展的重要举措。抓好防范化解重大风险工作是一项系统、科学、复杂的工程，要大力提升防范化解安全生产重大风险认知能力、研判能力、决策能力和支撑能力。认知能力方面，要坚持战略思维、辩证思维、创新思维、法治思维和底线思维，强化风险意识，常观大势，常思大局，针对各项业务工作，系统总结归纳历史事故情况，明确风险点和各类风险因素，加强培训教育，提高全员风险辨识和防范能力。研判能力方面，要加强全局性、前瞻性、根本性战略谋划，把防范化解重大风险研判做实做细，精准识别现象本质，抓住要害、找准原因，把握风险规律，科学预见形势发展走势和隐藏其中的风险挑战，做到未雨绸缪，及时主动。决策能力方面，要把握行业发展和安全生产重大决策风险变化大势，统筹各方力量，加强源头把关和过程控制，科学有效决策。支撑能力方面，要强化基层基础建设，提升交通运输基础设施、车船设备等安全水平，提高安全生产工作决策者、实施者、操作者安全意识、专业水平和风险防控能力，有力保障交通运输安全生产。各部门各单位要强化监管，持续提升风险治理能力，把防范化解安全生产重大风险工作放在更加突出位置，统筹部署、大力推进、优先保障。

二、加强优化考核和执法相关工作

首先，在优化考核问题上，2021年国家针对劳动保护的相关考核制定了系列文件，旨在加强对劳动领域的监督考核，提高劳动领域的安全意识，实现安全生产。制定和落实《中共中央　国务院关于构建和谐劳动关系的意见》，推动健全党委领导、政府负责、社会协同、企业和职工参与、法治保障的工作体制，完善协商协调机制，健全劳动关系协调制度，畅通诉求表达渠道，及时有效处理劳动人事争议案件。推进企业安全生产标准化建设，提高企业安全管理和生产水平，防范和遏制重特大事故发生。其次，在监督执法工作上，国家要求加强日常巡视检查和专项督查相结合的劳动保障监察执法工作机制建设，依法维护劳动者权益。此外，国家增加了劳动监察机构的人员和经费，加强对企业的日常巡视检查和专项督查，对违反劳动法规的企业，依法进行处罚并公开曝光，以起到警示作用。劳动监察部门加大了对企业违法行为的查处力度，特别是对于拖欠工资、违法超时加班等严重侵害劳动者权益的行为，采取了更加严厉的处罚措施。同时，加强对劳动监察人员的培训，提高执法能力和水平。

三、落实新就业形态劳动者劳动保障权益

近年来，平台经济迅速发展，创造了大量就业机会，依托互联网平台就业的网约配送员、网约车驾驶员、货车司机、互联网营销师等新就业形态劳动者数量大幅增加，维护劳动者劳动保障权益面临的新情况新问题。为深入贯彻落实党中央、国务院决策部署，支持和规范发展新就业形态，切实维护新就业形态劳动者劳动保障权益，促进平台经济规范健康持续发展。其中关于新就业形态在规范用工问题上，文件提出指导和督促企业依法合规用工，积极履行用工责任，稳定劳动者队伍。主动关心关爱劳动者，努力改善劳动条件，拓展职业发展空间，逐步提高劳动者权益保障水平，培育健康向上的企业文化，推动劳动者共享企业发展成果。符合确立劳动关系情形的，企业应当依法与劳动者订立劳动合同。不完全符合确立劳动关系情形但企业对劳动者进行劳动管理的，指导企业与劳动者订立书面协议，合理确定企业与劳动者的权利义务。个人依托平台自主开展经营活动、从事自由职业等，按照民事法律调整双方的权利义务。此外，文件加强了对新就业形态劳动者的权益保护，其中包括：规范用工、明确劳动者权益保障责任、规范劳动关系法律合同制定、平台企业主体责任说明、落实公平就业制度、健全最低工资和支付保障制度、完善休息制度、健全并落实劳动安全生产责任制、完善基本养老保险、医疗保险相关政策、强化职业伤害保障、督促企业制定修订平台算法、积极为各类新就业形态劳动者提供个性化职业介绍、优化社会保险经办、建立适合新就业形态劳动者的职业技能培训模式、加快城市综合服务网点建设、保障新就业形态劳动者的子女受教育权利、保障新就业形态劳动者权益，以及明确工会、司法部门和相关人力资源社会保障部门的主体责任（见表 2-3）。

表 2-3 2020—2021 年国家在劳动保护方面的政策与制度

序号	标题	制定机关	公布日期	施行日期
1	自然资源部办公厅关于切实加强岁末年初安全防范工作的通知	自然资源部	2021 年 12 月 31 日	2021 年 12 月 31 日
2	应急管理部办公厅关于推行特种作业操作证电子证照的通知	应急管理部	2021 年 12 月 10 日	2022 年 2 月 1 日
3	应急管理部办公厅关于开展安全生产培训“走过场”专项整治工作的通知	应急管理部	2021 年 11 月 12 日	2021 年 11 月 12 日
4	国务院安委会办公室关于认真贯彻落实中央领导同志重要批示精神切实做好中秋国庆假期交通运输等重点行业领域安全生产工作的紧急通知	国务院安全生产委员会	2021 年 9 月 20 日	2021 年 9 月 20 日
5	应急管理部关于进一步做好安全生产责任保险工作的紧急通知	应急管理部	2021 年 9 月 6 日	2021 年 9 月 6 日
6	人力资源社会保障部、国家卫生健康委员会、国家医疗保障局、中华全国总工会关于开展女职工产假等权益专项执法行动的通知	人力资源和社会保障部、国家卫生健康委员会、国家医疗保障局、中华全国总工会	2021 年 8 月 4 日	2021 年 8 月 4 日
7	工业和信息化部安全生产司关于加强民用船舶制造业防汛防台风期间安全生产工作的通知	工业和信息化部	2021 年 7 月 26 日	2021 年 7 月 26 日
8	工贸企业粉尘防爆安全规定	应急管理部	2021 年 7 月 25 日	2021 年 9 月 1 日
9	工业和信息化部安全生产司关于加强民爆行业汛期安全生产工作的通知	工业和信息化部	2021 年 7 月 21 日	2021 年 7 月 21 日
10	人力资源社会保障部、国家发展改革委、交通运输部等关于维护新就业形态劳动者劳动保障权益的指导意见	人力资源和社会保障部、国家发展和改革委员会（含原国家发展计划委员会、原国家计划委员会）、交通运输部、应急管理部、国家市场监督管理总局、国家医疗保障局、最高人民法院、中华全国总工会	2021 年 7 月 16 日	2021 年 7 月 16 日

续表

序号	标题	制定机关	公布日期	施行日期
11	工业和信息化部办公厅、国家发展改革委办公厅、科技部办公厅关于组织开展2021年度国家安全应急产业示范基地申报和评估工作的通知	工业和信息化部、国家发展和改革委员会（含原国家发展计划委员会、原国家计划委员会）、科学技术部	2021年6月17日	2021年6月17日
12	自然资源部办公厅关于开展2021年“安全生产月”活动的通知	自然资源部	2021年6月3日	2021年6月3日
13	住房和城乡建设部办公厅关于开展2021年住房和城乡建设系统“安全生产月”活动的通知	住房和城乡建设部	2021年5月20日	2021年5月20日
14	应急管理部办公厅关于印发《安全评价机构执业行为专项整治方案》的通知	应急管理部	2021年5月15日	2021年5月15日
15	工业和信息化部安全生产司关于加强“五一”假期安全防范工作的通知	工业和信息化部	2021年4月30日	2021年4月30日
16	国务院安委会办公室、应急管理部关于开展2021年全国“安全生产月”活动的通知	国务院安全生产委员会、应急管理部	2021年4月26日	2021年4月26日
17	工业和信息化部办公厅关于做好2021年通信业安全生产工作的通知	工业和信息化部	2021年4月6日	2021年4月6日
18	应急部关于加强安全生产执法工作的意见	应急管理部	2021年3月29日	2021年3月29日
19	应急管理部办公厅关于印发《“工业互联网+危化安全生产”试点建设方案》的通知	应急管理部	2021年3月28日	2021年3月28日
20	最高人民检察院、应急管理部联合发布9件安全生产领域公益诉讼典型案例	最高人民检察院、应急管理部	2021年3月23日	2021年3月23日
21	生态环境部关于进一步优化辐射安全考核的公告	生态环境部	2021年3月11日	2021年3月15日

续表

序号	标题	制定机关	公布日期	施行日期
22	国务院安委会办公室关于印发生产安全事故防范和整改措施落实情况评估办法的通知	国务院安全生产委员会	2021 年 3 月 3 日	2021 年 3 月 3 日
23	工业和信息化部安委会办公室关于加强全国“两会”期间安全防范工作的通知	工业和信息化部	2021 年 2 月 26 日	2021 年 2 月 26 日
24	工业和信息化部安全生产司关于加强春节假期民爆行业安全防范工作的通知	工业和信息化部	2021 年 2 月 4 日	2021 年 2 月 4 日
25	交通运输部关于深化防范化解安全生产重大风险工作的意见	交通运输部	2021 年 1 月 6 日	2021 年 1 月 6 日
26	工作场所职业卫生管理规定（中华人民共和国国家卫生健康委员会令第 5 号）	国家卫生健康委员会	2020 年 12 月 31 日	2021 年 2 月 1 日
27	关于转发《国务院安委会办公室应急管理部关于做好当前安全防范工作的通知》的通知	工业和信息化部安全生产司	2020 年 1 月 30 日	2020 年 1 月 30 日
28	关于切实做好新型冠状病毒感染肺炎疫情防控期间技能人才评价有关工作的通知（人社厅函〔2020〕22 号）	人力资源社会保障部办公厅	2020 年 2 月 6 日	2020 年 2 月 6 日
29	关于新冠肺炎疫情防控期间进一步完善九省联保联供协作机制的通知	商务部办公厅	2020 年 2 月 17 日	2020 年 2 月 17 日
30	关于印发《全国安全生产专项整治三年行动计划》的通知（安委〔2020〕3 号）	国务院安全生产委员会	2020 年 4 月 1 日	2020 年 4 月 1 日
31	关于对口罩、防护服等防疫用品领域认证活动有关要求的通知（国认监〔2020〕2 号）	国家认监委	2020 年 4 月 13 日	2020 年 4 月 13 日
32	关于明确国内航行海船和 500 总吨以下国际航行船舶履行《2006 年海事劳工公约》相关工作事项的通知（海船员〔2020〕96 号）	中华人民共和国海事局	2020 年 5 月 7 日	2020 年 11 月 18 日

续表

序号	标题	制定机关	公布日期	施行日期
33	关于进一步加强工业行业安全生产管理的指导意见（工信部安全〔2020〕83 号）	工业和信息化部	2020 年 6 月 9 日	2020 年 6 月 9 日
34	关于印发用人单位职业卫生监督执法工作规范的通知（国卫监督发〔2020〕17 号）	国家卫生健康委员会	2020 年 8 月 31 日	2020 年 8 月 31 日
35	关于印发《生产经营单位从业人员安全生产举报处理规定》的通知（应急〔2020〕69 号）	应急管理部	2020 年 9 月 16 日	2020 年 9 月 16 日
36	关于印发《生产安全事故统计调查制度》和《安全生产行政执法统计调查制度》的通知（2020 修订）（应急〔2020〕93 号）	应急管理部	2020 年 11 月 25 日	2020 年 11 月 25 日
37	关于印发《安全应急装备应用试点示范工程管理办法（试行）》的通知（工信厅联安全〔2020〕59 号）	工业和信息化部办公厅、国家发展和改革委员会办公厅、科学技术部办公厅	2020 年 12 月 15 日	2020 年 12 月 15 日
38	关于做好 2021 年元旦春节期间安全生产相关工作的通知（自然资电发〔2020〕72 号）	自然资源部办公厅	2020 年 12 月 25 日	2020 年 12 月 25 日

第四节　社会保障

社会保障是保障和改善民生、维护社会公平、增进人民福祉的基本制度保障，是促进经济社会发展、实现广大人民群众共享改革发展成果的重要制度安排，发挥着民生保障安全网、收入分配调节器、经济运行减震器的作用，是治国安邦的大问题。2020—2021 年我国在劳动关系的社会保障上持续发力，完善政府、工会、企业共同参与的协商协调机制，构建和谐劳动关系，努力让劳动者实现体面劳动、全面发展。坚持把社会保障作为社会稳定器，按照兜底线、织密网、建机制的要求，全面建成覆盖全民、城乡统筹、权责清晰、保障适度、可持续的多层次社会保障体系。

一、持续推进完善劳动者的薪酬保障制度，坚持初次分配效率与公平并重

2021 年，我国进一步完善劳动者薪酬保障制度，主要在激励与保障两个方面对政策加以完善。

在劳动者的薪酬激励制度方面。为更好服务中国制造、中国创造，深入实施人才强国、创新驱动发展战略，推动企业建立健全符合技能人才特点的工资分配制度，激励广大青年走技能成才、技能报国之路，人力资源社会保障部办公厅印发了《技能人才薪酬分配指引》的通知，指出坚持职业发展设计与薪酬分配相配套。充分考虑企业的组织架构、职位体系、定岗定编、岗位评价、薪酬分配、绩效管理等相互联系、相互制约的实际，使技能人才薪酬分配与职业发展通道相衔接。在企业岗位体系的基础上，形成横向按工作性质、内容等划分不同技能序列，纵向按技能人才专业知识、技术技能、资历经验、工作业绩等因素划分层级的有机系统，既体现技能人才个人能力，又反映岗位差别。结合人才成长规律，职业发展通道一般可按 3 个阶段设置，形成全职业周期的成长发展通道。新进技能人才在第一个 10 年中，每 2 年至 3 年晋升一个职级，在基层岗位职位上正常成长；第二个 10 年中，在中间层级岗位职位上择优晋升发展；第三个 10 年中，在高层级岗位职位上逐步成长为专家权威。同时，对具有特殊技能和突出贡献的高技能人才应有破格晋升的制度安排。针对事业单位科研人员的科研成果转化问题上，人力资源社会保障部、财政部、科技部出台《关于事业单位科研人员职务科技成果转化现金奖励纳入绩效工资管理有关问题的通知》。这一文件的主要目的是落实以增加知识价值为导向的收入分配政策，进一步推动科技成果转移转化，根据《国务院办公厅关于抓好赋予科研机构和人员更大自主权有关文件贯彻落实工作的通知》要求，将事业单位科研人员职务科技成果转化现金奖励纳入绩效工资管理。文件要求科技成果完成单位根据国家规定和本单位

实际，在充分听取科研人员意见基础上，建立健全职务科技成果转化管理规定、公示办法，明确现金奖励享受政策人员范围、具体分配办法和相关流程，相关规定应在本单位公开。科技成果完成单位统计工资总额、年平均工资、年平均绩效工资等数据以及向有关部门报送年度绩效工资执行情况时，应包含现金奖励情况，并单独注明。

在劳动者薪酬保障制度方面。人力资源社会保障部、财政部等国家相关部门出台了一系列文件，从惩戒拖欠劳动者工资行为、规范农民工工资专用账户、开展保障农民工工资宣传教育等方面确保劳动者按时获取自身合法薪酬。其一，人力资源和社会保障部实施列入失信联合惩戒名单、公开信息、信用修复等管理活动。针对克扣、无故拖欠农民工工资达到认定拒不支付劳动报酬罪数额标准的，因拖欠农民工工资违法行为引发群体性事件、极端事件造成严重不良社会影响的行为纳入失信联合惩戒名单。其二，规范农民工工资专用账户管理。为根治工程建设领域拖欠农民工工资问题，规范农民工工资专用账户管理，切实维护农民工劳动报酬权益，根据《保障农民工工资支付条例》《人民币银行结算账户管理办法》等有关法规规定，人力资源社会保障部等十部门印发《工程建设领域农民工工资专用账户管理暂行办法》。《工程建设领域农民工工资专用账户管理暂行办法》不仅指出需要规范账户的设立与撤销，更提出工资支付监控预警平台建设，逐步实现农民工工资支付监控预警数据信息互联互通，与建筑工人管理服务、投资项目在线审批监管、全国信用信息共享、全国水利建设市场监管、铁路工程监督管理等信息平台对接，实现信息比对、分析预警等功能。

二、深化养老与医疗保险制度改革，进一步充分调动劳动者的积极性

2021 年我国在深化养老与医疗保险改革上的举措主要包括以下几个方面：一是推进养老保险全国统筹。为了提高养老保险的保障水平和可持续性，我国正在逐步推进养老保险全国统筹，即在全国范围内实现养老保险基金的统一管理和调配。这一举措可以更好地平衡不同地区之间的养老保险负

担，确保养老保险制度的可持续发展。二是完善多层次医疗保障体系。为了满足不同收入水平、不同健康需求的人群的医疗保障需求，我国正在不断完善多层次医疗保障体系。这一体系包括基本医疗保险、商业医疗保险、医疗救助等多种形式，可以为广大人民群众提供更加全面和有效的医疗保障服务。三是推动医保支付方式改革。为了控制医疗费用不合理增长和提高医保基金的使用效率，我国正在积极推动医保支付方式改革。通过改变传统的按项目付费模式，采用更加科学的按病种付费、按人头付费等方式，可以有效遏制医疗费用的不合理增长，同时也可以激励医疗机构和医生更多地关注患者的治疗效果和服务质量。四是加强医疗卫生人才培养。为了提高医疗服务的质量和水平，我国正加强医疗卫生人才培养工作。通过加大教育投入、扩大招生规模、优化课程设置等措施，培养更多的高素质医疗卫生人才，为人民群众提供更好的医疗服务。五是促进医药产业发展。为了满足人民群众日益增长的医疗保健需求，我国正积极促进医药产业发展。通过加大对生物技术、医疗器械等领域的技术研发和创新支持力度，培育一批具有国际竞争力的医药企业，提高我国医药产业的竞争力和创新能力（见表2-4）。

表2-4　2020—2021年国家在劳动保障方面的政策与制度

序号	标题	制定机关	公布日期	施行日期
1	人力资源社会保障部关于进一步加强工伤医疗管理服务工作有关问题的通知	人力资源社会保障部	2021年12月20日	2021年12月20日
2	拖欠农民工工资失信联合惩戒对象名单管理暂行办法	人力资源社会保障部	2021年11月10日	2022年1月1日
3	人力资源社会保障部办公厅、财政部办公厅关于畅通失业保险关系跨省转移接续的通知	人力资源社会保障部办公厅、财政部办公厅	2021年11月9日	2021年11月9日
4	人力资源社会保障部办公厅关于外籍参保人员参加养老保险有关问题的复函	人力资源社会保障部办公厅	2021年10月18日	2021年10月18日

续表

序号	标题	制定机关	公布日期	施行日期
5	人力资源社会保障部办公厅关于做好重复领取养老保险待遇问题处理工作的通知	人力资源社会保障部办公厅	2021 年 10 月 14 日	2021 年 10 月 14 日
6	交通运输部、中央网信办、国家发展改革委等关于加强货车司机权益保障工作的意见	交通运输部、中央网络安全和信息化委员会办公室、国家发展和改革委员会（含原国家发展计划委员会、原国家计划委员会）、工业和信息化部、公安部、财政部、人力资源和社会保障部、自然资源部、生态环境部、住房和城乡建设部、商务部、中国人民银行、国家税务总局、国家市场监督管理总局、中国银行保险监督管理委员会、中华全国总工会	2021 年 10 月 11 日	2021 年 10 月 11 日
7	人力资源社会保障部等十部门关于印发《工程建设领域农民工工资专用账户管理暂行办法》的通知	人力资源和社会保障部、国家发展和改革委员会（含原国家发展计划委员会、原国家计划委员会）、财政部、住房和城乡建设部、交通运输部、水利部、中国人民银行、国家铁路局、中国民用航空局、中国银行保险监督管理委员会	2021 年 7 月 7 日	2021 年 7 月 7 日
8	财政部、国家医保局关于收回中央财政城乡居民基本医疗保险补助资金的通知	财政部、国家医疗保障局	2021 年 5 月 6 日	2021 年 5 月 6 日
9	人力资源社会保障部办公厅关于开展《保障农民工工资支付条例》集中宣传活动的通知	人力资源社会保障部办公厅	2021 年 4 月 8 日	2021 年 4 月 8 日

续表

序号	标题	制定机关	公布日期	施行日期
10	人力资源社会保障部、财政部、科技部关于事业单位科研人员职务科技成果转化现金奖励纳入绩效工资管理有关问题的通知	人力资源社会保障部、财政部、科技部	2021年2月8日	2021年2月8日
11	人力资源社会保障部办公厅关于印发《技能人才薪酬分配指引》的通知	人力资源社会保障部办公厅	2021年1月26日	2021年1月26日
12	关于妥善处理新型冠状病毒感染的肺炎疫情防控期间劳动关系问题的通知（人社厅明电〔2020〕5号社会保障部办公厅）	人力资源社会保障部办公厅	2020年1月24日	2020年1月24日
13	关于新型冠状病毒肺炎疫情防控期间事业单位人员有关工资待遇问题的通知（人社部发〔2020〕9号）	人力资源社会保障部、财政部	2020年2月11日	2020年2月11日
14	关于支持安全生产责任保险参保企业应对新冠肺炎疫情的通知（应急厅〔2020〕5号）	应急管理部办公厅、财政部办公厅、中国银保监会办公厅	2020年2月24日	2020年2月24日
15	关于进一步做好疫情防控期间困难群众兜底保障工作的通知（国发明电〔2020〕9号）	中央应对新型冠状病毒感染肺炎疫情工作领导小组	2020年3月6日	2020年3月6日
16	关于2020年调整退休人员基本养老金的通知（人社部发〔2020〕22号）	人力资源社会保障部、财政部	2020年4月10日	2020年1月1日
17	关于做好防止农民工工资专用账户资金和工资保证金被查封、冻结或者划拨有关工作的通知（人社部发〔2020〕93号）	最高人民法院、人力资源社会保障部、中国银保监会	2020年12月25日	2020年12月25日
18	关于支持地方做好中央企业及原中央下放企业退休人员社会化管理工作的通知（财资〔2020〕1号）	财政部、国资委	2020年1月9日	2020年1月9日

续表

序号	标题	制定机关	公布日期	施行日期
19	关于2020年调整退休人员基本养老金的通知（人社部发〔2020〕22号）	人力资源社会保障部、财政部	2020年4月10日	2020年1月1日

第五节　工会工作

2020—2021年，中华全国总工会对全国工会系统的建设主要包括以下方面。

第一，进一步密切工会领导机关与基层工会和职工群众的联系，推动解决基层工会和职工群众面临的实际困难和问题，改进工作作风，增进职工感情，提高做好群众工作能力水平，巩固拓展蹲点工作成果，培养锻炼工会机关干部特别是年轻干部，建立健全工会领导机关干部赴基层蹲点工作长效机制。

第二，提高疫情期间船员劳动待遇，保障疫情期间劳动者的基本收入，设定船员劳动待遇标准。

第三，将工作重点放在新就业形态劳动者入会这一关键问题上。近年来，随着新产业新业态新模式蓬勃兴起，企业组织形式和劳动者就业方式发生深刻变化，依托互联网平台就业的货车司机、网约车司机、快递员、外卖配送员等新就业形态劳动者大幅增加，工会组建工作面临新情况新问题。为了最大限度把新就业形态劳动者组织到工会中来，团结凝聚在党的周围，中华全国总工会出台《关于推进新就业形态劳动者入会工作的若干意见（试行）》，进一步推动在工会层面拓宽新时代职工范畴。

第四，切实维护新就业形态劳动者劳动保障权益。深入新就业形态劳动者群体，广泛宣传党的路线方针政策和保障新就业形态劳动者群体权益的政策举措，将党的关怀和温暖及时送达。加强对新就业形态劳动者入会问题的研究，加快制定出台相关指导性文件，对建立平台企业工会组织和新就业形态劳动者入会予以引导和规范。发挥产业工会作用，积极与行业协会、头部企业或企业代表组织就行业计件单价、订单分配、抽成比例、劳动定额、报酬支付办法、进入退出平台规则、工作时间、休息休假、劳动保护、奖惩制度等开展协商，维护新就业形态劳动者的劳动经济权益。积极推动和参与制定修改劳动保障法律法规，充分表达新就业形态劳动者意见诉求，使新就业形态劳动者群体各项权益在法律源头上得以保障。

第五，加强社会组织工会建设。随着改革开放不断深入，以社会团体、基金会和社会服务机构为主体的社会组织快速发展，已成为社会主义现代化建设的重要力量、党的工作和群众工作的重要阵地。党的十九届五中全会提出，发挥群团组织和社会组织在社会治理中的作用，畅通和规范市场主体、新社会阶层、社会工作者和志愿者等参与社会治理的途径。中央党的群团工作会议强调，联系和引导相关社会组织，是群团组织发挥桥梁和纽带作用的一项重要任务。因此，中华全国总工会进一步积极探索符合社会组织实际的工会建设方式方法，着力破解社会组织中工会组织覆盖不够全面、作用发挥不够充分等问题（见表2-5）。

表2-5 2020—2021年国家在工会建设方面的政策与制度

序号	标题	制定机关	公布日期	施行日期
1	中华人民共和国工会法（2021年修正）	全国人大常委会	2021年12月24日	2022年1月1日
2	全国人民代表大会常务委员会关于修改《中华人民共和国工会法》的决定（2021）	全国人大常委会	2021年12月24日	2022年1月1日
3	中华全国总工会办公厅印发《关于建立健全工会领导机关干部赴基层蹲点工作长效机制的意见》的通知	中华全国总工会办公厅	2021年12月31日	2021年12月31日
4	新型冠状病毒肺炎疫情防控期间船员劳动待遇标准	中华全国总工会办公厅	2021年11月22日	2021年11月22日
5	关于推进新就业形态劳动者入会工作的若干意见（试行）	中华全国总工会办公厅	2021年9月18日	2021年9月18日
6	中华全国总工会　民政部关于加强社会组织工会建设的意见（试行）	中华全国总工会办公厅	2021年8月31日	2021年8月31日

续表

序号	标题	制定机关	公布日期	施行日期
7	中华全国总工会关于切实维护新就业形态劳动者劳动保障权益的意见	中华全国总工会办公厅	2021 年 7 月 28 日	2021 年 7 月 28 日
8	中华全国总工会办公厅关于印发《工会劳动法律监督办法》的通知	中华全国总工会办公厅	2021 年 3 月 31 日	2021 年 3 月 31 日

第六节 农民工权益保障

农民工群体作为我国职工队伍的主要构成之一，近年来数量增长速度放缓。随着经济发展进入新阶段，城镇化对农民工的吸纳能力减弱，农民工数量总体趋于饱和。为持续推动农民工群体的职业转型和劳动力质量提高，我国在 2021 年提出了一系列关注农民工权益的举措。

一、推动农民工参加工伤保险

人力资源社会保障部、财政部联合印发《关于做好工伤保险基金先行支付有关问题的通知》，明确参保企业职工在发生工伤时，用人单位为其垫付相关费用，并按照规定的程序申请工伤保险待遇的，经审核符合条件的，各项工伤保险待遇由工伤保险基金支付。推动农民工参加工伤保险和失业保险是两项非常重要的举措。通过这两项保险，农民工可以在遭遇工伤或失业等风险时得到相应的保障，减轻其经济负担，同时也有助于维护社会稳定。这两项举措的推出，体现了政府对农民工权益的关注和保护。

二、推动农民工参加失业保险

人力资源社会保障部等四部门印发《关于进一步做好失业保险金、临时生活补助等政策落实工作的通知》，要求各地全面实施失业保险基金省级统筹制度，加快推进失业保险基金省级统收统支工作，同时规范失业保险待遇申领发放。

三、开展根治欠薪行动

各地持续加强工资支付日常监督和集中整治，依法查处拒不支付劳动报酬案件，全力解决拖欠农民工工资问题，切实维护劳动者合法权益。贯彻落实《国务院根治拖欠农民工工资工作领导小组办公室关于开展根治欠薪冬季专项行动的通知》，解决当前农民工欠薪问题。一是全面加快“全国根治欠薪线索反映平台”和地方其他渠道接收欠薪举报投诉的分类核实处置，做到案结事了。二是全面排查工程建设领域工资专用账户、实名制管理、总包代发工资、工资保证金、维权信息公示等制度落实情况，督促企业落实主体责任。三是全面清查在建工程项目审批管理、工程款（人工费）拨付、资金监管情况，源头化解欠薪风险。四是全面强化欠薪违法惩戒，用好用足行政、刑事、信用等惩戒手段，加强行政执法和刑事司法衔接，对欠薪特别是恶意欠薪从严惩处。

四、提升服务水平

各地积极为农民工提供就业指导、职业介绍、技能培训等服务，帮助农民工提高就业能力和素质，促进农民工就业创业。国家大力整合相关政策、项目和市场资源，深入基层狠抓落实落地，各试点地区积极探索适合农民工的返乡创业发展路径。贯彻落实《国家发展改革委办公厅关于推广支持农民工等人员返乡创业试点经验的通知》，引导返乡创业与本地特色资源、区位条件、产业基础等相结合，大力发展具有比较优势的产业，是各地行之有效、值得推广的成功经验（见表2-6）。

表2-6 2020—2021年国家在农民工权益保障方面的政策

序号	标题	制定机关	公布日期	施行日期
1	拖欠农民工工资失信联合惩戒对象名单管理暂行办法	人力资源和社会保障部	2021年11月10日	2022年1月1日

续表

序号	标题	制定机关	公布日期	施行日期
2	国务院根治拖欠农民工工资工作领导小组办公室关于开展根治欠薪冬季专项行动的通知（2021）	国务院根治拖欠农民工工资工作领导小组办公室	2021年10月28日	2021年10月28日
3	国家发展改革委办公厅关于推广支持农民工等人员返乡创业试点经验的通知	国家发展和改革委员会（含原国家发展计划委员会、原国家计划委员会）	2021年9月15日	2021年9月15日
4	人力资源社会保障部、住房和城乡建设部、交通运输部等关于印发《工程建设领域农民工工资保证金规定》的通知	人力资源和社会保障部、住房和城乡建设部、交通运输部、水利部、中国银行保险监督管理委员会、国家铁路局、中国民用航空局	2021年8月17日	2021年11月1日
5	人力资源社会保障部等十部门关于印发《工程建设领域农民工工资专用账户管理暂行办法》的通知	人力资源和社会保障部、国家发展和改革委员会（含原国家发展计划委员会、原国家计划委员会）、财政部、住房和城乡建设部、交通运输部、水利部、中国人民银行、国家铁路局、中国民用航空局、中国银行保险监督管理委员会	2021年7月7日	2021年7月7日
6	人力资源社会保障部办公厅关于开展《保障农民工工资支付条例》集中宣传活动的通知	人力资源和社会保障部	2021年4月8日	2021年4月8日
7	国家铁路局关于在铁路工程建设领域推动落实农民工工资支付保障措施的通知	国家铁路局	2021年2月3日	2021年2月3日
8	关于推动返乡入乡创业高质量发展的意见（发改就业〔2020〕104号）	国家发展改革委、教育部、科技部等	2020年1月19日	2020年1月19日
9	关于进一步做好春节后农民工返城服务保障工作的通知（国农工办发〔2020〕1号）	国务院农民工工作领导小组办公室	2020年2月6日	2020年2月6日

续表

序号	标题	制定机关	公布日期	施行日期
10	关于疫情防控期间免收农民工返岗包车公路通行费的通知（交公路明电〔2020〕52号）	交通运输部	2020年2月7日	2020年2月7日
11	关于全力做好农民工返岗运输服务保障工作的通知（交运明电〔2020〕56号）	交通运输部	2020年2月11日	2020年2月11日
12	关于做好农民工返岗复工"点对点"出行线上服务工作的通知（人社厅明电〔2020〕14号）	人力资源和社会保障部办公厅	2020年3月6日	2020年3月6日
13	关于做好农民工返岗复工"点对点"出行健康服务工作的通知（人社厅明电〔2020〕15号）	人力资源和社会保障部办公厅、国家卫生健康委员会办公厅	2020年3月7日	2020年3月7日
14	关于落实新冠肺炎疫情防控期间暂缓缴存农民工工资保证金政策等有关事项的通知（人社厅发〔2020〕40号）	人力资源和社会保障部办公厅、住房和城乡建设部办公厅	2020年4月9日	2020年4月9日

第三章

劳动教育理论研究

劳动是人类维持生命、不断发展的基础性活动，劳动教育是教育的重要组成部分。自中国共产党成立之日起，就将教育摆在各项事业的首位，而劳动教育更在教育领域中起着至关重要的作用。我党无论是在新民主主义革命时期、社会主义革命和建设时期、改革开放和现代化建设时期还是在中国特色社会主义进入新时代之后，我党始终重视劳动教育的发展，不断对劳动教育的政策进行探索。通过对中国共产党劳动教育政策的演变历程进行梳理，明晰劳动教育政策演变不同阶段的特征，反思劳动教育政策存在的问题，总结劳动教育政策发展的经验，对推动新时代劳动教育高质量发展具有十分重要的现实意义。对此，国内学者从不同的角度对中国共产党劳动教育政策的历史演变及未来发展进行了较为系统的研究。

从总量上来看，国内专家学者对“劳动教育政策”这一直接研究较少。以“劳动教育政策”为关键词在中国知网进行检索，共检索到文章 54 篇，其中 2020 年发表 20 篇，2021 年发表 14 篇，如图 3-1 所示。

国内专家学者对“中国共产党的劳动教育政策”的这一主题的直接研究较少，但对“劳动教育的内涵”“劳动教育政策的演变历程”“劳动教育政策的实施效果”“强化劳动教育政策的对策”有着较为系统的研究，其与本主题具有相关性，因此我们主要从以上 4 个方面进行综述。

第一节 劳动教育内涵的相关研究

劳动教育是人改造外部世界，满足人的物质文化与精神文化需求，实现人的自由全面发展的实践活动。社会主义全面发展教育通常包括德育、智育、体育、美育和劳动技术教育，简称“五育”。国内学者对于“劳动教育

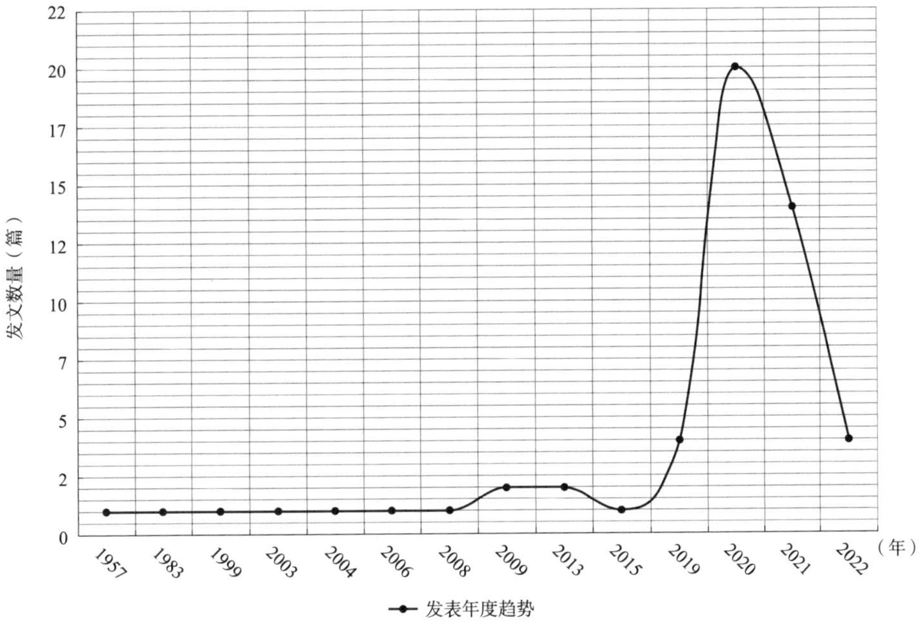

图 3-1 关于“劳动教育政策”相关研究的发文数量年度统计

的内涵”研究主要从基本内涵与特征等方面进行研究。

一、“劳动教育”的基本内涵研究

檀传宝认为，劳动价值观是劳动素养的核心内涵，而劳动教育的内涵是促进受教育者形成正确的劳动价值观、积极的劳动态度、尊重劳动的思维意识，养成良好的劳动素养、形成正确的劳动习惯、掌握一定的劳动技能、能够开展具有创造性的劳动的教育活动。[①] 班建武认为，对马克思主义关于教育与生产劳动相结合这一命题的实质我们要有更为完整和科学的认识。过去，我们更多的是在“形式”的立场上实现了教育与生产劳动的相结合，即将教育完全融入生产劳动当中；现在，则需要我们更多地在“实质”的立场实现教育与生产劳动的结合，即通过现代科学将教育和生产活动两个独立的

① 檀传宝：《劳动教育的概念理解——如何认识劳动教育概念的基本内涵与基本特征》，《中国教育学刊》2019 年第 2 期。

领域结合起来，共同致力于培养全面发展的人。[①]宋敏娟认为，劳动教育最本质的意义是培育受教育者尊重劳动的价值观，以及提升对劳动的内在热情和劳动创造的积极性。因此，它不仅有利于受教育者身心健康发展和意志品质磨炼，而且能塑造其艰苦奋斗的精神及自强自立的人格。[②]余文森、殷世东认为，劳动教育是一种基于劳动，传承人的“劳动基因”，通过劳动促进人的“完成”，借助劳动教育融通德智体美，达成五育融合，以实现“完整的人”的一种教育活动。[③]田鹏颖认为，劳动教育不仅是教育问题，更是政治问题，是关于政治立场、感情、认同的问题。他认为，对劳动的态度以及对劳动者、劳动模范的态度可以从根本上体现出人的人格和政党的基本性质。加强劳动教育是学懂、做实习近平新时代中国特色社会主义思想的必然要求；是构建德智体美劳全面培养体系的必然要求；是落实立德树人根本任务的必然要求。[④]

孙振东、康晓卿认为，劳动教育有狭义劳动教育和广义劳动教育之分。狭义的劳动教育主要是指以思想政治品德教育为教育目的的劳动教育，是德育的一部分。而广义的劳动教育包含三重意蕴：一是作为德育一部分的劳动教育；二是劳动技术教育、综合技术教育；三是以实现人的全面发展为目标的劳动活动。广义的劳动教育并不是单纯三重意蕴相加的总和。第一、第二重含义是“为了劳动的教育”，包括爱劳动和会劳动；第三重含义是“为了教育的劳动”，通过劳动教育人、培养人。厘清广义劳动教育概念下的三重含义，才能理论上清晰，实践中不困惑，有利于加强新时代劳动教育。[⑤]曲霞、刘向兵认为，劳动教育是全面发展教育体系当中的一部分，劳动教育具

① 班建武:《“新”劳动教育的内涵特征与实践路径》,《教育研究》2019年第1期。
② 宋敏娟:《教育与生产劳动相结合的时代内涵及其实现途径》,《毛泽东邓小平理论研究》2019年第1期。
③ 余文森、殷世东:《新时代中小学劳动教育的内涵、类型与实施策略》,《全球教育展望》2020年第10期。
④ 田鹏颖:《高校劳动教育的本体价值和实施途径》,《中国高等教育》2020年第15/16期。
⑤ 孙振东、康晓卿:《论“劳动教育”的三重含义》,《社会科学战线》2021年第1期。

有树德、健体、增智、育美德的综合价值。与此同时，每个公民都需要工作和劳动，培养基本的劳动能力和形成对劳动正确的价值认知是每个公民最基本、最重要的素质。因此，劳动教育在国民素质提升中具有德智体美四育不可替代的独特作用。他们系统地从地位、内容、形态、目标和价值取向上对新时代高校劳动教育的内涵进行了辨析，他们认为，从地位的角度出发，新时代高校劳动教育应成为人才培养体系的一部分，应设立独立的劳动选修或必修课程。从内容上，新时代高校劳动教育应反映新时代劳动发展趋势，应随着劳动形态的发展变化与时俱进，回应时代需求，创新教育内容。从形态上，新时代高校劳动教育包括劳动思想教育、技能培养、实践锻炼三大领域，这三者各有侧重，又同属一个整体，相互影响、相互促进。从目标上，新时代高校劳动教育注重全面提升受教育者劳动素养，换言之，如果仅是单纯劳动技能技术的学习或是一般意义上的道德教育，不能称为劳动教育。从目的取向上，新时代高校劳动教育追求内在价值同外在价值的和谐统一，新时代高校劳动教育的目的首先是引导受教育者能够在劳动中创造幸福感，在此基础上为社会主义建设培养具有劳动实践能力和创新能力并富有社会责任感的建设人才。①

韦丽银、刘远杰认为，劳动教育的时代内涵需要从 3 个方面来把握：从教育目的论角度来看，劳动教育是一种实现“劳动”价值目标的教育实践。在此，“劳动”作为一种素养、素质或能力，如同道德教育的“道德”、审美教育的“审美”。劳动教育作为一个教育目标范畴，是对“德智体美”教育目的论的重要补充，实现了新时代我国教育目的内容范畴的完整表述，也就意味着“劳动”将成为中国整个教育体系所需共同完成的目标之一，是对“培养什么人”的一种回答。从方法或手段的意义上看，劳动教育是以劳动实践的方式实现“劳动”价值目标的教育实践，要回答“怎么培养人”的

① 曲霞、刘向兵：《新时代高校劳动教育的内涵辨析与体系建构》，《中国高教研究》2019 年第 2 期。

问题。此时的“劳动”指的是一种实践、方法或手段。劳动教育的价值目标正是在劳动过程中得以生成和实现的，因此也可以说劳动教育就是在劳动中进行的教育，不以劳动实践为载体的劳动教育是不能成立的。从哲学视角来看，劳动教育乃是一种“哲学方式”或“时代精神的精华”，应成为当前中国人民大众“解释世界”和“改造世界”的武器。如何使“劳动”成为广大青少年的基本观念和思维方式，成为他们崇尚和追求的对象，成为他们的生活方式和发展的动力源泉，便成为最具根本性的命题。新时代的劳动教育，是要培养人的劳动素质、能力与精神，培养新时代具有独立性和创造性的劳动者，更深层次的意义则是通过培养这种劳动者而解决新时代“中国创造”、中国发展和中国复兴的问题。劳动教育是为特定国家、社会或环境服务的，劳动不仅改造人自身，同时也改造人所居住的国家、社会和环境。①

张利钧、赵慧勤、张慧珍认为，新时代劳动教育内涵的崭新意蕴，具体表现为：劳动教育要素的充实，劳动教育的构成要素既包括认识层面的对劳动的根本看法和观点、对劳动技能技术的习得和领悟，也包括情感态度层面的对劳动和劳动者的价值判断和评价以及相应的情感反应，还包括行为层面的习惯养成和劳动生产能力；支点的转向，真正的劳动教育必须是旨在能够实现个体自由而全面发展的教育，是顺应变化发展的实践和时代特征而不断进行内容和形式上的调整更新的生命体，是现代劳动和现代教育在尊重客观规律基础上的实质意义层面的交融和耦合；内容的重组，劳动教育的内容应该实现各种不同劳动形式的综合贯通，如重复性劳动与创造性劳动、生产性劳动与非生产性劳动、简单劳动与复杂劳动、脑力劳动与体力劳动、认识性劳动和生产性劳动、生产劳动与消费劳动、必要劳动与闲暇劳动等，既不把其中某一种劳动形式理解为劳动的全部，也不以其中一种形式否定相关联的

① 韦丽银、刘远杰：《新时代我国农村寄宿制学校劳动教育的内涵、问题与对策》，《教育发展研究》2019 年第 10 期。

另一种形式。①

二、"劳动教育"的特征研究

靳玉乐、胡月认为，劳动教育的教育目的不在于系统的理论知识学习，而是塑造受教育者正确的劳动价值观、培养受教育者良好的劳动品质。劳动教育重视过程，强调受教育者动手参与实践活动，而不是单纯在课堂上进行理论学习、坐而论道，劳动教育致力于促进受教育者参与动手实践活动，以此促使受教育者接受锻炼、磨炼意志。劳动教育具有目的性、计划性、正规性、系统性，并不是随意开展、可有可无的教育活动。劳动教育的根本目标是"立德树人"，重视受教育者正确的劳动价值观和劳动品质的培养，进而促进受教育者的全面自由发展。②

檀传宝认为，劳动教育是通过提升受教育者劳动素养的方式进而促进受教育者全面发展的教育活动。有如下三点特征：一是劳动教育蕴含普遍教育的特征，劳动教育的目的在于落实人的全面发展的教育方针，因此劳动教育蕴含普遍教育的特征。二是劳动教育蕴含价值教育的属性，劳动教育应与当前社会以培养劳动基础技术能力为目标的"技术教育"相区别。劳动教育重视培养受教育者的劳动素养，包括劳动的技术和技能，但并不局限于此，劳动教育的重心在于劳动价值观的培养。三是劳动教育具有时代性和社会性，在人类社会历史中，随着社会的不断发展，劳动的形态也在不断发生演化，具体体现在脑力劳动的占比不断增加、劳动的新形态不断发展。因此，劳动教育包括但不限于参加体力劳动，不能把劳动教育仅仅理解为体力劳动教育，而应当根据劳动形态的新发展、新演变与时俱进地调整劳动教育，鼓励受教育者参与服务形态的劳动、创造性劳动等，形成现代劳动教育的

---

① 张利钧、赵慧勤、张慧珍：《新时代劳动教育：内涵特征与价值意蕴》，《教育理论与实践》2021 年第 26 期。

② 靳玉乐、胡月：《劳动教育与学生品格的形成》，《教育研究》2021 年第 5 期。

新方向。[①]

吴文君、王建新认为，青年的劳动教育具有鲜明的时代性和现实性。他们认为，新时代劳动教育的核心内容是劳动价值观教育，新时代劳动教育应区别于其他国家劳动教育“工具性教育”，我国劳动教育应凸显育人价值和工具价值的统一，引导青年能够正确认识劳动同科技、消费、资本之间的关系，引导青年将马克思主义劳动观作为自身的行动指南。新时代劳动教育的价值根基是促进人的全面发展，回首我国劳动教育发展历程中存在的问题，归根结底一部分源自我国劳动教育价值根基的不稳定，实现从“人的依赖”到“物的依赖”再到实现“人的全面自由发展”，劳动教育起着至关重要的作用。新时代劳动教育要以全社会协同共育为保障机制，新时代劳动教育是“双向的”，劳动教育的开展需要在教育内外部形成合力，需要吸引社会各界的力量广泛参与到劳动教育当中来，引导青年学生积极参与服务性劳动实践，在实践中深化对劳动的认识，形成正确的劳动价值观；劳动教育是“融合的”，新时代的劳动教育是一种全社会参与的教育，家庭、学校、社会应秉承共同的目标，搭建起相互配合、互通有无、共享资源的协同育人体系；新时代劳动教育是“嵌入的”，新时代劳动教育应嵌入受教育者生活，嵌入受教育者所处的社会环境、自然环境，积极宣传“生活即思想”“社会即学校”的思想。[②]

尹者金认为，劳动教育是培养高素质人才的必要途径，是融德、智、体、美为一体的综合性素质教育活动。高校的劳动教育是以实践活动为依托的教育活动，在实践活动中，逐步形成和养成学生自己的劳动观念和劳动情操。他认为，新时代高校劳动教育的基本特征是其时代性、实践性、综合性和适度性。高校劳动教育是以劳动为基础，而劳动的形式与方法随着时代的

① 檀传宝：《劳动教育的概念理解——如何认识劳动教育概念的基本内涵与基本特征》，《中国教育学刊》2019年第2期。

② 吴文君、王建新：《新时代青年劳动教育的逻辑、特征与发展进路》，《当代青年研究》2021年第3期。

变迁具有多样化的特点，这种多样性是劳动教育时代性的反映。高校劳动教育就是按照“教育与生产相结合”的原理，坚持知行统一，在劳动过程中逐步完成劳动教育的目标，实践性是劳动教育的基本特征。劳动教育的主要活动形式，包括日常性劳动、社会实践或者义务劳动、生产实践或者企业学习等，是基于实践的教育活动。因此，高校的劳动教育要纳入人才培养整体实践教学环节，同时要注重理论教学与实践教学的比例，以确保劳动教育的效果。大学劳动教育是多方面的，既反映劳动演变的历史性，又反映劳动现状的横断面。大学劳动教育，既是五育的一个方面，同时又能兼五育而有之，而且在更高层次、更大程度上吸纳了德、智、体、美诸方面。高校劳动教育不仅要培育和养成学生的劳动观念、态度、知识和技能，而且还要开展与劳动相关的身体锻炼、心理健康、劳动审美等教育，劳动教育的教育性正是通过其综合性体现出来的，是以劳动为手段提升自己的综合素质，以弥补大学生在心理或者能力方面可能存在的缺陷，促进自身的全面发展。高校劳动教育要切合大学生的生理心理特点和遵循教育教学规律，做到劳动教育强度适当，劳动教育内容适宜。劳动教育的内容切合学生的生活以及专业学习的实际，要使学生在劳动教育过程中能够享受和珍惜自己的劳动成果，从而形成一种责任感。①

陈云龙、吴艳玲认为，新时代劳动教育作为中国特色社会主义教育制度的重要内容，应在目标定位、内容体系、实施途径、落实方式、保障机制等方面进行系统的设计和规划，形成一个全员、全方位、全过程育人的劳动教育新格局，加强纵向衔接，大中小学一体化系统设计，促进横向贯通，独立设课与学科渗透教学有机结合，拓宽实施渠道，强化家庭、学校、社会综合实施，深化产教融合，创新劳动教育模式，依据各地实际，因地制宜常态实施。②

---

① 尹者金:《新时代高校劳动教育的特征与实现》,《江苏高教》2019 年第 11 期。

② 陈云龙、吴艳玲:《新时代劳动教育的内涵、特征与价值》,《人民教育》2020 年第 7 期。

第二节 劳动教育政策演变历程的相关研究

新中国成立以来，不同的历史时期党制定的劳动教育政策各有不同，梳理劳动教育政策的演变历程，有助于更好地明晰劳动教育的发展规律，把握劳动教育的发展趋势，为新时代劳动教育的高质量发展提供实践经验和历史镜鉴。国内学者对“劳动教育政策”主要从划分阶段解读劳动政策和研究劳动政策演变特点等方面进行研究。

一、“劳动教育政策”的演变历程研究

刘向兵、曲霞认为，中国共产党百余年来始终坚持马克思主义劳动解放思想，在不同的历史时期，社会主义劳动教育不同程度地呈现出 4 种功能。为唤醒工人阶级的力量，重塑工人阶级的阶级意识，使其认识到自身阶级的主体地位和历史使命，重视自身劳动的价值，为实现人类解放而展开阶级斗争，中国共产党始终重视劳动教育。20 世纪 30 年代我党劳动教育的主要功能是端正工人阶级劳动态度，使其为新民主主义革命服务，从而提高社会生产力。抗日战争时期，由于战斗物资和生活物资的极度短缺，劳动教育在这一时期的主要功能是进行社会生产的动员，提高物质生产力。新中国成立前夕，劳动教育主要注重技术教育，加强劳动者的业余教育和在职干部教育。改革开放以来，我党不断从人力资源配置的意义上增强劳动教育和社会生产动员功能，更加科学地促进教育与生产劳动相结合。进入新时代，劳动教育在我国教育体系中的地位显著提升，这一时期，劳动教育重视劳动价值观的培养，在全党全社会范围内采取有效的措施不断加强劳动教育。①

郝志军、王艺蓉认为，1949—1956 年为劳动教育政策的探索与重建阶段，这个阶段以课外活动为主，配合学科课程。1957—1976 年为强化和偏

① 刘向兵、曲霞：《党史百年历程中劳动教育的功能及其实现》，《教育研究》2021 年第 10 期。

执阶段，这个阶段将生产劳动列为正式课程，时间和强度逐步增加。1977—2000 年为调整与改进阶段，这个阶段以劳动技术教育为主，多渠道多方式推进。2001—2019 年为深化和创新阶段，在这个阶段构建五育并举全面发展育人体系。①

王洪晶、曲铁华认为，1921—1948 年为教育和劳动结合方针的初创期。这一时期，“工读”的思潮为教育和劳动结合提供了理论阵地。工农教育与工农运动推进了教育和劳动结合的实践发展。同时，这一时期的革命教育思想与实践也加速了教育和劳动结合方针的确立。1949—1998 年为劳动教育政策的规范期。劳动教育政策成为满足国民生产和学生就业的重要手段。劳动教育政策沦为阶级斗争的工具，具有强烈的政治色彩。劳动教育政策是促进市场经济发展与劳动技术变革的措施。1999—2011 年为劳动教育政策的深化期。这一时期，应试教育逐步转变为素质教育，劳动教育成为素质教育的一部分。此外，劳动教育的课程不再单独设立，而是融合在综合实践活动课程之内。这一时期，劳动教育的价值取向突出以人为本，对劳动的情感和劳动精神的培养成为这一时期劳动教育的目标。2012—2021 年为新时代劳动教育专项政策的独立创新期。这一时期，劳动教育的育人价值越发凸显，劳动素养成为受教育者的核心素养之一。劳动教育的内涵也逐渐丰富，不断形成了劳动素养评价体系，受教育者的劳动素养成为升学的部分依据。劳动教育重新取得独立地位，列入五育之内，劳动教育发展呈现增势，劳动教育政策迎来全面新生。②

古光甫、邹吉权认为，党的劳动教育政策的发展是在党的教育方针政策的指引下进行的，根据党的教育方针政策在不同时期的演进历程，建党以来劳动教育政策的变迁大体可划分为 4 个时期：劳动教育萌芽起步期（1921—

① 郝志军、王艺蓉：《70 年来我国中小学劳动教育政策的反思与改进建议》，《西北师大学报（社会科学版）》2020 年第 3 期。

② 王洪晶、曲铁华：《中国共产党百年劳动教育政策：历程、经验与展望》，《中国教育学刊》2021 年第 8 期。

1948年）、探索时期（1949—1978年）、稳步发展期（1979—2011年）、创新发展期（2012年至今）。[①] 张雨强、张书宁认为，1945—1955年为劳动教育初步探索时期。新中国成立初期，国家对劳动教育进行了初步的探索，塑造了劳动教育的基本体系，但由于当时的历史条件和社会环境，产生了多种问题，对劳动教育发展的探索仍然任重道远。1956—1977年为劳动教育政治化时期。在社会主义改造后，新的社会主义制度确立下来，这一时期，劳动教育主要围绕政治制度进行服务。这一时期的劳动教育还被当作阶级斗争的一种手段，通过劳动进行改造，这就是劳动教育政治化的历程，也是一个劳动教育异化的历程，偏离了马克思主义劳动教育观，是一种不健全的劳动教育。1978—1992年为劳动教育现代化初步发展时期。这一时期，国家对劳动教育异化时期教育的失衡进行了系统的改革，根除了上一阶段劳动教育不合理不成熟的地方，推动劳动教育为社会主义现代化建设培养建设人才，这一时期劳动教育与国家大政方针政策相适应，呈现了向现代化发展的新趋势。1993—2000年为劳动教育转型时期。这一时期，劳动教育的发展方向发生了重大的转变，该时期劳动教育的重点和目标凸显综合实践化、人本化、素质教育化，受教育者接受劳动的培养具有了更加全面的现实意义，为21世纪初期劳动教育的发展提供了经验借鉴，打下了较为坚实的基础。2001—2011年为劳动教育整合时期。进入21世纪，劳动教育融合了教育的发展，将劳动教育融入实践活动课程当中，劳动教育在这一阶段表现得更加多元化，在实践活动课程中凸显以人为本的价值取向和人文关怀，全面推进受教育者参与实践活动课程，培养独立劳动思维意识，形成自主参与劳动创造的积极性。2012年至今为劳动教育新时代发展时期。新时代以来，劳动教育的发展十分迅速，劳动教育的机制体制建设逐渐完善，也更加注重劳动价值观的培养，新型劳动教育方式方法得到了创新，一个系统、全面的新时

① 古光甫、邹吉权：《中国共产党建党百年来劳动教育：政策变迁、时代内涵及实施路径》，《职教论坛》2021年第6期。

代劳动教育体系正在不断形成。①

二、“劳动教育政策”的演变特点研究

张妍、曲铁华认为，在新中国成立 70 多年劳动政策演变发展的历程中，不同时期的劳动教育政策因经济、文化、社会环境的不同而呈现出不同的教育内容和具体举措。总体上，劳动教育政策的演变呈现出 3 个特点。一是劳动教育的教学内容从注重单一的技术技能转向综合素养的培养。新中国成立初期，由于物质资源的极其匮乏，劳动教育就承担着培养技术工人的重任，因而这一时期多为技术性和实用性教学。随着时代的不断发展，科学技术发展十分迅速，将人的综合素质需求提升到了一个新的高度，劳动教育的内容也发生了重大的变化，劳动教育的内容日益丰富，逐步从生产技能培养转向多领域综合素质培养。二是劳动教育的教育形式从注重体力劳动转向注重手脑结合劳动。新中国成立初期，劳动教育主要的培养对象是可以参加体力劳动的工农业生产人才，所以该时期的劳动教育以教授工业知识和农业技术为主，就不可避免地将劳动教育和体力劳动生产结合起来。随着时代的发展，劳动教育逐渐从体力劳动中解放出来，不断地丰富了劳动教育的形式，劳动教育也不再局限于体力劳动，将劳动教育的重心转向培养受教育者劳动创造的思维意识和解决问题的能力。三是劳动教育的价值选择从工具理性转向价值理性，回顾新中国成立 70 多年劳动教育发展的历程，劳动教育的价值取向从最初的物质性逐渐转变为关注人的自由，向“人的回归”的价值取向转变。②

宋乃庆、王晓杰认为，新中国成立以来，劳动教育政策的发展具有明显的外生性，我国劳动教育政策始终以社会的需求为动力进行发展，劳动教育

---

① 张雨强、张书宁：《新中国成立 70 年劳动教育的历史演变——基于教育政策学的视角》，《中国教育学刊》2019 年第 10 期。

② 张妍、曲铁华：《劳动教育政策 70 年：演进、嬗变特点与实践路径》，《教育学术月刊》2020 年第 9 期。

的政策始终为我国的政治、经济、文化、社会的发展服务。新中国成立以来，劳动教育的发展具有曲折性。新中国的成立标志我国工人阶级成为国家的主人，参与劳动、尊重劳动、热爱劳动的劳动价值观成为社会主义建设的根本遵循，但由于我国劳动教育政策与政治、经济、文化、社会发展存在极强的相关性，随着政治、经济、文化、社会在曲折中发展，我国劳动教育政策也在时代的变迁中出现了曲折发展的情况。新中国成立以来我国劳动教育政策将劳动的思想政治教育功能贯穿始终。劳动教育同思想政治教育具有相关性，劳动教育是思想政治教育的重要手段。在劳动教育政策的发展历程中，劳动教育政策始终坚持马克思主义指导，将思想政治教育视为生命线，贯穿劳动教育始终，并以政府为主导自上而下推进。我国劳动教育政策发展主要以政府的力量为主导进行推进，劳动教育政策的变化多以重要领导人的讲话为标志，劳动教育政策的发展具有明显的政治性。①

祁占勇认为，新中国成立 70 多年来劳动教育政策的价值选择是在工具理性与价值理性的博弈中不断演进的，历经了工具理性价值选择、工具理性与价值理性价值共存、工具理性价值回归、由工具理性向价值理性转变和价值理性彰显 5 个阶段。新中国成立后，我国劳动教育政策讲究效率优先，遵循的是一种效率逻辑。这一时期的劳动教育最直接的目的是避免初中、高小毕业生因升学问题可能引起的冲击现象，是解决毕业生参加生产劳动问题的合适性手段。因此，学校主要开展的是栽培植物、饲养动物、绿化环境和学校等活动以及帮助农业合作社和家庭做事、帮助学校制作简单的教学实验用品等劳动实践活动，更多的是一种体力劳动，即动员毕业生积极投入生产劳动。此时的劳动教育政策的产生也强调手段的合适性，是一种工具理性主导下的价值选择。1958 年之后的劳动教育政策产生的社会环境较为复杂，国内同时面临着全面建设社会主义和进行阶级斗争等多重压力。教育与生产劳

---

① 宋乃庆、王晓杰：《新中国成立以来我国劳动教育政策发展：回眸与展望》，《思想理论教育导刊》2020 年第 2 期。

动相结合作为我国教育方针的重要内容，在这一阶段体现出了多重价值选择。勤工助学既是开展劳动教育的重要方式，也是解决教育经费不足的重要手段；劳动教育既是脑力劳动与体力劳动相结合的重要途径，更被视为进行阶级斗争的工具。同时，也存在及时纠正偏向，强调劳动教育也应该关注学生的身心健康发展，注意培养学生劳动观点和劳动习惯的劳动教育政策价值选择。因此，在教学实践方面也表现出实践方式的多元化。一方面，学校根据自身实际情况，充分挖掘校内资源，开发勤工俭学基地，拓宽育人和创收的渠道；另一方面，许多学校师生陆续到工厂、农村，参加劳动，参加运动。看似价值冲突的背后，实质上是劳动教育政策工具理性价值与价值理性价值在博弈中共生共存。1978 年之后的劳动教育政策是作为一种培养提高社会劳动生产率、适应“四个现代化”建设需要的人才以及为社会创造物质财富的手段而被广泛推及。通过校办工厂、农场开展勤工俭学等劳动实践方面的教育，逐步探索劳动教育的新途径，开设与产业、行业发展相关的劳动技能教学。可以看出，这个时期的劳动教育政策价值追寻的是一种合适性和有效性，更多地体现出一种工具理性价值的回归，这与我国当时特定的社会经济发展状况密切相关。20 世纪末至 21 世纪初期，面对迅速发展的社会经济与现代化建设，我国毕业生普遍存在着综合素质不高、劳动观念淡薄、实践经验不足等问题，与我国全面推进素质教育的战略方针极为不符。因此，劳动技能素质作为素质教育的重要组成部分受到空前重视。20 世纪末，劳动教育政策的制定逐渐从手段、途径等工具性选择走向了态度、观念等价值性目的，使得劳动教育开始关注学生作为人的存在和本质，逐渐进入学生的价值观，关注其幸福及潜能的实现。因此，这一时期，劳动教育政策逐步实现了从工具理性向价值理性的转变。2010 年至今，我国劳动教育政策更加关注的是如何通过劳动教育使学生真正成为人格健全、自由而全面发展的人，其价值选择强调目的、意识和价值的理性，劳动教育政策的价值理性得以发扬。因此，在劳动教育实践方面，学校主要通过“劳模进校园”、工匠精神和劳模精神融入基础教育课堂等途径培育学生劳动的内在热情和积极性。[①]

张鹏飞、高盼望认为，新中国成立以来，我国劳动教育政策不断调整和完善，这是由社会经济发展水平、政治决策和劳动教育本身的发展逻辑等因素共同决定的。总体看来，我国劳动教育政策的变迁呈现出3个方面的态势：从注重体力劳动向脑体并重转变，从注重国家需要向个体价值转变，从注重单一技能向综合素养转变。[②]朱文辉、高一卓认为，中国共产党百年来劳动教育政策的历史演进过程交替呈现出为政治动员服务、为生产建设服务、为阶级斗争服务、为经济发展服务、为素质教育服务五重价值侧重。中国共产党劳动教育政策的百年流变呈现出劳动教育随外部环境变化而调整、劳动与教育之间缺少内在的契合性、劳动教育政策推进过程中存在迂回性的三重图景。新时期中国共产党劳动教育政策深入推进的途径是：构建社会主义劳动正义观，以纠正劳动教育的异化，健全劳动教育理论大厦，以指导劳动教育实践的健康发展，构建全方位的劳动教育实施形式，以引领学生全面而自由地发展。[③]

第三节　劳动教育政策实施效果的相关研究

劳动教育政策的实施对促进学生的健康成长和社会的进步具有重要意义。国内学者对于“劳动教育政策的实施效果”研究主要从“劳动教育政策的主要成就”“劳动教育政策的现实意义”等方面进行。

---

① 祁占勇：《新中国成立70年来我国劳动教育政策的价值选择及其变迁》，《国家教育行政学院学报》2019年第6期。

② 张鹏飞、高盼望：《新中国成立以来劳动教育政策的变迁与展望》，《当代教育科学》2020年第2期。

③ 朱文辉、高一卓：《中国共产党百年劳动教育政策：历史回溯、特征体认与前景展望》，《教育理论与实践》2021年第31期。

一、“劳动教育政策”的主要成就研究

吕晓娟、李晓漪认为，劳动教育的课程设置与教材开发成效显著。改革开放之后，国家注重劳动技术的培养，在开设专业的劳动技术课程的同时，劳动知识和素养也被纳入劳动教育范畴之中，劳动教育课程逐步从体力劳动教育转向为体脑结合的劳动教育。1993 年之后，劳动教育课程由单一的学科逐步向多学科融合的综合实践课程发展过渡。21 世纪之后，国家将实践活动课程作为劳动教育的主要抓手。新时代劳动教育更加注重与其他学科有机融合，形成劳动教育跨学科融合发展的局面。在教材方面，我国学者在借鉴国内外劳动教育的基础上，立足我国国情，编写了一系列劳动教育的特色教材，开展了中国特色的劳动教育体系探索。劳动教育课程内容与社会历史发展紧密结合。随着我国生产力的不断提高，我国产业不断升级，劳动教育的内容也与时俱进不断创新，劳动教育针对不同学段的受教育者特点，以生产性劳动、服务性劳动的方式开展劳动教育，同时结合产业新业态，重点以服务性劳动作为劳动教育的主要方式。劳动教育课程的人文价值取向逐渐加强，随着社会主义现代化建设的不断深入，我国对劳动教育的理解和认识也不断向现代化迈进，劳动教育对人的思维意识教育起到了应有的重视作用，劳动教育日益彰显人文价值，劳动教育从传统的“工具性”课程逐步发展成实现人的全面自由发展的重要课程，引导受教育者意识到人的主体性、自觉性、能动性、创造性等。不仅如此，劳动教育同其他四育不断融合发展，成为人文素养教育的重要一环，促进受教育者的全面自由发展。五育融合发展的课程育人体系逐步构建。劳动教育在时代的发展中，逐渐同其他四育的关系发生变化，五育的关系从割裂走向融合发展，成为全国素质教育实践性课程的必要一环，体现国家对于劳动教育发展的理解和落实。①

① 吕晓娟、李晓漪:《我国劳动教育课程的发展历程、主要成就和实施方略》,《课程·教材·教法》2021 年第 8 期。

王洪晶、曲铁华认为，中国共产党成立以来，中国共产党的劳动教育政策历经百年风雨，取得了重要成就。劳动教育政策在坚持党的领导基础上丰富了劳动教育的内涵。在党发展的百年历程中，劳动教育政策之所以能够取得一定的成就，离不开党的领导，党在推动劳动教育政策的实施过程中扮演着至关重要的角色。在不同的历史时期，劳动教育的内涵随着时代而不断变化，形成了不同的时代主题，但归根结底都始终围绕着党的工作重心，都立足于党和国家的政策要旨。劳动教育政策在顺应时代方向中更新劳动教育政策目标。劳动教育政策在党百年发展的历程中，被赋予更多的内涵，地位不断提升，但劳动教育政策的价值目标始终遵循社会发展规律，始终回应党和人民的需要和诉求，在不断发展中积累了劳动教育发展的经验，随着时代变迁而逐步发展。劳动教育政策在整合既有资源中推动政策实施，在党百年发展的历程中，劳动教育政策势必会经历不同的历史时期，经历不同的政治、经济、文化、社会环境，中国共产党始终能够基于时代背景和物质基础整合既有资源，因时制宜，推动劳动教育政策稳步实施，保障了劳动教育的持续发展。劳动教育政策能够根据人的发展定位劳动教育政策的价值。从价值层面来看，中国共产党劳动教育政策在百年发展历程中的演变，始终关注人的发展，强调以人为本，彰显了中国共产党劳动教育的育人价值。①

范涌峰认为，自全国教育大会把劳动教育纳入党的教育方针以来，劳动教育课程开发、实施、保障等方面都取得积极成效，发挥了较好的育人效果：地方、学校因地制宜构建劳动教育课程体系，体现了劳动教育课程开发活力足、起点高、特色强的特点；学校逐步开足、开齐劳动教育课程，满足国家要求的中小学劳动教育课每周不少于 1 课时，同时优化综合实践活动课程结构，确保劳动教育课时不少于一半，并且一些地方还开设了劳动教育地方课程，研制劳动教育地方教材，在劳动教育实施过程中将其与德、智、

① 王洪晶、曲铁华：《中国共产党百年劳动教育政策：历程、经验与展望》，《中国教育学刊》2021 年第 8 期。

体、美四方面紧密结合；以县为主的课程保障格局基本形成，建立了以县为主、政府统筹规划配置中小学劳动教育资源的机制，建立了专兼职相结合的劳动教育师资队伍，以多种形式筹措资金，加快建设校内劳动教育场所和校外劳动教育实践基地，建立了政府负责、社会协同、有关部门共同参与的安全管控机制和全面实施劳动教育的长效机制，引导家长、社会支持配合劳动教育；学生劳动素养逐步提升，劳动教育课程对学生劳动素养的影响初显，学生的劳动观念和劳动习惯有所好转。①

二、“劳动教育政策”的现实意义研究

祁占勇认为，劳动教育政策对提高受教育者的综合素质和促进其终身全面发展具有基础性作用，劳动教育政策有助于受教育者形成正确的劳动价值观和人生观，能够为受教育者的人生幸福奠定基础。劳动教育政策的实施有利于让受教育者意识到劳动不是进行体力惩罚和改造的手段，亦不是阶级斗争的工具，而是实现自我价值和全面自由发展的途径，以此激发受教育者的内在劳动积极性，实现人生幸福。②

任志锋认为，劳动教育政策蕴含着以人为本的价值取向，劳动教育政策突出手脑并用、注重实践过程体悟，对促进受教育者德智体美劳全面发展具有重要的现实意义。劳动教育政策注重体力劳动的实践过程体验，让受教育者在辛勤劳动中树立创新奉献的劳动精神，形成勤劳、务实的劳动价值观，让受教育者成为具有劳动素养的时代新人。劳动教育政策鼓励体力教育，有利于受教育者将身体的要素同劳动对象连接起来，使较为抽象的理论知识与技术转变为实践感知，逐步内化为受教育者的价值自觉和知识结构。劳动教育政策鼓励体力劳动有利于增强受教育者身体素质，强化身体心肺功能，提高受教育者运动能力和身体关节灵活程度，还有利于消除精神疲劳，促进受

① 范涌峰：《新时代劳动教育课程的现实样态与逻辑路向》，《教育发展研究》2020 年第 24 期。

② 祁占勇：《新中国成立 70 年来我国劳动教育政策的价值选择及其变迁》，《国家教育行政学院学报》2019 年第 6 期。

教育者身心健康发展。劳动教育政策鼓励体力劳动有利于受教育者在劳动实践过程中切实体悟劳动创造人类历史的伟大之处，使受教育者形成更加务实、理性的思维能力，感悟空谈误国、实干兴邦的历史真谛。[①]

刘向兵、曲霞认为，社会主义的劳动教育政策具有四项功能。一是劳动教育政策具有政治宣示功能。在社会主义制度下，劳动教育政策公开宣示劳动的目的在于实现人民对美好生活的需要，是对于实现人的全面自由发展的需要。二是劳动教育政策具有培养政治接班人的功能。劳动教育政策能够培养具有共产主义理想和具有专业化劳动技能的社会主义建设者。三是劳动教育政策具有社会生产动员的功能。劳动教育政策能够根据社会生产的需求情况，借助正规、有组织的劳动教育实践活动引导受教育者参与社会生产最急需的重点领域工作，促进受教育者合理就业，优化劳动力资源配置。四是劳动教育政策具有意识形态建构功能。劳动教育政策能够建构与当前社会主义制度相适应的劳动价值观和劳动文化。[②] 曹凤月认为，劳动教育是新时代国家人力资本战略的重要组成部分，担负着人才培养与国家创新的大任，对于促进国民优秀素质养成，激发国民创新精神，培育时代新人，打造坚实的社会根基等具有重要意义。劳动教育能够让人们回归初心，在简单、踏实的工作中找到安定感、满足感；在富于诱惑力的兴趣爱好中体会痴迷、创造带来的成功乐趣、幸福感；在极具挑战性的创造性工作中，找到好奇心、满足感、成就感。在不同阶段进行劳动教育能够培养劳动习惯，提升创造力，打下就业基础，构建更加和谐安宁的社会。[③]

雷明贵认为，劳动教育在普通中小学渗透融合职业教育中发挥了独特的作用。首先，劳动教育可以激发学生对劳动技能的兴趣。兴趣是儿童少年学习发展的核心动力因素，是职业启蒙的重要起点，在兴趣爱好的基础上产生职业理想并付诸实践。其次，劳动教育旨在培养学生掌握一定的劳动技能。

---

① 任志锋：《以体力劳动为主加强劳动教育》，《思想理论教育》2020 年第 8 期。

② 刘向兵、曲霞：《党史百年历程中劳动教育的功能及其实现》，《教育研究》2021 年第 10 期。

③ 曹凤月：《新时代劳动教育的实践途径》，《人民论坛》2019 年第 36 期。

这也是劳动教育的重要目标任务，同时也是职业教育的“基础教育”。在劳动教育中，要把培养学生掌握一定劳动技能作为职普融通的重要内容，循序渐进、完整实施。最后，劳动教育可以增强学生职业规划的意识和能力。通过真实的劳动实践锻炼以及劳动技能学习和体验，培养学生正确的劳动价值观，增强学生职业规划的意识和能力。①

吴昌福认为，劳动教育就是通过劳动对学生进行各方面的教育，是以促进学生形成劳动价值观和养成良好劳动素养为目的的教育活动，其对学生发展的影响是深刻、全面的。但是，学校往往容易轻视劳动教育的价值意义，导致学校劳动教育的育人价值发挥不足。当前，必须全面廓清劳动教育价值，扩展现有的价值认识，使劳动教育在学校教育中得到重视并发挥作用。他认为，劳动教育具有重要的育人价值。一是劳动教育能够从各个方面影响学生的情商，从而达到发展学生的情商的目的。其一，劳动教育能使学生放松心情。劳动教育创建了相对于学科学习更加轻松、开放的活动环境，有助于个人的自我接纳。其二，劳动教育能够使学生亲身体验协作的重要性。在当下社会分工日益细化的情况下，同他人的协作也需要发展情商能力，劳动实践中要求的集体协作有助于其协作意识的培育。其三，劳动教育有助于学生更多地站在他人的立场考虑问题，使其获得更多的换位体验。二是劳动教育有助于发展学生的智商。其一，有助于发展学生的注意力。在劳动实践中使自身自主地专注地进行特定的劳动，有助于学生的注意力发展。其二，有助于发展学生的观察力。在劳动实践中引导学生观察，使其掌握观察的方法，培养其观察的耐心，有助于提高个体对事物本质的认识。其三，有助于培养学生的创造力。在动态的劳动实践中亲身感知事物，并形成自己的看法，有助于其生成创造的欲望。其四，有助于发展学生的思维能力。在不断地劳动实践中，充分训练个体对事物的分析、概括、推理等思维能力。三是劳动教育能够培养学生的逆境商。其一，劳动能够发展学生的乐观心理。劳

---

① 雷明贵:《发挥劳动教育对职普融通独特作用》,《中国教育学刊》2021 年第 12 期。

动有助于学生获得成就感，培养其积极、乐观的情绪。其二，培养学生的耐心。在亲自体验事物的发展过程中能够达到培养耐心的效果。其三，有助于学生的心理健康。劳动实践能够使学生的情绪通过身体动作得到宣泄。另外，劳动活动时，也有助于其注意力的转移，帮助其从负面情绪中脱离出来。四是劳动教育能够发展学生的道德。其一，在参与劳动教育的社会实践活动中，学生能够体验和领会其中的道德伦理精神，从而掌握更多的道德知识。其二，学生可以通过劳动实践领悟来自书本和他人的道德经验，巩固自身的道德知识。①

第四节　强化劳动教育政策对策的相关研究

劳动教育不局限于劳动理论说教，而是整合各方面资源，结合政治、经济、文化、社会、自然等多种因素的实践教育，强化劳动教育政策对落实立德树人根本任务的本质要求意义非凡。国内学者对于“强化劳动教育政策的对策”的研究主要从完善劳动教育内容、健全劳动教育机制等方面进行。

一、完善劳动教育内容相关研究

韩升、赵雪认为，劳动教育政策应鼓励在手脑并用的劳动实践中全面对受教育对象进行培养。新时代劳动教育政策要体现前瞻意识，以课程群的方式将劳动技能、素养、情感、认同、价值取向、创造性劳动等多种课程要素进行系统的设计、开发。② 班建武认为，劳动教育内涵的拓展、功能的变化对劳动教育政策的实施提出了新的要求。在内容上，应坚持将马克思主义教育同生产劳动相结合的思想作为新时代劳动教育的指导思想，重视培养受教育者正确的劳动价值观和劳动态度，引导受教育者正确认识劳动在物质生活

① 吴昌福：《学校劳动教育育人价值的缺失与复归》，《教育理论与实践》2019 年第 34 期。

② 韩升、赵雪：《新时代劳动教育的价值意蕴与实践路向——以马克思身体思想为基点的考察》，《吉首大学学报（社会科学版）》2020 年第 5 期。

和人类历史中的巨大作用，从而促使受教育者形成尊重劳动的价值观。① 田鹏颖认为，劳动教育政策应将劳动教育同思想政治教育相结合。劳动教育应与思想政治教育相协调、衔接，利用思想政治理论课的教学，让马克思主义劳动观以及习近平新时代中国特色社会主义思想中关于劳动的理论能够融入思想政治理论课教材，使受教育者能够领悟正确的劳动价值观，实现铸魂育人目标。② 任志峰认为，劳动教育政策应坚持问题导向，增强劳动教育的实效性。坚持问题导向是新时代加强劳动教育的基本遵循。劳动教育政策应关注体力劳动在学校劳动教育的实践中存在着弱化、淡化的问题，采取体力劳动的方式加强劳动教育。劳动教育政策应重视未来发展，着力破解受教育者生存发展的问题，应突出劳动教育的能力取向，着重培养受教育者掌握现代机器的劳动技能，引导受教育者在体力劳动的实践中增强共情、创造、审美、反思、批判等能力，以期在未来的生产活动中能够实现自身价值。③ 王洪晶、曲铁华认为，劳动教育政策应彰显劳动教育的中国特色。新时代劳动教育应始终坚持党的领导，明确劳动教育的社会主义性质，全面推进新时代五育并举的教育理念，要将中国共产党的领导贯穿新时代劳动教育体系之中，构建中国特色新时代劳动教育体系。劳动教育政策应继续坚持“以人为本”原则，构建劳动教育的中国风格。在教育内容上，劳动教育应坚持“以人为本”，以受教育者的发展需求为导向。在教育目标上，劳动教育应坚持“以人为本”，促进受教育者全面自由发展。在教育方式上，劳动教育应坚持“以人为本”，面向受教育者的发展方向选择合适的教育方式。劳动教育政策应协调推进五育融合，优化劳动教育的中国方案。劳动教育政策应厚植全民劳动情怀，以劳树德，培养热爱劳动的态度。劳动教育政策应大中小学劳动课程一体化发展，鼓励采用以劳增智，培养受教育者劳动技能与方法。劳动教育政策应鼓励开展实践活动，促进受教育者在劳动实践中增强体魄，

---

① 班建武:《“新”劳动教育的内涵特征与实践路径》,《教育研究》2019 年第 1 期。

② 田鹏颖:《高校劳动教育的本体价值和实施途径》,《中国高等教育》2020 年第 15/16 期。

③ 任志锋:《以体力劳动为主加强劳动教育》,《思想理论教育》2020 年第 8 期。

以期形成适合参与劳动的体质。[①]

刘中华、隋桂凤认为，要构建三类15门“新劳动教育”校本课程体系。围绕学生的全部生活，创设生态环境与常态环境。生态环境，即构建学校、家庭、社会“三位一体”的教育网络，营造多元劳动教育基地建设环境，运用植物园、禽畜园，以及对学生进行基本生活技能训练的各种操作空间，为学生提供丰富的劳动教育资源。常态环境，即营造涵盖教师、学生、教学活动、校园环境等要素的课程环境，并与党、政、工、青、团、队建设相结合，形成长效工作机制，将劳动教育有机融入学校教育、教学、管理的整体运行之中，让劳动教育进课堂、进家庭、进社会。在这两种环境中展开“新劳动教育”的三类15门校本课程。他们认为，自治类课程以观察、认知、实践为主要行动方式，课程内容以培养学生的生长、生活、生存需要与技能为主，主要开设有自我服务课、技能训练课、校园实践课、家庭体验课、社会实践课；艺美类课程以实践感知、体验、欣赏为主要行动方式，课程内容以培养学生人文底蕴、艺术特长、审美能力与生活情趣为主，主要开设有国学礼仪课、民俗文化课、趣味游戏课、艺术品位课、健体训练课；焕新类课程以合作、探究、实践为主要行动方式，课程内容以培养学生科学的思维方式和分析质疑能力、发现探索能力为主，主要开设有学科渗透课、基地观察课、科技普及课、班级创意课、科学研究课。[②]

于丽丽、李晨晹、马晓军等认为，应该推进劳动教育与专业教育深度融合。只有通过实践中学生所掌握的劳动技能，发挥自身的创新潜力和创造能力，劳动教育的效果才能得到真正落实。将专业教育与劳动教育进行有机融合，要从两个方面入手。一是劳动教育与专业理论课程的深度融合，在授课过程中结合学科、专业特点将劳动教育合理融入专业教学体系，形成具有劳动教

① 王洪晶、曲铁华：《中国共产党百年劳动教育政策：历程、经验与展望》，《中国教育学刊》2021年第8期。

② 刘中华、隋桂凤：《培养行动力：走向“新劳动教育”的“立新”实践》，《中小学管理》2019年第5期。

育特色的工程理论课程体系。同时，加大偏实践性的课程的比例，为学生提供足够的实践机会以提高学生的专业实践能力。二是劳动教育与专业实践的有机融合，在科研、实习实训、技能竞赛中融入劳动教育，有利于大学生专业能力和职业素养的培养。促进劳动教育与科学研究的融合，充分利用高校的科研实验室、产学研实践基地等科研平台，指导学生积极开展科学研究，不仅可以为学生提供更多接触学科前沿研究热点的机会，而且可以激发学生的劳动创造潜能，增强学生在劳动中实现自我价值的成就感。促进劳动实践与专业实习实训的有机融合，使学生真正体验到专业理论的实际应用，不仅可以强化学生的专业劳动技能，还有助于培养学生的工匠精神和爱岗敬业的劳动态度。促进劳动教育与专业技术竞赛的相互融合，既有利于激发学生参与专业实践的热情，又有助于学生体验到劳动实践的意义和价值，而且更重要的是搭建起产学研交流合作平台，使学生有更多机会参与企业实践。他们还认为应该丰富高校劳动教育形式，充分利用重要的节假日开展内容、形式具有创新性的劳动教育活动，使学生潜移默化接受“崇尚劳动、尊重劳动、报效国家、奉献社会”的劳动价值观。有效发挥高校学生社团的作用，以社团活动形式将劳动教育与大学生的课外实践有机结合在一起，搭建起学生自己的劳动教育平台。使大学生在丰富多彩的社团活动中学习劳动、感悟劳动、体验劳动，在积极向上的社团活动氛围中汲取工匠精神、劳模精神，激发其参与劳动的兴趣，提高其践行劳动的能力。营造浓厚的校园劳动文化氛围，让学生在潜移默化中认可劳动价值。高校应积极利用信息时代下各种快速便捷且覆盖范围较广的信息传播媒介加强劳动教育，利用新兴媒体平台宣传劳动精神，输出劳动教育信息，引导学生学习优秀的劳动精神，营造良好的劳动教育氛围。同时，积极调动各方面力量为大学生提供充足的劳动实践机会和资源，协同家庭、学校、社会共同营造“劳动最光荣、最崇高、最伟大、最美丽”的劳动教育氛围。[①]

---

① 于丽丽、李晨晹、马晓军等：《新工科视域下高校劳动教育的困境及实施路径》，《包装工程》2021 年第 S1 期。

二、健全劳动教育机制相关研究

田鹏颖认为，劳动教育政策应推动劳动教育同专业教育结合发展。劳动教育与专业教育的教育目标、教育过程具有统一性。劳动教育政策应促进劳动教育融入专业教育，深化产教融合，推动构建综合人才培养模式。劳动教育政策应推动劳动教育同社会实践活动相结合，劳动教育应统筹社会教育资源，引导受教育者在社会考察、实习、实践中走进生产基层，前往乡村、社区，同劳动人民进行深入交流，以此促使受教育者拉近同劳动者的感情，掌握劳动知识和技能，形成自觉的劳动思维意识。劳动教育政策应推进劳动教育与创新创业教育结合发展。新时代，创造性劳动是劳动教育的重要目标，劳动教育应重视受教育者对新知识、现代技术的运用，培养受教育者创新劳动思维意识，鼓励受教育者在劳动实践中积累工作经验，提升就业、创业能力。劳动教育政策应推动劳动教育与志愿服务相结合。在社会实践和志愿服务中融入劳动教育，有助于受教育者在服务型劳动中形成良好的劳动习惯、体悟劳动的幸福感，实现劳动的价值。[①] 班建武认为，应构建开放的、多学科融合的劳动教育实践体系。单一的劳动教育已无法完全回应新时代对劳动教育的诉求。当前，劳动教育必须融合其他学科整合发展，整合专业课程、实践活动各类教育资源，构建开放的、多学科融合的劳动教育实践体系。[②] 韩升、赵雪认为，新时代劳动教育政策要立足人的全面自由发展的需求，打造立体化劳动教育课程。劳动教育要积极探索学校、企业、家庭、社会多主体的劳动教育的新样态、新模式，构建多主体共建的劳动教育协同育人体系。劳动教育要积极探索大中小学劳动教育一体化建设，鼓励劳动教育区域合作，推动劳动教育全过程发展，形成资源共享、各方协同、渐进发展的新时代劳动教育新格局。新时代劳动教育政策应立足身体力行的劳动教育

① 田鹏颖：《高校劳动教育的本体价值和实施途径》，《中国高等教育》2020 年第 15/16 期。
② 班建武：《“新”劳动教育的内涵特征与实践路径》，《教育研究》2019 年第 1 期。

实践，培养受教育者多维价值观。劳动教育要引导受教育者形成对劳动的正确认知，要促使受教育者体悟劳动情感，形成自觉劳动。[①] 任志锋认为，劳动教育政策应落实立德树人根本任务，增强劳动教育同其他学科的协同性，应按照全员育人、全程育人、全方位育人的总要求，着力构建五育并举的劳动教育育人体系，建立健全家庭、学校、社会合力育人机制，拓展体力劳动实践教育平台。[②] 王洪晶、曲铁华认为，劳动教育政策应构筑劳动教育的中国模式。新时代劳动教育应始终坚持党的领导和社会主义发展方向，这是劳动教育培养社会主义现代化建设者，推动教育强国发展的重要保障。新时代劳动教育应以学校教育为主要的实施载体，在学校课程中渗透劳动教育的内容，促使其有机结合，推动劳动教育常态化、科学化、制度化发展。新时代劳动教育应重视劳动教育的理论与实践相结合，鼓励受教育者在实践中学习劳动理论，在理论学习中进行劳动实践。新时代劳动教育应鼓励家庭对受教育者劳动意识和观念的培养，使家庭教育同学校教育相协调、相衔接。新时代劳动教育应整合社会各界资源，寻求社会各界的参与支持，形成学校、家庭、企业多主体同劳动教育相结合，构建劳动教育实践基地，鼓励受教育者参与综合实践活动。[③]

张随学认为，要开辟校内劳动实践基地，搭建劳动实践平台。他认为，劳动基地是学生进行劳动实践的重要场所，结合校情开辟适合学生身心特点的劳动实践基地，如种植园、小动物养殖园、手工劳动小作坊等，搭建形式多样的劳动实践平台，让全校学生人人参与劳动、个个经受锻炼。学生在劳动实践中品尝艰辛、体会甘甜，既能磨炼吃苦耐劳的意志品质、培养团结协作的团队精神、懂得爱惜劳动成果，又在与花草树木及小动物的和谐共处中

① 韩升、赵雪:《新时代劳动教育的价值意蕴与实践路向——以马克思身体思想为基点的考察》,《吉首大学学报（社会科学版）》2020 年第 5 期。

② 任志锋:《以体力劳动为主加强劳动教育》,《思想理论教育》2020 年第 8 期。

③ 王洪晶、曲铁华:《中国共产党百年劳动教育政策：历程、经验与展望》,《中国教育学刊》2021 年第 8 期。

培养爱心，学会尊重珍爱生命。劳动实践基地不仅是进行单纯的劳动实践，还可作为课程资源与各学科相互渗透、有机整合，成为开发和实施校本课程的有效载体，形成系统完整的课程体系，培养学生动手实践能力与创造能力，拓宽了素质教育的渠道。劳动实践基地可以为学生搭建劳动实践平台，增大校园活动空间，丰富校园生活内容，增添校园生活情趣，成为孩子们流连忘返的开心乐园。①

龙曼莉、刘易国认为，劳动教育应该融入社区生活，引导学生在担当社会责任中激发成长成才的内动力。暑期社会实践和青年志愿者等品牌活动在引领学生长知识、增才干、受锻炼方面发挥了积极作用。因此，高校要继续推进大学生文化、科技、卫生“三下乡”和社会公益活动，指导学生积极参加创新创业活动，加大对大众创业、万众创新的鼓励和支持力度；激励毕业生支边、支教、参军入伍，引导学生充分认识国情、准确认知社会、正确认领责任：激发大学生不断增强成长成才的内动力，使其努力成为社会主义现代化强国的建设者和接班人。同时，他认为应该构建联动机制，充分发挥家庭学校社会在大学生劳动教育中的整合功能。大学生劳动教育是由家庭、学校和社会相互交叉、共同构成的系统工程，学生是最终完成者和直接受益人，在发挥学校的主导作用和学生的主体作用的同时，家庭在劳动教育中的基础作用不容忽视，一定要注重家风家教的培育，注意家长的劳动示范，做好家庭成员的劳动安排。当下，各类有关高校的考核评估接踵而至，教育评价体系迫切需要将学校培养的劳动模范、能工巧匠等先进典型以及大学生劳动教育的成效纳入其中，有效发挥社会各种指挥棒的导向与整合功能，营造良好的教育生态。②

郭维刚认为，劳动教育是对教育一元评价体系以及衍生出来的各种考试评价体系的反思，是对多元化评价体系的呼唤，随着社会的发展，单一评价

① 张随学:《小学劳动教育的实施途径》,《教学与管理》2019年第26期。
② 龙曼莉、刘易国:《加强大学生劳动教育略探》,《学校党建与思想教育》2021年第20期。

体系的弊端已经凸显，越来越不适应社会的发展了。新时代的教育要实现德智体美劳的均衡，尤其是要实现劳动教育的常态化、科学化，必须打破原有的评价体系，建立多元的评价体系，实现教育出路的多元化和学生发展的多路径化。多元的评价体系需要整个社会营造普遍重视劳动和劳动教育的氛围，扭转当前对劳动的不正确认识，要从全面发展的角度设计，满足不同学生的不同发展需求，使不同学生在不同领域获得教育的支撑。劳动教育是解决学生全面发展、培养学生创新性思维、促进学生独立思考问题、解决问题、形成正确劳动价值观的基础，可以确定，多元化教育评价体系的形成必然导致劳动教育的复兴。①

王飞、车丽娜、孙宽宁认为，学校应该构筑良好的劳动教育保障体系，成立专门的劳动教育管理机构，或明确有关部门总体管理与实施劳动教育，为劳动教育的实施配置必要的场所和设备，对学校劳动教育的规划设计、组织协调、资源整合、过程监控、总结评价等进行科学、系统的管理。同时，有条件的高校要建立专门的劳动教育教室和校内外劳动教育基地，或者积极争取社会各方面的支持，与社区、公司、农场等建立稳定的联系，争取其为学校提供必要的劳动教育场所、设施设备等。政府部门应通过减税降费举措，鼓励更多机构和单位为学校劳动教育提供场地和硬件支持。教育行政部门要与有关部门统筹协调建立安全管控机制，分级落实安全责任，与保险机构合作建立劳动教育专项保险制度。此外，学校还要完善劳动实践指导手册。劳动实践指导手册的主要内容包括劳动实践活动主题或名称、活动目的、活动要求、活动计划、活动场所、工具使用、安全保护等，对要开展的劳动实践活动进行系统设计编写，对劳动实践各环节进行规范和指导。②

张拥军、李剑、徐润成认为，应当加强家庭教育基础性作用。他们认为，建立家校协同教育机制家庭在劳动教育中具有基础性、源头性作用，对

① 郭维刚:《新时代劳动教育的实现路径探析》,《教学与管理》2019 年第 30 期。

② 王飞、车丽娜、孙宽宁:《我国高校劳动教育现状及反思》,《中国大学教学》2020 年第 9 期。

大学生劳动认知水平的提升具有显著影响。要主动推进家校协同育人，提高家长对子女劳动教育的重视程度，要把劳动教育纳入家校协同育人机制一体推进，通过家长学堂、家访、网络家校沟通等形式，引导家长有意识地与学生交流“奋斗拼搏”“勤奋敬业”的劳动价值观。同时，要创新家庭劳动教育方式，从“命令式”“呵斥式”教育转向“启发式”“渗透式”教育，使家庭劳动教育更加有效。鼓励学生利用假期参与勤工俭学，深入田间地头、车间、工地等场所，直接参与生产劳动特别是体力劳动。要培育热爱劳动的良好家风，让勤劳的美德通过家长的言传身教在两代人之间得以传承。[①] 夏心军认为，要建立起学校、家庭、社会和教师“四位一体”的主体联动参与机制。只有在加强校内各项资源统筹的同时，积极贯通校外教育资源，才能够形成效益倍增的合力。进一步整合四维参与主体资源建设，强化教育合力。一是统一认识，提升学生劳动觉悟，传承劳动精神，懂得劳动最光荣、劳动最崇高、劳动最伟大、劳动最美丽的道理，形成辛勤劳动、诚实劳动、创造性劳动的高贵品质。二是树立榜样，提升学生劳动能力。在劳动教育过程中，四维主体要做到任务有分工、过程有合作、指导有侧重，把社会能人、工匠、传统技艺师傅、非遗传承人、老专家、老艺人等优质资源进行有效整合，提升教育的指导性。确保学生在不同环境中都有参与劳动的机会、都在积极参与劳动。三是整合资源，提升学生劳动技能水平，让学生能够参与各方面的劳动。他还认为，应该建构面向学生生活的劳动教育课程体系。首先，明晰劳动教育课程目标，重新指导学生构建认知世界的方式，克服“纸面成长”的尴尬，并习得参与社会生活的基本技能，让学生学会安排生活和学习，进一步培养他们的探索精神、创新能力等适应新时代必备的关键能力。其次，不断丰富劳动教育课程资源。充分利用校园自身教育资源优势和特点，积极改良劳动教育环境，创建多元开放的学习环境，开展形式多样的

---

① 张拥军、李剑、徐润成：《新时代大学生劳动教育现状及认知影响因素研究——基于湖北省部分高校大学生的实证分析》，《思想教育研究》2020年第6期。

劳动教育，进一步激发高中生参与劳动创造的意识和思维。再次，强化课程整体化实施。高中劳动教育有效实行应加强资源统整，系统建构劳动教育课程体系，积极推行项目化学习和驱动式教学，按照主题板块进行设计和规划。最后，关注劳动成果转化。一方面无论是高中生的社会公益善举，还是高水平劳动技术成果，都对树立良好的社会风气和推动社会发展产生了积极推动作用；另一方面是对现代行业发展的影响，改进了生产技术，丰富了生产路径，为更大范围提升生产力作出贡献。[①]

① 夏心军：《普通高中的劳动教育：挑战与应对》，《河北师范大学学报（教育科学版）》2020年第3期。

第四章

弘扬劳模精神、劳动精神、工匠精神研究

劳模精神、劳动精神、工匠精神是以爱国主义为核心的民族精神和以改革创新为核心的时代精神的生动体现。在2020年全国劳动模范和先进工作者表彰大会上，习近平总书记站在实现中华民族伟大复兴的全局高度，精辟概括了劳模精神、劳动精神、工匠精神的深刻内涵，指出劳模精神、劳动精神、工匠精神是鼓舞全党全国各族人民风雨无阻、勇敢前进的强大精神动力，强调新时代要大力弘扬劳模精神、劳动精神、工匠精神。这成为进一步研究劳模精神、劳动精神、工匠精神（以下简称三种精神）的根本遵循。关于三种精神的生成基础、科学内涵、实践路径以及时代价值等问题的辨析成为2021年学术研究和社会各界讨论的热点话题之一，研究成果不断涌现，进而把三种精神的研究推向了新的高潮。

第一节　劳模精神、劳动精神、工匠精神的形成依据研究

回顾2021年学界和社会各界相关讨论，我们发现关于劳模精神、劳动精神、工匠精神的生成基础和形成依据成为一个十分重要的研究方向。概括起来，当前研究主要从理论基础、文化基础及实践基础三个方面展开了理论性阐释，不断丰富和深化了既有研究成果。

一、马克思主义劳动观是三种精神形成的重要理论基础

厘清马克思主义劳动理论与新时代三种精神的内在逻辑关系，是2021年相关研究的一个共同视角。理论界普遍承认，马克思关于劳动及其价值的基本观点是三种精神起源的重要理论依托，为三种精神的重要论述提供了丰富的理论滋养。

第一，在承认“劳动是人的类本质”的基础上，阐释劳动是人发展个性、丰富自己的内在需要，人要实现解放首先必须实现劳动的解放。有学者指出，一方面，劳动创造人类，并提出恩格斯在《劳动在从猿到人转变过程中的作用》一文中详尽描述劳动何以使人猿相揖别的过程，恩格斯认为劳动“是一切人类生活的第一个基本条件，而且达到这样的程度，以致我们在某种意义上不得不说：劳动创造了人本身”。人类在劳动过程中开始越来越多地体现自己的主观能动性，在劳动过程中利用自身的自然力（手、臂、腿等）去改变自然界，进而将人类从动物界分离出来，这种特有的活动目的在于改造自然界以满足自身需求。所以马克思认为，通过劳动人类得以证明自身的诞生和形成。另一方面，劳动发展人类。马克思主义认为，真正的人是通过从事物质资料生产劳动进入一定社会生产关系之中的人，即通过劳动人由生物学意义上的人转变为拥有社会属性的人，成为不同于动物的根本区别。然而，人们通过劳动解决了基本生活需求之后，自然而然地产生了精神文化需求以及全面发展的需求。劳动生产力水平的提高，将劳动者从繁重、机械的劳动中解放出来，人们有更多的可支配时间发展自己的兴趣爱好，提升自我的素质能力，为人的自由全面发展创造了条件。在这个意义上来说，劳动不再仅仅是人类谋生的手段，而是要最终实现劳动自身的根本解放，即实现“对人的本质的占有”。①

第二，从马克思主义关于劳动是社会发展的基础和前提阐释三种精神的形成基础。有学者引用马克思主义经典论断强调，人类的历史传承和社会的持续发展都是以劳动为基础和前提的，换言之，劳动创建了人类社会，为了生存人类必须生产劳动以获得生存所必需的物质资料。正如马克思所说，“任何一个民族，如果停止劳动，不用说一年，就是几个星期，也要灭亡”②。正因如此，任何一个民族的长久生存和持续发展，都离不开人民的辛勤劳动

---

① 《马克思恩格斯全集》第三卷，人民出版社 2002 年版，第 347 页。

② 《马克思恩格斯选集》第四卷，人民出版社 2012 年版，第 473 页。

和创造性劳动，这一观点成为日后我国推进三种精神及其重要价值的基本理论渊源。①

第三，从劳动是创造价值的唯一源泉的视角追索马克思主义对劳动意义的肯定。有学者在承认马克思主义劳动观的基础上，强调劳动是人类确证自我价值和生命意义的重要方式，也是创造价值的唯一源泉，进而指出工匠精神在指引劳动者创造人类物质文明与精神文明的过程中，不仅要通过劳动确证人的本质意义，而且注重引导劳动者将时间、精力、技能与精神追求等投入劳动过程中，不断把生产劳动变成人自我创造与精神享受相统一，让劳动者在独具匠心的产品创造中得到精神愉悦和自我肯定，产生“不为事役、不为物惑”的生命体验。而从劳动价值理论与工匠精神的关系上看，工匠精神是在社会主义制度下，劳动价值理论在劳动实践中的转化与升华。② 针对此观点，有学者作出一种概括性总结，认为坚持马克思主义，必然肯定劳动；肯定劳动，必然肯定劳动者，必然要弘扬劳模精神。③

二、中华优秀传统劳动文化是三种精神形成的文化基础

在中华民族悠久的历史长河中，优秀传统文化体系内一直包含朴素辩证的、先进的劳动思想，中华儿女始终将热爱劳动、崇尚劳动、“以劳动换幸福”视为社会公德和个人私德。在这个意义上，理论界普遍认同，劳模精神、劳动精神和工匠精神的形成及发展离不开中华优秀传统劳动文化的深厚滋养。

第一，就劳模精神而言，有学者指出新时代中国劳模精神是对传统“义重于利”的价值观和“自强不息”的奋斗观的继承和弘扬。具体而言，“爱

---

① 周黎华：《习近平关于劳动精神重要论述的逻辑体系与现实指向》，《漯河职业技术学院学报》2021 年第 4 期。

② 林伯海、马宁：《习近平关于工匠精神重要论述的生成、意蕴及实践路径》，《思想教育研究》2021 年第 12 期。

③ 秦冲：《劳模精神的文化渊源、理论基础及时代价值》，《理论学习与探索》2021 年第 4 期。

岗敬业”“争创一流”“淡泊名利”和“甘于奉献”是对儒家主张的“先义而后利者荣，先利而后义者辱”思想的继承和升华，在很多劳模身上都体现出了“尚义”的传统价值观。所谓“义”，“宜”也，主要是指应该做的事。许多劳模认为自己作为劳动者，在工作岗位上爱岗敬业、争创一流、淡泊名利、甘于奉献就是对“义”的生动阐释。此外，在强调“义”的重要性的同时，也肯定了“利”的合理性。淡泊名利、甘于奉献不代表对私利的否定，而是对“义”和“利”进行正确的价值排序，只取“合道之利”，不取“不义之财”，要靠爱岗敬业、争创一流获得物质利益和精神满足。从社会层面来看，我国不断完善劳模管理制度，目的是保障劳模的各种合理利益，充分调动劳模的积极性，让劳模们不仅获得精神褒奖，也要获得和卓越贡献相匹配的经济待遇，让劳模们有名有利有发展，以化解社会上存在的“劳模只是一味奉献”的认识误区。此外，自强不息的奋斗观涵养了“艰苦奋斗、勇于创新”的劳模精神。习近平总书记指出：“自强不息、厚德载物的思想，支撑着中华民族生生不息、薪火相传，今天依然是我们推进改革开放和社会主义现代化建设的强大精神力量。”[①] 自强不息突破了有神论、命定论等对人的能力和思维的限制与束缚，劳模精神中的“艰苦奋斗、勇于创新”的精神内涵就是对“自强不息”精神的时代传承。[②]

第二，就劳动精神而言，有学者提出，讴歌劳动人民是中国传统劳动思想的重要内容，中华优秀传统文化中推崇的勤劳、奉献等传统价值观构成了劳动精神的理论品格源泉之一。春秋时期“民生在勤，勤则不匮”的箴言、东晋时期“人生归有道，衣食固其端，孰是都不营，而以求自安?”的诘问以及民间“富贵本无根，尽从勤里得”的谚语等均凸显了劳动在人的生存和发展中的重要性，表达了尊重劳动、崇尚劳动的文化传统。以天下苍生为使命也一直是中国传统劳动思想的价值追求。女娲炼石补天、大禹治水三过家

① 《习近平谈治国理政》第一卷，外文出版社 2018 年版，第 158 页。

② 秦冲：《劳模精神的文化渊源、理论基础及时代价值》，《理论学习与探索》2021 年第 4 期。

门而不入、神农尝百草以身试毒等，无不彰显着无私奉献、舍己为人的精神品格，成为中国传统劳动思想的精神标识。“天之生民，非为君也。天之立君，以为民也”“民为邦本，本固邦宁”等执政理念均体现出劳动人民在强基固本中的重要性，凸显的是以人为本的思想，为当今劳动精神所继承和发扬。[①]

第三，就工匠精神而言，有学者指出，中华优秀传统文化中以“道技合一”“匠工蕴道”为典型代表的工匠精神贯穿于中国劳动人民的勤劳创造历史中，并得到不断充实和发展。春秋战国时期“工匠”一词就已经用来代指从事木匠的群体，并在东汉时期逐步延伸为社会上的全体手工业者。这些工匠往往穷其一生从事一个特定工艺门类，最终达到“审曲面势，以饬五材，以辨民器”的高超技艺水平。正是因为根植于中华优秀传统文化土壤之中，新时代工匠精神的阐发和升华始终具有深厚的民族底色、底蕴和底气，中华民族传统文化中既有的德艺兼修、物我合一的工匠精神追求，源源不断地为新时代中国工匠精神提供着丰富营养。[②] 此外，有学者对工匠精神在东方的历史起源进行了追溯，在承认其最早出现在春秋战国时期的基础上，指出当时主要被理解为“尚巧达善”，而工匠精神的形成离不开手工业的兴起与繁荣，且随着时代的发展，不仅制造业领域需要工匠精神，整个社会发展都需要工匠精神，因而工匠精神被赋予了新的使命。[③]

三、党领导人民群众的劳动历史是三种精神形成的实践基础

有学者指出，党带领广大人民群众的劳动创造史，就是劳模精神、劳动精神及工匠精神的形成发展史。在中国革命、建设和改革的长期历史进程

---

① 郑子君：《劳动精神在新时代的内涵和价值》，《人民论坛》2021 年第 19 期。

② 林伯海、马宁：《习近平关于工匠精神重要论述的生成、意蕴及实践路径》，《思想教育研究》2021 年第 12 期。

③ 刘霞、邓宏宝：《工匠精神的时代内涵、形成机理及培育方略》，《南通大学学报（社会科学版）》2021 年第 4 期。

中，中国共产党人始终高度重视传承和弘扬劳动者和工匠的优秀品质，始终高度重视发挥这些群体的重要作用。具体而言，土地革命战争时期，党在革命根据地开展打土豪、分田地的革命斗争极大地激发了农民的耕作热情，解除了制约生产力发展的桎梏。抗日战争时期，党领导抗日根据地人民掀起热火朝天的大生产运动，为化解根据地供需矛盾、赢得抗日战争的胜利奠定了坚实的物质基础，同时也孕育了自力更生、艰苦奋斗的拼搏精神，成为劳动精神的重要组成部分。解放战争时期，党在解放区实行土地改革，"耕者有其田"、按人口平均分配土地等政策的实施，使农民翻身获得解放，极大地提高了劳动农民的生产积极性和革命热情，在劳动人民心中树立了"劳动光荣、劳动致富"的劳动观念。新中国成立初期，基于物质条件极为薄弱的现实，在党的领导下，通过肯定工人阶级和广大农民在生产劳动中的智慧与勇敢，鼓舞了全体劳动者以不畏辛苦、迎难而上的态度不断磨炼生产技能并积极投入生产劳动之中，为新中国国防事业的巩固、经济生产的恢复贡献力量。[①] 改革开放以来，"知识分子是工人阶级的一部分"论断的出现，打破了劳模群体、工匠群体主要定位于一线生产领域的局限，极大地激励了知识分子和脑力劳动者全身心地投入社会主义现代化建设。[②] 党的十八大以来，习近平总书记关于新时代三种精神的一系列重要论述立足于治国理政伟大实践，深刻回答了中国特色社会主义现代化建设新征程中遇到的现实问题和实践难题。习近平总书记关心普通劳动群众的生产生活，关注改善劳动者待遇，要求提高大国工匠、劳动模范的社会地位。[③] 此外，就其生成特征而言，也有学者指出，三种精神共同呈现出主体内涵的变动性与恒定性统一、发展

① 韩喜平、郝婧智：《关于劳模精神、劳动精神、工匠精神内涵的规律性阐释》，《思想理论教育》2021 年第 12 期。

② 郑子君：《劳动精神在新时代的内涵和价值》，《人民论坛》2021 年第 19 期。

③ 林伯海、马宁：《习近平关于工匠精神重要论述的生成、意蕴及实践路径》，《思想教育研究》2021 年第 12 期。李雨燕、谭依雯、周建华：《新时代劳动精神的形成逻辑》，《长沙理工大学学报（社会科学版）》2021 年第 4 期。

条件的内生性和外推性共生、表现形态的多样性与统一性并存。[①]

第二节 劳模精神、劳动精神、工匠精神的科学内涵阐释

2020年11月24日，在全国劳动模范和先进工作者表彰大会上，习近平总书记精辟阐释了劳模精神、劳动精神和工匠精神的科学内涵，明确指出“在长期实践中，我们培育形成了爱岗敬业、争创一流、艰苦奋斗、勇于创新、淡泊名利、甘于奉献的劳模精神，崇尚劳动、热爱劳动、辛勤劳动、诚实劳动的劳动精神，执着专注、精益求精、一丝不苟、追求卓越的工匠精神”[②]，强调它们是以爱国主义为核心的民族精神和以改革创新为核心的时代精神的生动体现，是鼓舞全党全国各族人民风雨无阻、勇敢前进的强大精神动力，这为相关研究的开展提供了根本遵循。

一、劳模精神的科学内涵

劳动模范是时代的先锋、民族的楷模，其身上承载和彰显的劳模精神充分展现着我国工人阶级和劳动群众的高度自信，已成为社会主义核心价值体系的重要组成部分。纵观学界2021年对这一重要精神的思考与阐释，可大致分为以下几种研究进路。

第一，根据词语释义和劳模的行为与精神特征对劳模精神加以分析。有学者指出，“爱岗敬业，争创一流”指的是劳模以高度的工作热情对待工作岗位，对于自身职业具有敬畏之心，对于职业的价值与意义有着深刻的理性认识；“艰苦奋斗”是劳模能够在艰难的环境下不为其所影响，并为了党和国家的事业而排除万难辛勤工作与劳动；“勇于创新”即劳模能够不畏阻碍、不惧失败去创新创造，用创新去推动生产技能的提高、劳动效率的提

① 尹昱珺：《百年历程中劳模精神的历史演进及时代价值》，《党史博采》2021年第10期。

② 《习近平在全国劳动模范和先进工作者表彰大会上的讲话》，《人民日报》2020年11月25日。

升；“淡泊名利”即劳模看轻个人的名位与利益，不为名利所累，所作出的突出贡献与劳动成果不是为了图功名；“甘于奉献”即劳模为了党和国家的事业而心甘情愿的作出奉献与牺牲，是对自身工人阶级属性的深刻认识，无私地发光发热。概言之，“爱岗敬业、争创一流”是在工作中热爱职业、追求上进的职业观；“艰苦奋斗、勇于创新”是在岗位上吃得了苦、敢为人先的奋斗观；“淡泊名利、甘于奉献”是在工作中于家为国、不务虚功的大局观，而劳模就是在这几个方面表现尤为突出的杰出劳动者。①

与此研究类似，也有学者指出，类似的研究还包括，“爱岗敬业、争创一流”指的是职业品格，包括岗位意识和进取精神，是劳模精神的本质特征，体现了劳模对国家、社会、职业的高度责任感、使命感和舍我其谁的主人翁精神。“艰苦奋斗、勇于创新”指的是优良作风，包括奋斗意识和创新精神，是劳模精神的品质体现，劳动模范是辛勤劳动、诚实劳动、创造性劳动的积极实践者，踏踏实实、奋发图强、勇于挑战、敢为人先，在实现中华民族伟大复兴的历史征程中埋头苦干、求真务实、创新创造。“淡泊名利、甘于奉献”指的是人格境界，包括名利意识和奉献精神，是劳模精神的价值追求，彰显的是劳模心甘情愿、默默坚守、身心投入，不追求声名和个人私利的精神。虽然劳模精神内涵的所指随着历史变迁、语境变化而被赋予相应的时代元素，但劳模精神所体现出的理想信念、价值追求和精神指向，却始终如一、从未改变。②

第二，从劳模精神的历史发展脉络中探析劳模精神的丰富内涵及其演进。2021 年，理论界呈现出以历史路径为切入点，对劳模精神内涵的历史性演化进行集中学理性解读和阐释的研究状态，产生了较为重要的理论研究

---

① 刘经纬、崔捷明：《劳模精神、劳动精神、工匠精神一体弘扬探析》，《佳木斯大学社会科学学报》2021 年第 3 期。

② 彭维锋：《新时代劳模精神、劳动精神、工匠精神的理论内涵与实践导向》，《江西社会科学》2021 年第 5 期。马媛媛：《浅谈弘扬劳模精神的时代价值与实践路径》，《决策探索》2021 年第 11 期。

成果。这类研究强调，中国共产党建党百年来，劳模精神的涵盖范围越来越广，实践要求越来越高，引领价值越来越大。比较有代表性的研究指出，劳模精神大体经历了从“劳工神圣”“劳动英雄模范精神”“工农兵劳动模范精神”“弄潮儿劳模精神”到“大国工匠精神”的演进历程，其具体内涵从对“知识与劳动”范畴的深刻反思、英雄劳模英勇抗敌、又红又专进行社会主义改造、敢干实干推动社会主义改革到“国之重器”担当实现中华民族伟大复兴中国梦的嬗变。就其深层原因而言，这类研究在承认劳模形象及其精神凝练是中国特色社会主义建设“以马解马”话语谱系中重要一环的基础上，指出其存在及演变一般由社会主要矛盾推动转化，历经了由“旧”到“新”的转折、由“点”到“面”的社会文明风尚价值规约转变以及由“单向”到“多维”的历史使命与时代精神时空契合的演进逻辑。与此同时，劳模精神中不变的是要求有坚定的政治立场、强烈的主人翁意识、忘我的劳动热情和良好的职业道德。[①] 除此之外，也有学者将劳模精神的科学内涵划分为以“艰苦奋斗、爱国至上”“无私奉献、集体至上”“顽强拼搏、发展至上”“开拓创新、人民至上”为主要特征的不同时期。[②]

二、劳动精神的科学内涵

劳动精神是新时代社会发展的精神风向标，凸显了新时代社会发展的整体精神风貌，具有引领时代风气的独特作用。党的十八大以来，习近平总书记多次强调要大力弘扬劳动精神，推动全社会热爱劳动、投身劳动，为改革开放和社会主义现代化建设贡献智慧和力量，为实现中华民族伟大复兴注入源源不断的精神动力。纵观 2021 年研究成果，学界就此问题形成了多维研究路径。

第一，从劳动价值观、劳动态度、劳动过程、劳动品德 4 个方面阐释劳

① 明芳、石路：《从“劳工神圣”到“大国工匠精神”：中国共产党劳模精神的百年建构与嬗变》，《当代教育论坛》2021 年第 5 期。

② 尹昱珺：《百年历程中劳模精神的历史演进及时代价值》，《党史博采》2021 年第 10 期。

动精神的丰富内涵。有学者将劳动精神的内涵概括为“想干、爱干、苦干、实干”，并进行具体阐释，“崇尚劳动”是树立正确的劳动价值观，充分认识到“劳动最光荣、劳动最崇高、劳动最伟大、劳动最美丽”。只有崇尚劳动，劳动者才能渴望劳动，才能“想干”。“热爱劳动”是培养正确的劳动态度，促进劳动者能够自觉劳动、积极劳动、主动劳动。只有热爱劳动，劳动者才能喜欢劳动，才能“爱干”。“辛勤劳动”是对劳动过程及其强度的充分肯定，表明要充分遵循劳动的客观规律以及要达到的劳动强度，体力劳动要付出辛劳和汗水，脑力劳动也要付出智慧和心血。只有辛勤劳动，劳动者才能“苦干”。“诚实劳动”是对劳动者品德的客观规定，表明劳动要踏踏实实、求真务实、真抓实干、实事求是。只有诚实劳动，劳动者才能“实干”。①

第二，从精神层面、情感层面及实践层面阐释劳动精神的科学内涵。有学者指出，“热爱劳动”与“崇尚劳动”侧重于精神层面，“热爱劳动”体现的是一种对于劳动本身的热爱态度，是对于劳动创造财富、创造幸福的深刻认识，从而在情感层面对于劳动本身怀有热爱心理，并以这种精神去指导实践，激发出劳动热情；“崇尚劳动”体现的是人们对于劳动本身的崇敬与尊重，是对劳动最光荣、劳动最伟大、劳动最崇高、劳动最美丽的理性认识，以这种精神为指导，才会树立劳动无高低贵贱之分的正确观念。“热爱劳动”侧重于情感层面，“崇尚劳动”侧重于价值层面。“辛勤劳动”和“诚实劳动”侧重于劳动者在深刻认识了劳动的本质之后，将其运用于生产劳动的观念指导与实践活动。“辛勤劳动”是指的要吃苦耐劳，扛得住各种不利因素与艰难困苦，用辛勤的汗水去完成自身的劳动使命；“诚实劳动”指的是在劳动时做到全身心投入、不弄虚作假、认真踏实，保质保量地完成劳动任务。“辛勤劳动”侧重于苦干，而“诚实劳动”侧重于实干。②

---

① 彭维锋:《新时代劳模精神、劳动精神、工匠精神的理论内涵与实践导向》,《江西社会科学》2021 年第 5 期。

② 刘经纬、崔捷明:《劳模精神、劳动精神、工匠精神一体弘扬探析》,《佳木斯大学社会科学学报》2021 年第 3 期。

第三，从唯物史观的视角阐释劳动精神及其内涵。有学者强调唯物史观认为，精神在根本上源于人们的物质生产活动，它在人们的生产劳动和社会交往活动中获得其历史生成和发展的根据，精神一经产生便具有相对的独立性，并对人们的思想、行为和社会存在具有能动的反作用。劳动精神是植根于劳动者内心并在其劳动活动中表现出来的劳动价值理念、劳动精神气质、劳动思维原则以及劳动心理意识。由于劳动精神是支撑劳动活动背后的思想观念、价值理念和精神动力，从而直接影响劳动主体的劳动行为、劳动态度、劳动品行、劳动动力和劳动面貌，并因此关乎人之存在、社会发展和历史进步的状况。作为支撑劳动活动得以展开的观念前提、价值基础和精神动力，劳动精神直接关乎现实的劳动效率和劳动公平状况，并直接影响人们的劳动积极性和创造性的发挥。它植根于现实的劳动生产方式，随着社会劳动活动和劳动关系的发展而变化，它既是对现存劳动状况的观念反映，也包含对现存劳动现实的超越性要求。中国特色社会主义进入新时代，意味着中国社会发展进入了新的历史方位、面临新的历史任务和实践要求，也因此对劳动精神提出了新的建构要求和现实呼吁。在这一意义上，崇尚劳动，就是尊重劳动、推崇劳动，对劳动怀有真诚敬重之心和自觉崇敬之意，对劳动持有高度的价值认可。热爱劳动，就是对劳动抱有热烈的态度和挚爱之情，并因此获得坚实持久的劳动动力。辛勤劳动，就是在劳动中持有不怕困苦、不畏艰难、勤奋刻苦的劳动态度和劳动意志。诚实劳动，就是在劳动中自觉秉持言行一致的价值原则，通过真诚的劳动努力和坚实的劳动付出收获财富、成功和幸福。①

第四，将劳动精神的科学内涵与其他精神进行辩证比较。有学者在研究阐释劳动精神的过程中，并非就其内涵进行简单的解释性说明，而是将其置于比较的框架中进行分析，一是爱国主义精神和热爱劳动精神的辩证统

① 毛勒堂、郭亭:《新时代劳动精神：何以必需及如何可能?》,《思想理论教育》2021年第5期。

一。新时代是全体劳动者勠力实现中华民族伟大复兴中国梦的时代，个体通过劳动追逐人生梦想与国家富强、民族复兴伟大目标是有机统一的，国家富强和民族复兴是劳动者个人梦想实现的基础和保障。在社会主义伟大建设实践中，爱国主义精神和热爱劳动精神是辩证统一的。根植于爱党爱国爱社会主义情怀中的对于劳动的热爱才能有更厚重的底蕴，才能在劳动实践中更为持久。二是诚信守则精神和改革创新精神的辩证统一。诚信守则精神和改革创新精神的统一体现了新时代对于广大劳动者劳动品质的新要求。诚信守则精神反映了对劳动者辛勤劳动和诚实劳动的基本要求，改革创新精神则体现了对于创造性劳动的主体要求。诚信守则精神虽是现代经济运行体系中的一种基本劳动精神，但劳动中的诚信守则并不等同于拘泥于条条框框而使劳动主体失去内驱力和创造力。新时代劳动精神要求广大劳动者在诚信守则劳动的基础上，增强改革创新意识，让改革创新成为新时代劳动者内在精神追求，通过改革劳动观念，创新劳动方式，革新劳动内容，提高劳动效率，为社会主义现代化建设作出更大贡献。三是团结精神和勇于斗争精神辩证统一。我国新时代的劳动分工更为细化，劳动整体性、协同性更为凸显，同一领域甚至跨领域的劳动者正日益联合成为一个劳动共同体。因此，在共同体内劳动者要正确处理个人和集体、当前和长远、局部和整体的利益关系，自觉维护大局、服务大局，最大限度增加和谐因素、最大限度减少不和谐因素。①

三、工匠精神的科学内涵

党的十八大以来，习近平总书记多次强调要“弘扬工匠精神”，不仅折射出我国在推动国家高质量发展过程中对技术人才的需求日益旺盛，也体现了工匠精神在整个社会层面已成为备受推崇和重视的精神力量，成为政府、企业、学界等主体高度关注的对象。对于这一重要精神的科学内涵的把握，

① 魏伟:《新时代劳动精神的价值意蕴与弘扬路径探讨》,《新经济》2021 年第 11 期。

学界现有研究在历史传统概念基础上，依据时代特征进行新的解读，展开了丰富的讨论，建构了多角度的分析视点。

第一，从精神状态、品质追求、自我要求和理想目标四个方面阐释工匠精神。有学者认为，“执着专注”是精神状态，是时间上的坚持、精神上的聚焦；“精益求精”是品质追求，是质量上的完美、技术上的极致；“一丝不苟”是自我要求，是细节上的坚守、态度上的严谨；“追求卓越”是理想信念，是理想上的远大、目标上的高远。“执着专注、精益求精、一丝不苟、追求卓越”包含了精神态度、品质追求、自我要求、理想目标四个方面的丰富内涵，概言之，就是会干、巧干、干好、干完美。①

第二，从工匠精神的前提、操守、作风和目标四个方面阐释工匠精神。有学者认为，工匠精神是广大技能型劳动者在进行物质生产实践过程中形成的宝贵精神财富。相比于侧重于弘扬模范榜样精神的劳模精神与崇尚鼓励劳动的劳动精神，工匠精神是产生于更为特定的人群、特定场景下的一种精神品质，即杰出的技能型劳动者在生产劳动过程中所产生的精神。“执着专注”是对待自身技能领域几十年如一日的心态与精神，每一位大国工匠都起步于普通的技能人员，即便是在纷扰的外部环境下，也能不为浮躁所侵扰，对于从事的特定技能领域做到坚守与专注；“精益求精”是指工匠对于所生产的产品能够在原有的技艺基础上不断完善，也是对于自身追求的升华；“一丝不苟”指的是工匠能够对于产品细心打磨，即便是十分微小的细节也要做到极致，不敷衍了事；“追求卓越”既是对工匠自身终身学习的要求，也是对工匠所生产的产品推陈出新的要求，只有不断地进取，不拘泥于已有的成绩，不自满，始终以最前沿的标准来要求自身以及产品，才能称为合格的新时代工匠人才。“执着专注”强调的是工匠精神的前提、“精益求精”强调的是工匠精神的操守、“一丝不苟”强调的是工匠精神的作风、“追求卓越”强

① 彭维锋：《新时代劳模精神、劳动精神、工匠精神的理论内涵与实践导向》，《江西社会科学》2021年第5期。

调的是工匠精神的目标。[①]

第三，将工匠精神的内涵概括为“匠术”“匠心”“匠德”三个方面。有学者指出，所谓“匠术”是指工匠们在工作技能追寻过程中所表现出来的手段和方法。工匠精神在匠术上的综合表现为精益求精和勇于创新，更多表现出的是一种追求极致和对完美的渴求，不断地攻坚克难，是工匠精神之本。所谓“匠心”是指工匠们在工作过程中所表现出的心境和心态。“专”与“合”在历史发展中呈现出有机的融合，工匠们在专注坚守的同时也要符合工作组织形式的不断转变，“专”与“合”有机结合的新型工匠群体，将成为中国智造的主力军。“匠德”是指工匠们对工作的敬畏与德行。对于一份工作的敬畏和热爱，是做好这份工作的前提和灵魂，敬业乐业也是工匠精神的力量源泉。概言之，“匠术”是工匠精神之本，精益求精、勇于创新使工匠具备高超技能；“匠心”是工匠精神之基，专注坚守、协同合作使工匠具备高度的职业认同；“匠德”是工匠精神之魂，敬业乐业、厚德载物使工匠具备高尚的事业追求。[②]

第四，从工业化进程中技能形成的角度对工匠精神进行梳理与研究。这类研究指出，工匠精神既是劳动者的一种精神气质，更是一种劳动行为习惯的体现，凝聚在每一个劳动者身上，是劳动者在特定行业的劳动过程中形成的一种行为习惯，它是劳动者内化于心的一种职业伦理规范，除理论知识学习外，必须经过一线生产实践的实训和经历一定时间积累才能逐步养成，并且受到制度环境和社会结构的形塑，也就是嵌入在社会制度结构中形成并发挥作用的。此外，工匠精神强调精益求精、追求卓越，要求在既有成绩的基础上始终严格要求，不断提升技艺、产品、质量，进而达到超凡出众的水平，这是工匠精神的内核，也是提高劳动者素质的更高要求。劳动者的技能

① 刘经纬、崔捷明：《劳模精神、劳动精神、工匠精神一体弘扬探析》，《佳木斯大学社会科学学报》2021 年第 3 期。

② 刘霞、邓宏宝：《工匠精神的时代内涵、形成机理及培育方略》，《南通大学学报（社会科学版）》2021 年第 4 期。

形成是工匠精神养成的逻辑基础和现实起点，工匠精神具有实践性和时间性，除理论知识学习外，需要经过一线生产实践的实训和经历一定时间积累才能逐步养成，产业工人的工匠精神都是普通产业工人在普通岗位上经过学习和长期的劳动实践历练养成的，这是产业工人工匠精神养成的基本规律，也是国家在大力弘扬工匠精神中需要尊重和重视的客观事实。[①]

四、三种精神的辩证关系研究

三种精神虽各有侧重，但其精神内核是一致的，学界普遍承认，劳模精神、劳动精神、工匠精神凝结着中华民族的优秀品德，闪烁着时代发展的耀眼光辉，其内涵在长期实践中不断得到丰富发展。2021 年，理论界围绕着三种精神各自不同的侧重点，展开了深入研究与探讨。

第一，关注三种精神的内在关联与排序逻辑。有学者提出，如果按照三种精神概念的外延来排序，劳动精神的外延最大，无论是劳模精神还是工匠精神，都属于劳动精神的一部分，都包含在劳动精神之中，之所以按照劳模精神、劳动精神、工匠精神进行排序的原因就在于：首先，基于三种精神各自的地位和作用来进行排序。在我党团结带领全国各族人民进行革命、建设和改革的伟大历史进程中，三种精神各自所处的地位和所发挥的作用不同。劳模精神最重要，因此要排在前面。其次，从三种精神与“四个自信”的密切程度来看，劳模精神有中国特色精神内核，因此要排在前面。一言以概之，劳模精神排在劳动精神和工匠精神之前，既是继承传统、尊重历史、实事求是的客观要求，也是强化中国属性、彰显中国特色、坚定“四个自信”的理论必然。最后，根据习近平总书记提出三种精神的时间先后来排序。2013 年 4 月 28 日，习近平总书记在同全国劳动模范代表座谈时的讲话中，重点强调了劳模精神的科学内涵、价值意义和重要作用；2014 年 4 月 30 日，习近平总书记在乌鲁木齐接见劳动模范和先进工作者、先进人物代

① 王星：《精神气质与行为习惯：工匠精神研究的理论进路》，《学术研究》2021 年第 10 期。

表并向全国广大劳动者致以“五一”节问候时，首次提出劳动精神；2016年4月26日，习近平总书记在知识分子、劳动模范、青年代表座谈会上的讲话中，首次提出工匠精神。习近平总书记提出并论述三种精神的先后顺序是：劳模精神、劳动精神、工匠精神。[①]

第二，从产生主体、发展阶段和价值导向三个方面分析三种精神的逻辑关系。有学者指出，首先，从三种精神产生主体来看，劳模精神侧重于来自劳模群体，劳动精神侧重于来自劳动者群体，工匠精神则侧重于来自工匠群体，所以其精神内涵有差异之处，具有各自的特殊性。但尽管主体不同，无论是劳模还是工匠首先都是劳动者中的一员。因此，三种精神的内涵应有其相通之处，也就是具有普遍性。劳模精神和工匠精神本质上也是一种劳动精神，是劳动精神向更高层次、更高阶段的发展和跃升。其次，从三种精神的逻辑关系来看，第一层次是劳动精神的初级阶段，这个阶段作为一个合格的劳动者应该具备某种精神特征，就是具备想干、爱干、苦干、实干的基本劳动素养。第二层次是劳动精神的中级阶段，这个阶段作为一个专业的劳动者，也就是工匠应该具备某种精神特征。第三层次是劳动精神的高级阶段，这个阶段作为一个模范的劳动者，也就是劳模应该具备某种精神特征，也就是具备理想守信念、懂技术会创新、敢担当讲奉献的卓越劳动素养；也就是说，劳模精神除了具备基本劳动素养和专业劳动素养之外，还要兼具价值性劳动素养，也就是具有信仰坚定、胸怀全局、担当奉献、引领示范等精神品质。所以，三种精神分别代表着劳动精神的初级阶段、中级阶段、高级阶段。最后，从三种精神的价值导向来看，劳模精神具有政治性、引领性、示范性、全面性；工匠精神具有专业性、技术性、专注性、严谨性；劳动精神则具有普遍性、广泛性、基础性。[②]

---

① 彭维锋：《新时代劳模精神、劳动精神、工匠精神的理论内涵与实践导向》，《江西社会科学》2021年第5期。

② 彭维锋：《新时代劳模精神、劳动精神、工匠精神的理论内涵与实践导向》，《江西社会科学》2021年第5期。

第三，围绕劳动精神面貌、劳动价值导向、劳动技能水平三个层次阐释三种精神。有观点认为，一是以劳动精神面貌作为判定劳动者践行三种精神的重要标准。新中国成立后特别是改革开放以来的巨大成就，与广大劳动者劳动热情的极大焕发，劳动积极性、主动性、创造性的空前高涨是密不可分的。在这个意义上，劳动精神面貌是中国式现代化发展能否取得大踏步前进的关键一环，也体现着劳模精神、劳动精神、工匠精神的践行程度。[①] 二是从劳动价值导向维度阐释三种精神的理论意涵。党的十八大以来，习近平总书记在继承和发展马克思主义劳动思想的基础上，系统论述了实干兴邦的劳动实践观、崇尚劳动的劳动价值观，多次强调“劳动最光荣、劳动最崇高、劳动最伟大、劳动最美丽”，与三种精神的内在理论逻辑具有高度契合性，是引导全社会形成对劳动是唯一价值源泉的共识，同时有助于建构以辛勤劳动为荣、以好逸恶劳为耻的主导价值取向，让劳动创造成为推动历史前进的根本力量。[②] 三是将劳动技能水平视为弘扬劳模精神、劳动精神、工匠精神的具象化表达。习近平总书记指出，“素质是立身之基，技能是立业之本”，要求工人阶级和广大劳动群众树立终身学习的理念，“勤学苦练、深入钻研，不断提高技术技能水平”。面对建设制造强国、质量强国、网络强国、数字中国，推进产业基础高级化、产业链现代化等重大战略任务，通过弘扬三种精神，有助于激励更多劳动者特别是青年人走技能成才、技能报国之路，为提高经济质量效益和核心竞争力建功立业。[③]

第四，三者在生发基础、价值旨趣、性质归属以及变化特征等方面具有相似的规律性。有学者强调，劳模精神、劳动精神、工匠精神的具体内涵虽然各有其侧重点，但彼此间是相互包容、相互依存的关系，三者在内涵上具

① 刘向兵：《用劳模精神、劳动精神、工匠精神凝聚新征程奋斗力量》，《红旗文稿》2021 年第 1 期。

② 刘向兵：《用劳模精神、劳动精神、工匠精神凝聚新征程奋斗力量》，《红旗文稿》2021 年第 1 期。

③ 刘向兵：《用劳模精神、劳动精神、工匠精神凝聚新征程奋斗力量》，《红旗文稿》2021 年第 1 期。

有内在的共同性与共通性。劳模精神、劳动精神、工匠精神在横向对比中，其内涵本质存在共同性、融合性；在纵向发展中，其在运动变化的过程中凝结出稳定的规律性和科学性。[①]具体而言，劳动精神是对全体劳动者在劳动的情感、态度以及价值观上的总体要求，与“劳模”和“工匠”两类群体具有高度相关性，两个群体作为践行劳动精神的楷模榜样，凝结出的劳模精神与工匠精神彰显了劳动光荣的社会风尚和精益求精的敬业风气。故此，劳模精神、劳动精神、工匠精神整体上皆是中国劳动者精神面貌的代表，是马克思主义劳动观的中国化表征，是中国特色社会主义先进文化的重要内容，是社会主义劳动行为的价值升华，皆具有全民覆盖性与全面普及性。[②]

第三节　弘扬劳模精神、劳动精神、工匠精神的实践路径探析

新时代弘扬劳动精神，关乎中华民族伟大复兴中国梦的实现。中华民族对劳动有着自己独特的体悟，更通过劳动创造了辉煌的中华文明。新时代弘扬劳动精神，关乎社会主义现代化强国的建设。“社会主义是干出来的”是最质朴的社会主义现代化建设方法论。立足新发展阶段，贯彻新发展理念，构建新发展格局，推动高质量发展，如何更好地弘扬劳模精神、劳动精神、工匠精神是2021年学界关注的重要问题。

一、通过劳动教育弘扬劳模精神、劳动精神、工匠精神

针对如何落实践行劳模精神、劳动精神、工匠精神的问题由来已久，2021年这一年的研究对此问题的研究范畴进行了丰富和扩展，进一步提出

① 韩喜平、郝婧智:《关于劳模精神、劳动精神、工匠精神内涵的规律性阐释》,《思想理论教育》2021年第12期。

② 韩喜平、郝婧智:《关于劳模精神、劳动精神、工匠精神内涵的规律性阐释》,《思想理论教育》2021年第12期。

将这三种精神融入劳动教育课程之中。一些观点指出，劳动教育的核心是要引导学生树立正确的劳动观，崇尚劳动、尊重劳动，增强对劳动人民的感情，报效国家，奉献社会，应积极引导全社会特别是青少年树立以辛勤劳动为荣、以好逸恶劳为耻的劳动观，积极开展劳动创造幸福主题宣传教育，开展聆听劳动故事、观摩精湛技艺等活动，开辟工学结合、毕业实习、志愿服务、勤工助学、劳动体验等途径保证劳动教育落到实处，将劳动教育贯穿大中小学和家庭、学校、社会各方面，确保劳模精神、劳动精神、工匠精神薪火相传。① 在学校教育方面，有观点建议，应主动把劳动教育纳入人才培养全过程，强调贯穿基础教育、职业教育、高等教育等各类型，是弘扬三种精神、发挥劳动模范教育意义和教育价值的重要途径。② 在此基础上，一些学者指出，对大学生劳模精神的培育，必须以国务院和教育主管部门等出台的一系列相关政策为支撑和依靠，并且需要高校、社会、家庭和个人 4 个层面紧密配合，相辅相成，协同育人，增强对大学生劳模精神培育的实效性。③

二、在开展劳动和技能竞赛中弘扬劳模精神、劳动精神、工匠精神

党的十九届五中全会提出，“十四五”时期经济社会发展要以推动高质量发展为主题。实现高质量发展，对弘扬劳模精神、劳动精神、工匠精神发出了强烈的时代召唤。在此背景下，理论界有一种观点指出，应在开展劳动和技能竞赛中弘扬劳模精神、劳动精神、工匠精神。劳动和技能竞赛作为提高职工素质、推动企业进步、促进经济发展的重要途径，是提高职工生产积极性、主动性、创造性的重要载体。共产党早在瑞金时期就以比赛的方式有效动员了劳动群众的生产积极性和革命热忱。劳动竞赛的不断发展能够升华

---

① 李睿祎：《大力弘扬劳模精神劳动精神工匠精神》，《学习时报》2021 年 5 月 3 日。

② 刘向兵：《用劳模精神、劳动精神、工匠精神　凝聚新征程奋斗力量》，《红旗文稿》2021 年第 1 期。党印、李珂：《以劳模精神、劳动精神、工匠精神引领新时代劳动教育》，《中国高等教育》2021 年第 Z3 期。

③ 杨柳青青：《时代新人视域下大学生劳模精神培育研究》，华中师范大学硕士学位论文，2021 年。

发展劳模精神、劳动精神、工匠精神的内涵。因此，新时代践行弘扬劳模精神、劳动精神、工匠精神应同开展劳动和技能竞赛紧密结合起来，通过弘扬劳模精神、劳动精神、工匠精神，推动竞赛的蓬勃发展，把广大职工广泛吸引到竞赛中来，在关键领域、核心技术上大胆突破创新，为加快攻克重要领域“卡脖子”技术、提高产业链供应链稳定性和现代化水平献计出力。[①] 此外，要特别注重激励青年一代的劳动者走技能成才、技能报国之路，引导其学习新知识、掌握新技能、增长新本领，培养更多高技能人才和大国工匠，为实施制造强国战略提供强大人力支撑和智力保证。

三、在加强职工思想政治引领中弘扬劳模精神、劳动精神、工匠精神

一种观点指出，思想政治引领作为产业工人队伍建设改革的首要任务，在塑造一支有理想守信念、懂技术会创新、敢担当讲奉献的宏大产业工人队伍的过程中有着十分重要的地位，因此要积极通过开展中国特色社会主义理想信念教育、开展以职业道德为重点的“四德”（社会公德、职业道德、家庭美德、个人品德）教育、深化“中国梦·劳动美”主题宣传教育等方式组织广大职工深入学习劳动模范和先进模范人物，始终保持昂扬向上、奋发进取的精神状态，积极践行这三种精神，进而用工人阶级的先进思想和模范行动影响和带动全社会。[②] 在此基础上，一些观点认为，应把弘扬劳模精神、劳动精神、工匠精神体现到全社会精神文明创建、精神文化产品创作生产传播的全过程之中，坚持举办“劳模大讲堂”、评选“最美职工”、唱响“劳动者之歌”等活动，建立劳模纪念馆（展示馆），鼓励创作关于劳模的影视剧作品，让劳动最光荣、劳动最崇高、劳动最伟大、劳动最美丽在全社会蔚然成风。[③]

---

① 李睿祎：《大力弘扬劳模精神劳动精神工匠精神》，《学习时报》2021 年 5 月 3 日。

② 李睿祎：《大力弘扬劳模精神劳动精神工匠精神》，《学习时报》2021 年 5 月 3 日。

③ 彭维锋：《新时代劳模精神、劳动精神、工匠精神的理论内涵与实践导向》，《江西社会科学》2021 年第 5 期。

第四节　劳模精神、劳动精神、工匠精神的时代价值解读

劳模精神、劳动精神、工匠精神代表着中华民族独特的精神标识，彰显着我们党的光荣传统和优良作风，赓续着我们国家和民族的精神追求，始终是激励广大劳动者拼搏奋斗、不断前行的强大精神动力。2021 年，结合理论与现实的发展需要，学者们从不同学科领域不断探析了三种精神的时代价值，对其作了深入解读，形成了丰富的理论成果。

一、有助于从彰显马克思主义劳动观中国化的视角阐释其时代意义

第一，是马克思主义劳动学说的赓续发展。学界普遍承认，党的十八大以来，习近平总书记坚持以马克思主义劳动学说为理论和逻辑起点，着眼于工匠精神生动而鲜活的理论与实践，以爱国主义为基本内核，以民族情感为精神依托，始终围绕“新时代工匠精神为何”“从何而来”“为何弘扬”“如何弘扬”等理论和现实难题作了一系列重要论述，从政治高度高屋建瓴地提出了一系列具有前瞻性、根本性、指向性的新思想、新观点和新论断，进一步深化和发展了工匠精神的科学内涵、时代品格以及具体实践指向，赋予劳动特殊的时代意蕴，构成了一个比较完整的科学理论体系，创造性地丰富和发展了马克思主义劳动学说，为在新的历史条件下倡导和弘扬工匠精神，讲好“工匠故事”，树立新时代工匠楷模，坚定不移地走中国特色工业强国之路，在现有基础上继续开新局、谋新篇、创伟业，提供了科学理论指引和强有力思想武器。习近平总书记关于三种精神的重要论述是对新时代工人阶级崇高精神、内在品格的高度凝练和集中概括，是对马克思主义劳动学说继承基础上的创新和发展，是马克思主义劳动学说与中国工人的具体劳动实践相结合的重大创新理论成果，是中国共产党人非常宝贵的精神

财富。[①]

第二，是贯彻落实以人民为中心的发展思想的重要支撑。有学者基于对劳动主体与劳动目的的统一性的研究框架，分析了三种精神的理论价值，指出三种精神坚持以人民为中心的价值导向，奉行“发展为了人民、发展依靠人民、发展成果由人民共享”的理念，而以人民为中心的发展思想是马克思主义价值观的时代彰显，是中国共产党的最高价值遵循，始终贯穿习近平总书记治国理政的思想和实践。劳动精神不仅充分肯定了劳动人民的主体地位，尊重和鼓励一切劳动者以及他们的劳动创造，使广大人民群众在劳动中感受到幸福感和获得感，与此同时，劳动精神鼓励人们树立劳动使人幸福的共享理念，坚信通过辛勤劳动获得实实在在的利益，进而更加公平地享有劳动成果。[②]此外，开辟了马克思主义劳动价值理论新境界。马克思主义劳动价值理论源自西方工业革命时期。习近平总书记关于工匠精神的重要论述，全方位审视马克思主义劳动价值理论的“变”与“不变”，以工匠精神赋予新时代工人阶级更具时代特征的阶级品格，从而使新时代三种精神在理论和实践领域兼具科学性与真理性。[③]

二、有助于从丰富中华民族伟大时代精神的视角阐释其时代意义

第一，有利于丰富拓展中华民族精神谱系，重塑劳动认知。有研究者指出，三种精神有利于丰富中华民族精神谱系，催生在理念认知上向尊重劳动、崇尚劳动、热爱劳动转变，有利于激励一批又一批的青年人以顽强不屈、奋力拼搏的姿态英勇前进，拓宽着中国精神的表现样态。[④]还有学者认

① 卢亚利：《习近平关于工匠精神重要论述的精髓要义与时代价值》，《中共南宁市委党校学报》2021 年第 6 期。

② 郑子君：《劳动精神在新时代的内涵和价值》，《人民论坛》2021 年第 19 期。

③ 林伯海、马宁：《习近平关于工匠精神重要论述的生成、意蕴及实践路径》，《思想教育研究》2021 年第 12 期。

④ 尹昱珺：《百年历程中劳模精神的历史演进及时代价值》，《党史博采》2021 年第 10 期。马媛媛：《浅谈弘扬劳模精神的时代价值与实践路径》，《决策探索》2021 年第 11 期。

为，弘扬三种精神是新时代培养高尚道德情操的内在要求。一些研究者强调，三种精神是培育和践行社会主义核心价值观的原生要素，应成为全社会每个人的精神底色，尤其在科技和社会急速发展，劳动主体、劳动形式等发生巨大变化的背景下，大力弘扬劳模精神、劳动精神和工匠精神，端正人们对劳动的认知，有利于培养高尚道德品质，提高中华民族整体思想道德水平，推进社会主义精神文明建设。[①] 此外，部分学者聚焦于三种精神对社会氛围的形塑作用进行了理论解释，认为三种精神为创造良好社会风尚奠定理论基础。这类研究指出，将包含劳模精神的三种精神向全社会传递有利于激励全体社会成员学习和践行优秀精神，从而在全社会凝聚劳动共识，传播正能量，尤其是在社会中存在着消极腐败、享乐主义和奢侈之风等不正之风，与党的宗旨和原则相背离的背景下，弘扬三种精神对于纠正社会不良风气、净化心灵具有重要的引领作用，为新时代劳动者队伍建设指明了前进方向。[②]

第二，有利于激发社会主义劳动者主人翁意识，厚植劳动情怀。三种精神有利于激发社会主义主人翁意识，推动在行为实践上不断向辛勤劳动、诚实劳动、创造性劳动践行是学术界的普遍共识。中国共产党始终把充分发扬人民群众的主人翁精神作为推动社会进步的决定性因素，激发广大劳动群众的主人翁意识日益成为实现中华民族伟大复兴目标的精神动力。面对百年未有之大变局，三种精神背后所蕴含的对劳动者主体性的体认有利于激励广大劳动群众以敢于创新的勇气、敢为人先的锐气、敢于担当的底气，以辛勤劳动、诚实劳动、创造性劳动克服一个又一个的艰难险阻，向世界展现中华民族旺盛的生命力和发展力，充分体现工人阶级为代表的先进阶级的创造力和劳动情怀。[③]

第三，有利于为实现中华民族伟大复兴提供强大精神动力。一些研究发

---

① 郑子君：《劳动精神在新时代的内涵和价值》，《人民论坛》2021 年第 19 期。

② 马媛媛：《浅谈弘扬劳模精神的时代价值与实践路径》，《决策探索》2021 年第 11 期。

③ 尹昱珺：《百年历程中劳模精神的历史演进及时代价值》，《党史博采》2021 年第 10 期。

现，我国能否共圆中国梦，劳动者及其精神起着至关重要的作用。今天我们比以往更需要有坚定的理想信念，更需要一种精神来激励和指导我们。实现国家富强、民族振兴和人民幸福都需要弘扬三种精神。在新时代的征程中，三种精神有利于我们把国家理想转变为个人的自觉行动，以积极昂扬的精神状态努力实现中华民族伟大复兴的中国梦。①

三、从有助于从全面建设社会主义现代化国家的视角阐释其时代意义

第一，三种精神是新时代实现制造强国跨越的“助推器”。部分理论文章从实践角度出发，对三种精神的当代实践价值进行深度剖析，指出三种精神是推动中国制造向中国创造转变、中国速度向中国质量转变、中国产品向中国品牌转变的“助推器”。实现制造强国目标的关键在于提高制造业的创造水平与创新能力，而助推创新发展离不开劳模精神、劳动精神和工匠精神的有力支撑。只有在生产制造的每一个环节，劳动者始终能保持精益求精，追求卓越完美，不断开拓创新的精神状态，才有可能实现品质提升和超越发展。进一步而言，我国要实施创新驱动发展战略、推动产业转型升级更新换代，唯有铸造一大批崇尚和践行工匠精神的劳动者队伍才能为推动我国经济高质量发展，过坎闯关，为跻身制造强国行列提供坚实的人才支撑和保证。②要以新时代工匠精神引导和带领广大劳动者树立创新意识和创新思维，培养和提高其创新素质，进而以创新创造精神走上一条重质量、求品质的精益求精的制造业发展道路。③

第二，三种精神是培育社会主义建设者和接班人，为实现社会主义现代化国家积累人力资本的必备举措。学界普遍承认，三种精神的贯彻落实是培养和造就时代新人的必然要求，对于培育担当民族复兴大任的时代新人，在

① 马媛媛：《浅谈弘扬劳模精神的时代价值与实践路径》，《决策探索》2021年第11期。

② 曾泓华：《工匠精神的时代价值探析》，《农村经济与科技》2021年第8期。

③ 卢亚利：《习近平关于工匠精神重要论述的精髓要义与时代价值》，《中共南宁市委党校学报》2021年第6期。

新的历史条件下继续推进现代化强国建设具有重要的现实指导作用。在劳动的过程中，进一步提高其道德品质、智力水平、体力水平和审美能力等，实现人的自由全面发展，有助于为实现社会主义现代化国家积累人力资本。① 此外，回应了新时代高素质产业工人队伍建设的需要。建设世界制造强国离不开建设知识型、技能型、创新型劳动者大军以及他们身上所具备的工匠精神，追求精益求精、质量至上的工匠精神是中国制造业转型升级的精神支柱，要在全社会大力弘扬新时代工匠精神，鼓励广大劳动群众争做新时代的奋斗者，通过建设知识型、技术型、创新型劳动者大军刷新当代工人阶级精神风貌，推动新时代工人阶级成长进步，为社会主义现代化建设事业提供源源不断的人力资源支撑。② 与此同时，要努力培养“敢为人先、勇于担当、敢于创新”“担当大义、服务社会”的创新型高技能人才和大国工匠，进而为社会发展提供不竭的“人才支撑、智力支撑、创新支撑”。③

第三，三种精神有利于构建和谐社会主义劳动关系，巩固劳动伦理。理论界有观点认为，三种精神的现实实践在构建和谐的社会主义劳动关系方面具有重要价值，能够促进在价值追求上向劳动最美丽、劳动最光荣、劳动最伟大、劳动最崇高不断靠近。进一步而言，劳动模范作为国家的栋梁、民族的脊梁、人民的楷模，其蕴含的劳模精神的实质与社会主义的共同理想在价值目标上具有高度的一致性和耦合性，展现了新时代工人阶级和劳动群众的文化自信、文化自觉，承载引领社会文明新风尚、造就社会发展新面貌的精神，与时俱进地为构建和谐劳动关系助力赋能。④

综上所述，2021 年学界和社会各界在系统梳理和归纳习近平总书记关于劳模精神、劳动精神、工匠精神重要论述的基础上，对于劳模精神、劳动

① 郑子君：《劳动精神在新时代的内涵和价值》，《人民论坛》2021 年第 19 期。
② 林伯海、马宁：《习近平关于工匠精神重要论述的生成、意蕴及实践路径》，《思想教育研究》2021 年第 12 期。
③ 卢亚利：《习近平关于工匠精神重要论述的精髓要义与时代价值》，《中共南宁市委党校学报》2021 年第 6 期。
④ 尹昱珺：《百年历程中劳模精神的历史演进及时代价值》，《党史博采》2021 年第 10 期。

精神、工匠精神的研究已经产生了一批高质量、有代表性的研究成果，进一步丰富和拓展了既有研究对其生成前提、科学内涵、实践路径及时代价值等方面的探讨，有利于新时代更好地弘扬三种精神，也为日后进一步研究三种精神提供了重要参考与借鉴。但是，我们必须认识到，如何在适应新发展阶段要求的背景下使劳模精神、劳动精神、工匠精神原创性、标识性的理论体系不断丰富拓展，展现出强大的生命力，仍是需要进一步回答的问题。也就是说，学界当前研究在推动理论创新和指导实践方面仍需进一步加强：一是应进一步思考如何夯实新时代三种精神的理论溯源及理论基础；二是如何立足于聚焦新时代中国特色社会主义主要矛盾转变的背景下，根据新时代中国经济社会发展的目标，与时俱进地推进关于三种精神内涵的理论阐释；三是进一步关注新时代劳动精神在实践中践行的困境，并针对具体困境进行理论探索，提出有实效性的新时代三种精神的培育方案，丰富拓展弘扬践行劳模精神、劳动精神、工匠精神的多维实践路径研究。总而言之，通过理论探究不断推进弘扬新时代三种精神，为实现社会主义现代化强国建设贡献力量。

第五章

智能经济下的和谐劳动关系研究

当前世界经济数字化转型不断向纵深推进，中国也正加速向数字产业化和产业数字化转型。随着互联网技术的广泛应用，数字经济条件下的劳动关系与传统的用工形式相比，在劳动过程、雇佣关系和劳资矛盾等方面均出现了新的情况，资本对劳动的剥削更加隐蔽、多元和深化，劳动关系也出现了新的发展趋势。在人工智能政策推动下，生产方式的智能化升级带来了新产业和新的劳动方式，催生了新就业形态和灵活用工方式，必然会对传统劳动关系造成冲击，为和谐劳动关系构建带来新的难题。因而，探索契合数字经济条件下的共享型和谐劳动关系对缓和劳资矛盾显得尤为迫切。因此，探寻智能经济时代和谐劳动关系构建的新路径不仅为政府评估人工智能政策效果和进一步推进相关政策的实施提供了理论依据，也拓宽了我国和谐劳动关系构建问题的研究思路和范围。

第一节　数字经济下和谐劳动关系研究

一、数字经济对劳动过程的影响

数字经济时代的劳动过程相较于传统经济出现了很多新特点，这也构成了劳动关系变革的基础。何哲认为，透过对数字经济体系与工业时代生产体系的价值分配比较可以发现，数字时代的资本方一方面提高普通劳动者的工作强度、效率和延长劳动时间，另一方面通过消解发明者权益、降低管理成本、降低市场费用和逃避制度责任，从而达到更有效地积累剩余价值，可称为数字（时代的）剩余价值，如此加速了财富向更少数人集中的趋势，引发包括两极分化、增加社会矛盾、破坏市场秩序等一系列问题。数字剩余价值既有生产性和创新性，也具有剥削性和垄断性。[①] 王蔚认为，资本主义社会已经进入数字资本主义时代。数字资本主义劳动过程具备 3 个显著特征：生产界限模糊、进行数据控制以及存在全方位监视。由于劳动过程的新变化，从事数字劳动的数字劳工的整体境遇实际上并未由于工作场地变得灵活而更好，反而是更糟。高教育水平的劳动者甚至在一定程度上接近二级劳动力市场的境况，情绪劳动以及情绪剥削问题开始凸显。[②] 胡莹认为，数字经济时代资本主义劳动过程的新特点主要体现在：社会总体劳动资料的作用强化和单个劳动者活劳动的作用弱化并存，远程式、散点式、移动式的数字劳动使得劳动和闲暇的边界越来越模糊，劳动资料的数字化使劳动力相对过剩和资本有机构成提高的趋势进一步加强。资本主义劳动过程的本质体现在劳资关系上，它呈现出新特点：数字经济时代劳动的一切力量从外观上都表现为资本的力量，网络数字平台使传统的雇佣关系转向纯粹的市场交易关系，数字经济时代的劳动组织形式在一定程度上缓和了劳资冲突，劳动过程的数字化使劳动收入与资本收入的差距扩大。新的资本主义劳动过程历史样态之所以出现，必定是因为它具有更强的资本增殖能力。[③] 韩文龙、刘璐认为，“去劳动关系化”是在数字劳动过程中出现的新趋势。“非雇佣制”“众包”“共享”“零工”“劳资合作”等是“去劳动关系化”的具体形式。随着劳动对资本的形式隶属向实际隶属转向，“去劳动关系化”成了资本追求更多剩余价值的介质和工具。“去劳动关系化”带来的直接后果是增加了就业的不稳定性，使得数字劳动者在劳资冲突中处于相对劣势地位。中国在大力发展数字经济的同时，要积极应对数字劳动过程中“去劳动关系化”带来的不利影响，重点是要建立健全数字劳动过程中的风险识别机制、权力保障机制、社会保险机制和政府规制机制，努力构建和谐劳资关系，让数字劳动者共享数

① 何哲：《数字剩余价值：透视数字经济体系的核心视角及治理思路》，《电子政务》2021 年第 3 期。

② 王蔚：《数字资本主义劳动过程及其情绪剥削》，《经济学家》2021 年第 2 期。

③ 胡莹：《论数字经济时代资本主义劳动过程中的劳资关系》，《马克思主义研究》2020 年第 6 期。

字经济发展成果。[①] 吴宏洛、孙璇认为，当代数字资本主义发展带来劳动方式和劳动形态的新变革，异化劳动有了新的表现形态：一是劳动产品的异化隐藏于非物质化的数字产品中；二是“数字生产过劳”现象成为劳动异化的新样态；三是智能生产使人与他的类本质更加对立；四是劳资关系被深深隐藏在“人机关系”背后，劳动者遭遇技术性失业并“向下流动”，引发资本主义劳资对抗深层次的社会危机。准确把握资本主义数字经济背后异化劳动的新特征，是深刻认识当代资本主义新剥削方式的关键。[②] 刘海霞认为，数字劳动作为一种新型劳动形式，虽然没有消除异化问题，但不可否认，它的出现为异化理论带来了新变化。通过对劳资关系的重构，它实现了一定程度的人的主体性的复归。但是这些新变化究竟是对异化劳动理论的突破还是加固，还需要进行详细的分析。[③] 袁潇认为，青少年的休闲娱乐活动被技术和资本异化为数字经济中的生产实践，数字资本将玩家的生命时间转变为劳动时间，形成了“实质吸纳”的非物质劳动过程。青少年玩家自觉加入游戏信息的知识性、交往性与情感性的协作生产中，成为数字资本剥夺生命政治劳动的核心要素。他们位于移动游戏“科层制”中的底层，是游戏产业重度剥削的对象；他们的游戏行为隐含着数字经济深层性的技术控制与经济盘剥。数字经济产业和电竞选手、游戏代练和游戏主播间建立起虚假“同意”，通过“造梦”机制将规训内化为劳工们的自我激励，从而实现资本增值。[④] 杨善奇、刘岩认为，智能算法具有二重属性，既可以充当生产资料提升劳动效率，也可以充当监控手段，成为资本控制劳动的工具。基于马克思主义政治经济学基本理论，从任务分配、劳动过程监管、绩效考核和非雇佣化无酬劳动 4 个方面考察智能算法对劳动过程的控制和重塑，智能算法就像是一个隐

① 韩文龙、刘璐：《数字劳动过程中的“去劳动关系化”现象、本质与中国应对》，《当代经济研究》2020 年第 10 期。
② 吴宏洛、孙璇：《当代资本主义数字经济中的异化劳动问题》，《当代经济研究》2021 年第 6 期。
③ 刘海霞：《数字劳动异化——对异化劳动理论的当代阐释》，《理论月刊》2020 年第 12 期。
④ 袁潇：《数字劳工：移动游戏中青少年玩家的非物质劳动研究》，《当代传播》2020 年第 5 期。

形的大脑和与之串联的“神经系统”，监管和支配着劳动者的一言一行，充当虚拟管理者的角色主导并控制整个劳动过程，深化劳动对资本的隶属关系。因此，应该反思数据和智能算法技术的资本主义过度使用，对数字垄断资本进行引导和规制，保护数字劳工的合法权益。①

数字经济的发展对不同劳动群体的影响也各不相同。柏培文、张云认为，在数字经济、人口红利下降的双重背景下，其一，数字经济发展挤占了中低技能劳动者相对收入权，但改善了中低技能劳动者相对福利效应；其二，数字经济通过要素重组升级、再配置引致的效率变革与产业智能化削弱了中低技能劳动者的相对收入权，但通过数字化治理模式改善了中低技能劳动者的相对福利效应；其三，人口红利下降的劳动力短缺效应源于中低技能劳动者，尤其是低技能劳动者的供给陷阱；其四，在人口红利下降背景下，数字经济发展仅削弱了低技能劳动者权益。这意味着，数字经济发展引致的低技能劳动力替代效应远甚于人口红利下降的低技能劳动力短缺效应，且微观个体禀赋、宏观经济环境与政府治理水平对低技能劳动者权益的影响具有明显差异性。②罗小芳、王素素认为，数字经济能够提高劳动收入，对不同群体的收入增长均有促进作用，对低收入群体的劳动收入提升作用更大。不可否认，数字经济对于各群体的收入均有正向影响，对低收入群体的影响更大，这意味着数字经济表现出一定的普惠性，有利于缩小劳动者的收入差距。提高数字经济的发展水平是一个比较复杂的系统工程，政府要发挥引导与帮扶作用，加大数字经济基础建设投入和劳动者的人力资本投入，加强产业与数字技术的融合，促进产业数字化转型发展。③宋月萍认为，数字经济下对女性就业的利好：增加就业机会，优化就业结构；提升劳动收入，支持

① 杨善奇、刘岩：《智能算法控制下的劳动过程研究》，《经济学家》2021 年第 12 期。

② 柏培文、张云：《数字经济、人口红利下降与中低技能劳动者权益》，《经济研究》2021 年第 5 期。

③ 罗小芳、王素素：《数字经济、就业与劳动收入增长——基于中国家庭追踪调查（CFPS）数据的实证分析》，《江汉论坛》2021 年第 11 期。

女性经济独立；促进灵活就业，推动性别平等；促进家务劳动社会化，减轻女性家庭负担。在数字经济参与的就业市场中，应关注女性的职业需求，正视女性在数字经济催生的新业态、新职业、新阶层中扮演的角色以及能够发挥的作用，以需求为基础创造平等的就业机会。[①] 陈斌开、马燕来认为，数字经济对劳动力市场产生了深远影响。基于国际劳工组织数据，对数字经济快速发展时期世界主要发达国家和发展中国家就业结构进行描述性分析，发现技术进步对发达国家和发展中国家就业结构的影响存在明显差异：发达国家中等技能劳动力占比不断下降，发展中国家低技能劳动力占比快速降低。发达国家中等技能劳动力工资水平高、技能替代成本低造成中等技能劳动力更容易被技术替代，导致就业极化。发展中国家低技能劳动力成本快速上升，技能替代成本下降使得低技能劳动力更容易被技术替代，造成低技能劳动力占比快速下降。[②] 章玉萍研究发现，对比卷入数字化浪潮前后的生活经历，数字经济与“互联网 +”政策为残障人提供了更多就业机遇，但数字劳动的低端性和不稳定性与他们以往生计方式并无本质区别。残障人参与数字经济的动力不只有经济需求，还有社会化和自主性的需求。“半残半工”构成残障人投身数字经济的劳动力再生产模式，但这一模式难以培育可持续的生计环境和发展性的职业生涯。[③] 曹景林、姜甜的研究结果表明，互联网使用可显著提升女性收入，且对未育女性的收入影响更大，在利用 IV-Heckit 模型克服内生性问题后该结论依然稳健。进一步分析发现，互联网使用提升了劳动效率，降低了非正规就业的可能，并通过将互联网应用于学习、社交、工作及商业活动等增加劳动收入。已育女性相比未育女性，更倾向于使用互联网减少劳动时间、增加非正规就业，以及具有更低频率地使用互联网

---

① 宋月萍：《数字经济赋予女性就业的机遇与挑战》，《人民论坛》2021 年第 30 期。

② 陈斌开、马燕来：《数字经济对发展中国家与发达国家劳动力市场的不同影响——技能替代视角的分析》，《北京交通大学学报（社会科学版）》2021 年第 2 期。

③ 章玉萍：《“随浪逐流”：残障人的媒介生活与数字化生计》，《新闻与传播研究》2021 年第 7 期。

进行学习、社交等增加收入的偏好。[①]戚聿东、刘翠花研究发现，互联网使用对总体工资水平有显著正向影响，随年份推进其影响程度呈逐渐降低趋势，互联网使用显著缩小了性别工资差异。随分位点数提升，性别工资总差异呈先下降后上升的“U”形变化趋势；随年份推进，在相同分位点上性别工资总差异呈逐年缩小趋势，且禀赋特征差异逐渐缩小了中等收入者性别工资总差异。互联网使用对80后群体工资正向影响显著更高，70后群体次之，60后及以上群体相对较低，呈现较明显的年龄异质性。[②]李怡、柯杰升认为，系统集成结果显示，数字经济对农民收入具有正向促进作用，但同时加剧了收入差距；数字技术接入和使用具有差异化的收入和收入分配影响，其中，电子商务表现出最明显的增收效应以及对公平收入的负向作用；数字经济对农民农业收入的影响较非农收入更为显著；社会经济地位和受教育程度较高的群体从数字经济发展中受益更多。数字经济在促进农民收入总体增长条件下强化了收入差距扩大，对致力于促进包容发展的公共政策提出了全新挑战。[③]

二、数字经济出现的新职业

数字经济时代大量新职业快速涌现，正在成为我国各类就业的首选解决方案，在稳增长、促改革、稳就业中发挥的作用日渐突出。张琳认为，在构建模型的基础上，将数字经济就业效应分为“过程创新的就业效应”和“产品创新的就业效应”，并进行了就业传导机制的理论分析以及数字经济在加速就业新市场培育、劳动市场供需精准匹配、就业质量提升、灵活型就业创造、就业结构升级中的实践。在此基础上深入分析当前我国就业促进工作中

① 曹景林、姜甜：《互联网使用对女性收入的影响——基于CFPS数据的经验证据》，《现代财经（天津财经大学学报）》2020年第12期。

② 戚聿东、刘翠花：《数字经济背景下互联网使用是否缩小了性别工资差异——基于中国综合社会调查的经验分析》，《经济理论与经济管理》2020年第9期。

③ 李怡、柯杰升：《三级数字鸿沟：农村数字经济的收入增长和收入分配效应》，《农业技术经济》2021年第8期。

面临的短中长期 3 类问题，短期是稳就业压力依然严峻，中期是劳动力市场效率不高问题需要更加重视，长期是结构优化任务与潜在风险依然艰巨。[①]戚聿东、刘翠花、丁述磊认为，数字经济发展有助于优化就业结构，促使劳动报酬和劳动保护进一步提升，也能促进就业环境持续改善、就业能力不断增强，为实现更高质量就业提供新契机。数字经济发展加速了产业结构转型升级，也带动了就业结构优化和就业质量提升，其中互联网和电信业、软件业、电商零售业、科学技术业显著增加了第三产业就业比重和各省就业质量得分。因此，应大力发展数字经济，持续推动就业结构优化升级，引导劳动者向数字经济领域有序转岗就业，实现更高质量和更充分就业。[②]戚聿东、丁述磊、刘翠花认为，新职业改变了企业用工模式，促使灵活就业盛行发展，其劳动关系也发生新变化，表现为劳动本身从属方式不断弱化，劳动资料提供方式多方并存，劳动过程监督方式技术强化，劳动产品归属方式权属不明，劳动报酬支付方式灵活多样，劳动权益保障方式仍需加强。促进新职业健康发展，应加快完善新职业新型和谐劳动关系。[③]胡放之、杨金磊认为，随着数字经济的快速发展，新业态、新模式层出不穷，已成为经济增长的新动能，在扩大就业规模、激发就业市场活力方面正在发挥着重要作用。不过，新就业形态提供的工作岗位不一定是高质量的，这给新就业形态的发展带来了许多新情况新问题新挑战。[④]孙璇、吴肇光认为，数字化就业是顺应生产方式和生活方式的数字化转型趋势，围绕数字化平台、借助数字化技术、创造数字化商品和服务的新就业方式，其演进经历了信息化就业、网络化就业和平台化就业 3 个阶段。当前促进数字化就业主要面临着劳动者数字

① 张琳：《数字经济推动就业结构性变革的实践与路径》，《贵州社会科学》2021 年第 3 期。

② 戚聿东、刘翠花、丁述磊：《数字经济发展、就业结构优化与就业质量提升》，《经济学动态》2020 年第 11 期。

③ 戚聿东、丁述磊、刘翠花：《数字经济时代新职业发展与新型劳动关系的构建》，《改革》2021 年第 9 期。

④ 胡放之、杨金磊：《数字经济对就业的影响研究——基于湖北新就业形态发展现状的调查》，《湖北社会科学》2021 年第 1 期。

化素养和技能不足、数字化人才严重短缺、产业供给结构不均衡、数字化就业稳定性弱、劳动关系治理难度大等挑战。要进一步构建现代高效的数字化公共就业服务体系，强化数字化平台的就业带动力，增强数字化就业红利，促进数字化人才赋权增能，加快形成支撑更高质量和更充分就业的数字化人才大军。[①] 文军、刘雨婷认为，在数字技术迅猛发展的影响下，以信息通信技术为支撑的灵活就业形态应运而生，平台资本空间中的数字劳动就是新就业形态的具体表征之一。它的一些共性特征表现为：灵活的时空安排与严苛的多重控制、情感的货币化与制式化的情感、低门槛与去劳动技能化、泛雇佣关系化与去劳动关系化。平台数字劳动在缓解劳动力市场矛盾和传播公共价值方面产生了影响，并且正在推动劳动法规与劳动保障制度的升级。尽管有许多积极因素，但新就业形态的涌现也裹挟着诸多不确定性，主要体现为劳动者职业身份与发展的不确定性、数字治理和劳动保护的不确定性、数字劳动研究范式与方法论的不确定性。[②] 陈瑛、梁雅爽、向晶认为，数字经济在提高劳动者就业灵活性的同时，也通过扩大劳动力市场的就业信息和就业机会，提高了劳动者多重就业的可能性。互联网接入及灵活的接入方式对劳动者多重就业的选择概率均具有显著的正向影响，对低技能和农村户籍劳动者的多重就业选择影响更大。不同于"工作着的穷人"观点，在互联网接入的作用下，中高收入群体和外出流动劳动力的多重就业倾向也明显提高。进一步的影响机制分析发现，互联网接入能有效地降低劳动就业选择过程中的搜寻成本、交易成本及验证成本，显著提升劳动者的多重就业概率。因此，改善数字资源获取渠道、降低数字技术学习门槛、细化劳动保护政策等能缩小劳动者数字鸿沟，能有效增加劳动者的就业机会和劳动收入。[③] 郭凤鸣认

---

① 孙璇、吴肇光：《数字化就业的演进历程、发展瓶颈与促进数字化就业的策略研究》，《产业经济评论》2021 年第 2 期。

② 文军、刘雨婷：《新就业形态的不确定性：平台资本空间中的数字劳动及其反思》，《浙江工商大学学报》2021 年第 6 期。

③ 陈瑛、梁雅爽、向晶：《互联网接入与劳动者多重就业——基于 CFPS 数据的实证研究》，《劳动经济研究》2021 年第 6 期。

为，数字经济不仅改变了劳动力的就业质量，而且带来了劳动力就业结构的调整，进而对劳动强度产生影响。数字经济的发展有助于缓解农民工群体的过度劳动；对于新生代和传统代农民工，数字经济发展对过度劳动的缓解作用无明显差异；高数字化行业就业比例增加，会使得新生代农民工过度劳动概率低于传统农民工。由于数字经济的发展将增加对知识和技能密集型劳动力的需求，因而政府部门应有针对性地为农民工群体开展技能培训，特别是数字经济发展带来的新兴岗位技能培训，提升农民工群体的知识技能水平。这不仅有助于农民工进行岗位转换，增加农民工的收入，也有助于农民工过度劳动的缓解和就业质量的提升。[①]

在实证领域，王文认为，随着数字经济进化到以人工智能为核心驱动力的智能经济新阶段，智能化生产作为产业变革和产业创新的主要方式，在对劳动力就业带来挑战的同时，也为实现更高质量的就业提供了契机。基于中国 30 个省份 2009—2017 年面板数据的研究发现，工业智能化水平的提升显著减少了制造业就业份额，同时增加了服务业特别是知识和技术密集型的现代服务业就业份额，促进了行业就业结构高级化，有助于实现高质量就业。为在数字经济时代充分发挥智能化对就业质量的提升效应，减少劳动者在新旧岗位转换过程中可能带来的福利损失，未来应进一步加大教育培训、创业创新、社会保障等方面的政策力度。[②] 孟祺认为，数字经济的发展成为提升一国国际竞争力的关键，但会导致劳动力替代效应。数字经济的发展并不必然减少就业规模，而是替代效应和抑制替代效应并存，导致数字经济并没有减少就业。在就业结构上表现为在制造业内部促进高技术密集型就业数量，但减少劳动密集型产业和中技术密集型产业就业数量，在服务业上体现为数字经济促进了包括生产性服务业、消费性服务业和公共组织在内的就业规模。行业产出和人均受教育程度也对就业规模和结构有一定的积极作用。[③]

---

① 郭凤鸣：《数字经济发展能缓解农民工过度劳动吗?》,《浙江学刊》2020 年第 5 期。

② 王文：《数字经济时代下工业智能化促进了高质量就业吗》,《经济学家》2020 年第 4 期。

③ 孟祺：《数字经济与高质量就业：理论与实证》,《社会科学》2021 年第 2 期。

何宗樾、宋旭光认为，考虑内生性问题的回归结果显示，数字经济对非农就业，特别是受雇型非正规就业具有显著的促进作用，并且对创业者也产生了积极影响。人口特征、人力资本、社会资源以及金融资源禀赋等多个具体维度下数字经济对个人就业决策会产生影响。数字经济红利偏向于受教育程度较高的群体，并且有助于缓解个体创业的借贷约束以及社会关系资源不足的制约，能够显著促进他们的就业决策。① 戚聿东、丁述磊、刘翠花认为，基于中国家庭追踪调查数据的研究表明，互联网使用可以显著增加灵活就业者的自雇概率，概率增加 7.0%。无论是全样本还是自雇和受雇分样本，互联网工资溢价的替代效应大于收入效应，互联网使用显著增加了灵活就业者的劳动供给时间，而且对自雇灵活就业者的正向影响大于受雇者。机制分析显示，互联网使灵活就业者拥有更自由的价值导向和生活追求，增加了自雇就业概率，同时互联网通过增加个人工作偏好和收入水平进一步延长了该群体的劳动供给时间。此外，使用互联网学习、工作、社交等方式对灵活就业者劳动供给的影响存在异质性，与中老年和城镇户籍群体相比，互联网使用更显著地增加青年和农村群体的自雇概率和劳动供给时间。②

三、数字经济时代劳动关系新特征

数字经济的发展导致了工作性质和劳动关系的深刻变革。数字经济不仅使劳动过程呈现规模数据资源化、生产体系智能化、市场流通平台化的新特征，极大地提高了生产力水平，还使劳动关系发生了新变化。我国学者从资本主义社会典型生产方式与劳动关系出发进行了大量有益研究。刘伟杰、周绍东认为，在资本主义生产方式下，资本推动数据成为商品，生产数据商品的劳动包括雇佣和非雇佣两种形式，雇佣数字劳动主要在雇佣体系内

---

① 何宗樾、宋旭光：《数字经济促进就业的机理与启示——疫情发生之后的思考》，《经济学家》2020 年第 5 期。

② 戚聿东、丁述磊、刘翠花：《数字经济背景下互联网使用与灵活就业者劳动供给：理论与实证》，《当代财经》2021 年第 5 期。

生产“生产经营数据”，非雇佣数字劳动则主要在雇佣体系外生产“个人数据”“中间数据”和“公共数据”，资本家能够同时占有这两种劳动的成果及其剩余价值；为极大地拓展剩余价值来源，资本势力凭借技术进步偏向性从生产领域向生活领域入侵，将大量数字活动转化为非雇佣数字劳动，从事非雇佣数字劳动的劳动者被抽象为一条条数据从而成为“数字化个体”；“数字化个体”突破了传统资本主义生产方式在劳动时间、劳动人群和劳动空间等方面的限制，但其并不拥有关键性数字生产资料的所有权，成为被资本家剥削的对象，而资本为“数字化个体”再生产支付的代价大为降低，劳动对资本的依附性则进一步增强。可见，数字资本主义没有改变资本主义生产关系的实质，但拓展了剥削范围、提高了剥削强度、增强了剥削隐蔽性。① 张敏、李优树认为，从价值运动视角来看，数字化背景下资本主义劳资关系体现为价值生产领域不稳定性的提升、价值实现领域隐匿性的削弱与价值分配领域不平等性的加剧。马克思主义劳资关系思想表明，以资本主义私有制下的劳动异化为主导的价值运动构成了资本主义劳资关系演变的本质，内在规定了资本主义劳资关系始终表现为资本与雇佣劳动之间不平等的矛盾对立。伴随数字经济向纵深发展，资本主义劳资矛盾将持续转移深化并加剧资本主义阶级冲突。② 孙蚌珠、石先梅认为，在数字经济中，传统较为固定的企业资本雇佣劳动形式被打破，资本与劳动力的结合更多的是通过大资本数字平台进行的。劳动力通过数字平台与自有资本结合、企业通过数字平台与劳动力结合、数字平台与劳动力直接结合以及跨国数字垄断资本与劳动力的间接结合成为数字经济中资本与劳动结合的 4 种主要形式。劳资结合形式的变化，并没有改变数字资本索取剩余价值的生产关系属性，但是在社会主义市场经济条件下，可以通过协调数字资本劳资关系，发挥数字资本的生产功能

① 刘伟杰、周绍东：《非雇佣数字劳动与“数字化个体”——数字经济下资本主义生产关系的嬗变及启示》，《西部论坛》2021 年第 5 期。

② 张敏、李优树：《数字经济时代资本主义劳资关系演变的内在逻辑：批判与超越》，《财经科学》2021 年第 10 期。

属性，来推动数字经济发展。[①]

除此之外，对数字经济影响劳动关系的一般性而言，我国学者也进行了系统的研究。何爱平、徐艳认为，劳动资料数字化发展不仅使资本主义劳动过程呈现规模数据资源化、生产体系智能化、市场流通平台化的新特征，极大地提高生产力水平；还使资本主义劳动关系发生了新变化，即资本的逐利性使其趋向于通过智能化生产强制劳动，利用平台规则设定支配劳动，占有用户数据并以此控制劳动，从而加深了劳动对资本的实质从属。[②] 邓智平认为，从技术赋权的视角，通过分析数字技术对劳动关系的各个主体进行普惠但不均衡的赋权，发现数字经济条件下中国劳动关系转型不是遵循从个体劳动关系到集体劳动关系的传统路径，而是走向一种新个体劳动关系，其中的作用机制主要有模糊劳动者身份、劳资双方利益共生、工人内部团结机制失效、消费者介入转移矛盾、收益分配规则的公平透明等。[③] 李强认为，数字资本基于其对用户数据等关键要素的垄断，在深化雇佣劳动剥削的同时，卷入了大量具有服务劳动、知识劳动性质的无酬劳动。数字技术支持下的网络化要素连接和社会化协同生产模式打破时空局限，使整合碎片化无酬劳动具备了现实性；算法监控和游戏化管理等柔性控制手段的运用，使对无酬劳动的利用具有可获得性与可控性。数字资本对无酬劳动的吸纳表明了资本剥削范围的进一步扩张，并促进了数字社会化大生产的深化，但其本质目标仍是为了攫取无酬劳动创造的剩余价值。[④]

① 孙蚌珠、石先梅：《数字经济劳资结合形式与劳资关系》，《上海经济研究》2021 年第 5 期。

② 何爱平、徐艳：《劳动资料数字化发展背景下资本主义劳动关系的新变化——基于马克思主义政治经济学视角的分析》，《经济纵横》2021 年第 11 期。

③ 邓智平：《数字赋权与劳动关系转型》，《南方经济》2021 年第 9 期。

④ 李强：《数字经济对无酬劳动的卷入与规制》，《社会科学》2021 年第 11 期。

第二节 新业态与劳动关系

人工智能作为新一轮产业变革的核心驱动力，正在释放历次科技革命和产业变革的巨大能量。智能经济的发展不仅重构了生产、分配、交换、消费等经济活动各环节，也催生出了新技术、新产品、新产业。新业态的快速发展为劳动关系理论深化提供了新场景与新课题。

一、新业态具体行业中的劳动关系问题

周绍东、武天森认为，网约车是一种典型的平台生产方式。网约车司机行为具有非固定雇佣和工作连续性自主决策的特征，劳动对资本的形式从属在表面上有所弱化，劳动自由度有所提高。但同时，网约车司机行为也呈现出自我工作加压、习惯性被监督等特征，劳动对资本的实际从属有所加强，劳动者作为一个群体被禁锢在网约车平台。为重塑网约车平台劳资关系，对于使用私家车加入网约车平台的劳动者，行业管理的目标在于使其回归“共享经济”的本质。对于“平台＋租车公司＋司机”以及平台直接提供用车等模式中的劳资关系，应将其界定为正式的劳动关系而非劳务关系，通过规范化、法治化的行业管理以更好地保护劳动者权益。[①] 胡京认为，以外卖骑手、快递配送员等为代表的新业态从业人员，因新型用工形式、新业态运营模式，存在职业伤害风险大、缺乏有效法律制度保障的困境。享受职业伤害保障是新业态从业人员的基本权利，新业态企业应该承担相应的义务。只有平衡分配国家、新业态企业和从业人员的权利义务，才是解决困境的出路。建立职业伤害保障制度，解决保障制度缺失问题是国家义务；新业态企业承担代扣代缴、风险预防与管控等有限雇主义务；新业态从业人员承担缴费、

① 周绍东、武天森：《个体自由与集体禁锢：网约车平台的劳资关系研究》，《河北经贸大学学报》2021 年第 2 期。

有限风险预防与管控等有限雇员义务，并享有相应的职业伤害保障基本权利。[①]石佑启、王诗阳认为，随着技术进步、业态创新和消费形态升级，一大批数字平台企业快速崛起，"互联网送餐"等新业态应运而生。但在"互联网送餐"中，平台与送餐员之间的劳动纠纷日益增多，其中的劳动者权益保护等问题，已给劳动监察带来新的挑战，并引起法学界的关注。面对"互联网送餐"这种新业态，受限于规则设计滞后，理论供给不足，劳动监察亦面临困境。反思当前劳动监察形态，应从完善法律规制、加强劳动监察的数字化建设、推进劳动监察领域的公共治理等方面探寻新时期劳动监察的有效路径，加强对新业态下劳动者的权益保障。[②]尹少成认为，"互联网 +"与快递行业的结合，在催生快递新业态的同时，也给政府规制带来了新的挑战。在具体规制中，表现出规制理念不明确、规制依据不足、规制主体与对象不确定、规制方式滞后和规制内容不聚焦等问题，亟须构建快递新业态规制的法律框架。在规制理念上，要在严格规制与放松规制中寻找平衡，正确理解包容审慎规制理念；在规制依据上，注意现有立法的援引与专门立法的出台；在规制主体上，重视规制者的确定与被规制者的明晰；在规制方式上，构建符合快递新业态需要的多元规制方式；在规制内容上，把握新业态规制的重点方向，聚焦服务质量和安全问题。[③]侯思悦认为，以网约车司机为例，旨在保障劳动者合法权益、促进网约车新业态良好发展，对网约车司机的劳动保障问题进行浅析。[④]佟雪娜、郝珊认为，从保护表演者权利的角度出发，探究新形势下互联网环境中表演者权利保护的相关问题，提出在人身权利方面增加保护表演者形象的许可使用权、在财产权利方面增加二次获酬权、建

---

① 胡京：《我国新业态从业人员职业伤害保障问题及其解决》，《广东社会科学》2020 年第 6 期。

② 石佑启、王诗阳：《互联网送餐中劳动监察的困境及路径选择》，《江汉论坛》2020 年第 12 期。

③ 尹少成：《"互联网 +"背景下快递新业态规制的法律框架》，《北京行政学院学报》2020 年第 4 期。

④ 侯思悦：《共享经济下网约车司机劳动权益保障浅析》，《戏剧之家》2020 年第 17 期。

立表演者集体管理组织等建议。[①]

二、新业态中的劳动者权益保护研究

针对新业态劳动者权益保障问题的现状讨论与司法解释。周永波认为，随着新业态从业人员迅速增加，这部分人群的职业伤害保障问题日益为社会所关注，如何为他们提供符合其特点和需要的职业伤害保障，已成为一个亟须解决的问题。由于这是一个新问题，需要各方面集思广益，探讨交流。[②]瞿仁社认为，以电子商务、网络约车、网络送餐、快递物流、网络平台等为主要形式的新业态用工，其用工方式与传统的用工方式相比有较大变化，相伴而生的劳动用工问题也逐渐出现。如何加强对新业态劳动用工的规范和调整，切实保护劳动者和企业双方的合法权益，显得日益重要。[③]苏炜杰认为，当前立法中对新业态就业模式下劳动者劳动权的保障，存在二分模式导致劳动权内部体系不协调、劳动权稳定性和灵活性对立等问题。劳动法学研究中提出的劳动关系分层调整模式，也仅有助于在具体实践层面解决灵活就业人员部分劳动权利的实现，而全面保护新业态就业模式下劳动者劳动权实现的任务，则需要通过对劳动权本身内涵进行合理拓展这一形式实现。宪法劳动权和劳动法劳动权内部体系的协调，不同类型劳动者劳动权具体权利内容的丰富则是两种有效的应对手段。[④]

在国家政策与社会保障部门范畴内对新业态劳动者权益保障的讨论。堵琴囡认为，新业态劳动者权益保障问题的解决有赖于政策工具的科学选择。基于政策工具选择的政策网络研究路径，对该议题关涉的行为者的类别、目

---

① 佟雪娜、郝珊:《〈著作权法〉新业态下表演者权利的保护前瞻》,《人民音乐》2021 年第 11 期。

② 周永波:《关于新业态从业人员职业伤害保障问题的思考》,《中国人力资源社会保障》2020 年第 10 期。

③ 瞿仁社:《浙江衢州市新业态劳动用工保障问题分析》,《中国人力资源社会保障》2020 年第 10 期。

④ 苏炜杰:《新业态就业模式下劳动权内涵拓展》,《福州党校学报》2020 年第 2 期。

标诉求、资源及其关系作出分析，发现该政策网络具有规模大、行为者构成复杂、目标诉求冲突等特征，面临行为者互动程度低、缺乏清晰的行为规则、劳动者的政策网络影响力小等挑战，进而从操作层面、战术层面、战略层面提出解决新业态劳动者权益保障问题应选择的政策工具类型及其运用。[①] 黄勇、郑珊认为，新业态经济仍处在不断深入发展的过程之中，如何保障新业态从业人员的权益，尤其是因职业伤害造成的权益受损问题，是当前新业态从业人员亟待解决的问题。如何保证新业态从业人员在受到职业伤害时，经劳动能力鉴定部门鉴定后，公平、公正、科学、合理地转化为自身应享受的伤残待遇，是我们劳动能力鉴定部门需要开拓创新的课题，更是践行"六稳""六保"工作、围绕稳就业保民生谋划布局的一个重要抓手。[②] 赵娴认为，新业态催生众多互联网平台企业，其从业人员为互联网平台企业提供外卖配送服务，俗称"外卖骑手"。相关数据显示，外卖骑手是交通事故的高发人群。对比传统的工伤认定行政确认程序，社会保障行政部门在进行这些涉及新业态下外卖骑手的认定工伤过程中，存在一些困惑。赵娴从工伤认定之辩入手，结合司法案例，尝试厘清新业态下"外卖骑手"工伤认定的三辩，以探求保障劳动者的合法权益，保护互联网平台企业的灵活性，保证行政行为的公平和效率。[③] 翁仁木认为，我国新经济新业态发展迅猛，吸引了大量劳动力就业。尤其在 2020 年，新业态对稳就业、保民生发挥了重要作用。但新业态从业人员权益保障尤其是职业伤害保障也引发广泛关注。习近平总书记在 2020 年两会期间指出，新冠疫情突如其来，"新就业形态"脱颖而出，要顺势而为，把法律短板及时补齐，在变化中不断完善。多个国家政策文件提出要开展职业伤害保障试点。[④] 黄乐平、郝正新为了准确把握新业态从业人员的基本情况，了解其职业伤害和权益维护的真实状况，北京义联劳动法

① 堵琴囡：《新业态劳动者权益保障的政策工具选择研究》，《中国行政管理》2020 年第 9 期。
② 黄勇、郑珊：《新业态从业人员的劳动能力鉴定措施》，《人才资源开发》2020 年第 23 期。
③ 赵娴：《"外卖骑手"工伤认定之辩》，《中国人力资源社会保障》2020 年第 12 期。
④ 翁仁木：《职业伤害保障制度设计难点分析》，《中国人力资源社会保障》2020 年第 10 期。

援助与研究中心的课题组在 2019 年 5—6 月，对北京地区从事快递、外卖、闪送等服务人员进行了问卷调研。①

特别是新兴行业内部如何就社会保险进行扩围和认定，学界进行了丰富的讨论。张真康认为，新业态从业者鲜有工伤保险。② 罗娜认为，新业态将明显改变我们的生活和工作方式，就业形态的变化在未来一定会成为常态，这对依托于劳动关系的社会保险制度发展和传统的社会保险经办服务方式提出了挑战。我国现行社会保险制度中用于职工职业伤害保护的制度为工伤保险，新业态从业人员能不能参加工伤保险，如何参加工伤保险，当他们受到职业伤害时如何进行风险防范？这就是挑战的具体命题。③ 周乐、夏俊丽、周宏认为，随着我国平台经济、共享经济、数字经济的蓬勃发展，其中电子商务、网络约车、网络送餐、快递物流等新业态经济吸纳了大批的劳动力就业创业。在当前法律关系复杂、劳动关系判断标准滞后的情形下，采取“扬长避短、避重就轻”的方法，倒逼用工单位主动确认劳动关系，或者绕开劳动关系门槛按特殊参保主体而先行先试，创新地将新业态用工纳入工伤保险参保范围。④ 臧义茹认为，新业态下，灵活就业人员的工伤保险缺失，导致灵活就业者在遭到职业伤害时无法获得合理保障。因此，他对江苏省南通市、太仓市以及苏州市吴江区职业伤害保险的制度制定进行比较分析，提出了建设灵活就业人员职业伤害保险的建议。⑤ 谢明明认为，2018 年我国基本医疗保险参保覆盖面稳定在 95% 以上，参保人数超过 13.4 亿人，医保政策

---

① 黄乐平、郝正新：《新业态从业人员职业伤害保护调研报告——以北京地区快递从业人员为例》，《劳动保护》2020 年第 3 期。

② 张真康：《基于地方规制视角的新业态从业者工伤保险刍议》，《浙江工商职业技术学院学报》2020 年第 1 期。

③ 罗娜：《新业态对当前工伤保险制度和经办服务能力的挑战》，《中国人力资源社会保障》2020 年第 10 期。

④ 周乐、夏俊丽、周宏：《新业态用工参加工伤保险的可行性探究》，《中国医疗保险》2020 年第 10 期。

⑤ 臧义茹：《灵活就业人员职业伤害保险的探讨——基于江苏省南通市、太仓市、吴江区的制度比较》，《劳动保障世界》2020 年第 9 期。

全民覆盖已基本实现。但在医保改革稳步发展的进程中，我国基本医疗保险制度依然会出现由于各种原因导致的一些群体医保参保率较低情况，如新业态灵活就业人员、大学生群体和流动人口等人群参保率较低，同时城乡居民医保还存在着筹资水平上升导致的退保现象。[①]许东黎认为，互联网经济的飞速发展产生了许多新的业务类型或运营类型，而新的业务类型产生了多种就业形式，例如：自由职业者、灵活的就业者和兼职就业者。新业态形式的出现为弱势群体创造了许多灵活的工作和就业机会，但同时也带来了一些新的社会问题：工作贫困，缺乏社会保障和缺乏专业福利，对社会保障体系提出了新的要求。为此，需要对社会救助、社会保障和职业福利进行调整和改革，包括改善社会援助目标，扩大社会援助职能和发挥工会和行业协会的作用以获取职业福利。[②]吴江灵活就业人员职业伤害保险试点反映了新业态下劳动关系立法的必要性。浙江省适时制定职业伤害保险地方性法规，明确平台企业基于非从属性排除的为从业者缴纳职业伤害保险费的义务、无用人单位及自雇的劳动者自主参保等事宜，以无缝衔接工伤保险，在立法上具有合法性，于内容上也具有合理性。宋卓艺认为，从就业人员角度来看，劳动关系的界定与社会保险的缴纳成为问题的重中之重，他通过研究新业态发展背景与相关文献综述，提出新业态从业人员当前在工伤保险层面面临的问题，并进一步提出简单对策。[③]杨嘉恩的文章在分析和研究新型就业主体与灵活就业人员从业特性的基础上，对比和参考域外法律及社会保障制度，并结合国内的实践探索，探讨设计专门性的工伤保险机制，为“互联网 +”背景下新业态从业人员的工伤保险制度的构建提供建议和对策。[④]娄宇认为，2020年5月，中共中央、国务院发布了《关于新时代加快完善社会主义市场经济

① 谢明明：《我国基本医疗保险全覆盖的挑战及对策》，《中国医疗保险》2020年第1期。

② 许东黎：《新业态发展和多层次社会保障》，《质量与市场》2020年第15期。

③ 宋卓艺：《新业态从业人员的工伤保险研究综述》，《法制博览》2020年第11期。

④ 杨嘉恩：《“互联网 +”背景下新业态从业人员的工伤保险制度问题研究》，《法制与经济》2020年第4期。

体制的意见》，该意见将“健全统筹城乡、可持续的基本养老保险制度和基本医疗保险制度”作为构建高水平社会主义市场经济体制的一项重要任务，并特别提出“开展新业态从业人员职业伤害保障试点”。应当深入领会该意见精神，在法理层面上探讨网约工的工作性质与社会保险关系，为这一群体设计公平合理的社会保险法律制度。[①] 阳煜、刘辉霞、彭静志认为，随着新业态的发展，新业态从业人员已成为目前解决就业问题的重要途径。但是，新业态从业人员居高不下的工伤事故发生问题也越来越明显，新业态从业人员工伤经济损失较之传统稳定就业者甚是巨大，而新业态从业人员目前又无法被纳入工伤保险的制度保障范畴，建议尽快把新业态从业人员的工伤预防提上议事日程，以弥补新业态从业人员因工伤导致的巨大经济损失。[②] 李满奎、李富成认为，新业态从业人员同时面临着较高的职业伤害风险和从工伤保险“保护网络的缝隙跌落”的困境。现有的三类职业伤害保障模式均基于对传统工伤保险的反思与改革，其中工伤保险的调适路径最为可取。新业态从业人员的职业伤害保障根植于人权保障的理念，并以平等权、社会保险权和职业安全生产权作为直接的权利基础。针对制度的顶层设计，应以工伤保险和劳动关系适度“脱钩”为基础，依托数字时代的技术赋能，探索建立兼具强制性和灵活性的工伤保险体系。对于具体的制度构建，在强制性维度上，应在拓展工伤保险法定参保范围的同时实现待遇支付的社会化；在灵活性维度上，应根据从业人员的特点在工伤保险参保缴费、经办模式、工伤认定、待遇计发等方面作出相应的规则调整。[③] 鲁全认为，社会保障制度内嵌于经济社会体系之中，是应对劳动者风险的重要制度安排。社会生产方式决定了社会保障模式；社会保障模式选择的本质是对不同类型社会生产方式下

---

① 娄宇：《新业态的社保不能“悬空”》，《中国社会保障》2020 年第 8 期。

② 阳煜、刘辉霞、彭静志：《经济损失视角下新业态从业人员工伤预防的重要性探析》，《中国市场》2020 年第 20 期。

③ 李满奎、李富成：《新业态从业人员职业伤害保障的权利基础和制度构建》，《人权》2021 年第 6 期。

劳动者权益保护的制度设计。在以互联网平台为主要特征的新业态从业人员规模不断扩大的背景下，必须澄清社会保险权是基于劳动还是基于受雇劳动，平台就业是就业新形式还是资本新形式两项理论误区。我国当前社会保险制度的参保资格、缴费方式、基数确定等均存在不利于新业态劳动者参保的弊端。应当按照分类施策的原则，在优化社会保险制度的前提下，将新业态从业者按类型纳入现行社保制度中。[①] 娄宇认为，数字商业模式催生的新就业形态从业人员面临着职业伤害风险，但是他们与平台企业的关系难以被认定为传统的劳动关系，这个群体因此也难以被纳入现行的工伤保险制度。工伤保险建立在稳定的劳动关系基础上，该制度的无过错补偿、单位单方面缴费、预防康复与补偿相结合三项原则的法理基础是劳动者对用人单位的人格从属性，社会化经办原则的法理基础是私权的社会化实现。以职业安全风险高的众包网约配送员为研究对象进行分析，可以发现，这个群体与平台之间不存在人格从属性，但是具备社会化的同行业风险共担因素，应当以职工基本医保制度解决医疗待遇问题，再通过社会自治机制解决其他待遇问题。劳动关系的雇主替代责任建立在雇主指挥权的基础上，因此与职业安全保障密切相关的第三者责任也应当由平台企业负担。[②] 苏炜杰认为，现阶段应对新业态从业人员职业伤害风险的法律机制主要有工伤保险和商业保险两种模式，前者遵循无过失补偿原则，确保遭受职业伤害的劳动者可按照法定标准获得救济，但这种模式主要保障建立稳定劳动关系的劳动者群体。商业保险遵循经济对等性原则，导致收入不稳定的新业态从业人员难以通过持续缴费来获得稳定保障。构建专门的新业态职业伤害保险制度尤为必要，但在制度构建过程中却面临着认识不统一、存在路径依赖等困境。未来的新业态职业伤害保险制度应与劳动关系脱钩，且需采取扩大覆盖人员范围、出台专门立法、建立职业伤害基金、优化缴费方式以及完善职业伤害认定规则等具体

① 鲁全：《生产方式、就业形态与社会保险制度创新》，《社会科学》2021 年第 6 期。

② 娄宇：《新业态从业人员职业伤害保障的法理基础与制度构建——以众包网约配送员为例》，《社会科学》2021 年第 6 期。

措施。[①]

在新业态中的养老保险领域也是当前新业态劳动关系研究的热点问题。曹乘凤针对经济新业态从业人员的养老保险问题，主张借鉴美国个人退休账户制度，建立中国版“个人退休账户”。一是分拆“统账结合”制度，建立中国版“个人账户养老金”；二是加强信息化建设，建立全国统一的参保平台；三是增加参保激励，提高运行效率。[②] 贾坷霏以体面劳动理论为理论基础对我国新业态从业职业现状及特点进行研究，并在对现有文献资料研究的基础上，发现社会保险中的养老保险是新业态从业人员提高劳动质量的重要影响因素，据此提出完善新业态职业就业保障机制的政策建议。[③] 席恒认为，新业态的蓬勃发展使得新业态从业人员面临着更为严峻的职业替代风险与职业伤害风险、疾病风险与养老风险。相应地，这种灵活化、弹性化和松散化的就业形态与以雇主责任为基础、以月薪为基数的社会保险制度之间的“错位”，导致了新业态从业人员社会保险制度的参保困境。因此，需要通过融入型保障与共享型保障的制度设计，更好地保障新业态从业人员的劳动权益。[④]

三、新业态构建和谐劳动关系的研究

随着第四次科技革命的不断深化，以共享经济、平台经济、互联网经济为代表的新就业形态的产生与发展，成为劳动就业领域前所未有之大变革。新业态下劳动关系的和谐稳定有着更为重要的意义。赵乾认为，新业态经济的发展使得我国传统劳动关系面临着不容忽视的冲击与挑战，同时也产生了

---

① 苏炜杰：《我国新业态从业人员职业伤害保险制度：模式选择与构建思路》，《中国人力资源开发》2021 年第 3 期。

② 曹乘凤：《新业态背景下就业模式变革对社会养老保险的冲击及思考》，《中国经贸导刊（中）》2020 年第 5 期。

③ 贾坷霏：《体面劳动理论下新业态对养老保险提出新的需求》，《劳动保障世界》2020 年第 12 期。

④ 席恒：《融入与共享：新业态从业人员社会保险实现路径》，《社会科学》2021 年第 6 期。

新的特点和变化。作为维护劳动关系和谐稳定和劳动者合法权益的维护者和推动者，成都市各级工会组织有义务正视新业态经济复杂多样的形势和挑战，主动采取积极有效的对策措施，从而切实维护新型劳动者的合法权益，实现新业态下劳动关系的和谐稳定。[①]何永贵、姜莎莎基于现代人力资源管理功能体系，在分析新业态共享经济特点的基础上，研究分析了基于共享经济特征的人力资源管理功能的实现，初步构建了平台企业人力资源管理新模式，以期为平台企业人力资源管理提供一种有效实施路径。[②]苏晖阳在新发展理念引领之下，从社会资源统筹工具升级的角度解构共享经济下的新型用工模式，寻求宏观经济循环与个体权益保障的交汇点和平衡点，妥善处理效率与公平的关系、协调发展诉求与稳定和谐的需要，试图构建“第三代”社会法框架之下的新型用工关系规制系统，发挥共享经济自有的开放性、生产性和功能性效用。同时，通过梳理和总结域内外制度办法，从中把握新型用工模式法律制度配套建设的共性要素，借鉴学界研究经验，针对我国司法实践的困境与难题，提出针对此类劳动关系规章制度的创新方案以供参照。[③]王艳齐认为，企业人力资源管理是企业管理工作中最核心的内容，其直接影响企业的健康稳定发展。随着我国经济发展和产业结构转型升级，人力资源管理模式也开始逐渐从传统的企业合作模式发展到共享经济模式。新业态共享经济背景下，企业人力资源管理工作呈现新的特点，他在该基础上探讨了基于新业态共享经济的企业人力资源管理模式的构建。[④]孟泉从生产链的视角入手，以广东省6个城市的深度调查为基础，从不同类型的新业态企业、不同地区进行比较分析，发现了其用工方式的灵活多样性，并针对目前用工

---

① 赵乾：《新业态背景下成都劳动关系发展与工会对策法律问题研究》，《法制博览》2020年第36期。

② 何永贵、姜莎莎：《基于新业态共享经济的企业人力资源管理模式研究》，《管理现代化》2020年第1期。

③ 苏晖阳：《新型用工劳动关系的法律规制研究》，《中国人力资源开发》2020年第5期。

④ 王艳齐：《基于新业态共享经济的企业人力资源管理模式研究》，《商展经济》2020年第6期。

方面存在的问题，提出了相关的地方政府治理对策。[①] 于飞在新业态快速发展背景下，对新业态用工关系的基本特征进行了梳理。指出新业态用工具有灵活性、劳动关系松散性、用工关系复杂性等特点。对当前新业态用工中存在的问题进行分析，指出当前新业态用工方面存在制度缺失、保障缺失等问题。在此基础上对规范新业态用工提出初步建议。认为应当分类别，将新业态用工纳入劳动法律制度进行调整、双方权利义务由市场自主调节，以及给予从业人员必要的托底保障。[②]

新业态劳动关系认定出现的新挑战及政策建议。魏靖华认为，“互联网 +”时代背景下，传统服务业与互联网相融合后，为服务产品变革提供了新的方式，催生了大量基于互联网平台的新业态，与此同时也出现了劳动关系认定的难题。他从劳动仲裁角度出发，分析“互联网 +”时代服务业新业态中劳动关系的变化，明确劳动关系认定时面临的实际困境，提出解决劳动关系认定困难的建议，为劳动仲裁工作的顺利开展提供理论参考。[③] 王静媛认为，随着新业态经济的发展，我国的劳动关系相较于传统产业，产生了新的特点和变化，但同时也面临着新的冲击与挑战。工会作为劳动关系矛盾的产物、职工利益的代表者和维护者，面对新的复杂多样的形势和挑战，亟待采取积极有效措施，协调构建和谐劳动关系，充分发挥好维护职工合法权益的作用。[④] 李付俊、曹佳、鲍春雷基于灵活就业相关理论以及我国支持灵活就业发展的政策经验梳理，对灵活就业概念、演变过程及特征进行深入分析，同时结合 S 市灵活就业调查数据，发现灵活就业人员工作时间长、收入差距大、劳动权益缺失等实际问题，并从法律、就业服务、政策以及社保等角度提出当前形势下我国灵活就业发展新变化以及应对新问题的对策与建

---

① 孟泉：《新业态产业链企业用工问题及治理策略——基于广东省的调查》，《社会治理》2020 年第 8 期。

② 于飞：《规范新业态用工的路径探寻》，《中外企业家》2020 年第 16 期。

③ 魏靖华：《对“互联网 +”时代服务业新业态中劳动关系的分析》，《就业与保障》2020 年第 18 期。

④ 王静媛：《新业态下劳动关系及工会工作》，《天津市工会管理干部学院学报》2020 年第 3 期。

议。[①] 马晨晓分析了互联网新业态下劳动用工方式的特点，指出传统的思维方式已经不能准确定位劳动者与平台之间的关系。在互联网新业态下加强工会维权，必须明确新业态背景下企业与劳动者所构成的劳动关系类型：工会要树立互联网思维，明确新定位；要优化工会队伍建设，提升自身能力；工会要知法懂法用法，依法维权。[②] 鲍雨认为，经济新业态带来传统劳务派遣用工方式的变化，引发“关联”劳务派遣用工问题。“关联派遣”具有劳务派遣的一般特性，亦表现出多边供需结构关系特征，个别劳动者需要面对复杂的用工单位企业。应依赖法际整合路径规制“关联派遣”用工，通过对关联关系或关联企业本质属性的认识探究具体规则。原则上立法对“关联派遣”应保持谨慎态度，并需结合“关联派遣”用工方式探究用人单位责任和用工单位责任的具体实现途径，合理规范此类劳务派遣用工行为。[③] 刘鑫认为，新业态劳动者这一群体从其诞生之日起，职业不稳定、超时工作、劳动合同不规范、社保关系挂靠难、接续难等问题就一直伴其左右，困扰和纠结着他们。中国工运研究所在《新技术新业态新模式下职工队伍和劳动关系发展现状及前瞻》的调研报告中提出，新业态劳动者普遍面临劳动关系难认定、劳动者权益难保护、工会维权服务对象难明确等问题。这些问题客观上已经成为束缚新业态劳动者权益保护的“藩篱”。[④] 郭玮认为，新业态用工是经济形态改变、市场充分竞争与技术进步交互作用的必然结果，它正在改变传统的就业模式。与传统就业相比，新业态用工具有工作自主性高、薪酬计算方式多样、不签订劳动合同以及组织与劳动者相互约束、互惠互利的特点。它的诞生对我国现行就业数据统计、劳动关系认定、社会保险缴纳和治理能力现代化都提出了新的挑战。应对挑战，需要加强人力资源和社会保障政策的

---

① 李付俊、曹佳、鲍春雷：《新业态发展背景下灵活就业状况及对策分析——以 S 市灵活就业调查结果为例》，《中国劳动》2020 年第 6 期。

② 马晨晓：《互联网新业态下工会保障劳动者权益对策研究》，《新西部》2020 年第 16 期。

③ 鲍雨：《新业态背景下“关联”劳务派遣用工的行为解构和规制路径探究》，《宜春学院学报》2020 年第 1 期。

④ 刘鑫：《新业态从业人员行业集体合同适用性研究》，《中国工运》2020 年第 7 期。

创新。一是扩大劳动关系调整范畴，对新业态用工的劳动关系实行分类管理，切实保障新业态从业人员的基本权益，增加对新业态用工的政策供给。二是构建适应新业态用工的社会保险体系，分类规范、加强指导新业态从业人员参保工作，鼓励新业态从业人员全员参保，建立新业态从业人员工伤保险体系和重大职业伤害保险制度。三是建立新业态用工的多方协同治理体系，加强政府的数字治理能力，充分发挥行业协会的行业自律和引导作用，明确平台的主体责任，畅通新业态用工的申诉渠道等。① 董保华认为，传统业态劳动关系的调整涉及理论上的正本清源，新业态就业关系的发展更涉及历史条件的制约。就业关系的健康发展，需要建立非中心化管理及相应的社会保障制度。只有在经验总结、观念更新的前提下实行制度创新，新业态劳动者的权益才可能得到切实保障。②

除此之外，还有学者从多维宏观维度讨论了新业态劳动关系的发展与出现的问题。董成惠认为，新经济作为一种新业态，我国新经济的发展仍旧存在创新力不足，发展不平衡，分配机制不尽完善，产能效率低，市场竞争机制不充分，劳资关系紧张，社会保障机制不完善，法律机制不健全，监管套利现象比较普遍，各种错综复杂的社会、经济、法律问题亟待解决。为了确保新经济的高质量发展，必须不断完善我国新经济的法治建设，优化营商环境，建立由政府主导，市场主体、社会组织、社会大众共同参与的新经济治理机制，完善新经济发展的配套措施，建立公平、自由、高效、安全和环保的新经济社会经济秩序。③

钟仁耀认为，经济新业态蓬勃发展，已成为我国就业的新增长点，吸纳了千万量级的就业人员。但同时由于新业态就业方式的灵活性和多样性，以及相关法律政策还在完善过程中，新业态就业人员的劳动保障权益受到侵害

① 郭玮：《新业态用工治理与政策创新》，《中国人事科学》2020 年第 5 期。

② 董保华：《社会法“非中心化”调整模式的思考——新业态下劳动者权益保障的观念更新与制度调整》，《浙江社会科学》2021 年第 12 期。

③ 董成惠：《新经济高质量发展的法治保障》，《兰州学刊》2021 年第 1 期。

事件频发，劳动者难以维权。当前，应该从劳动关系的认定、社会保障制度的改革以及工会组织的健全等维度来保障他们的劳动保障权益。[①] 王一认为，中国劳动力市场正在经历数字化转型与商业模式变革，产生了为数众多的“新业态劳动者”。新业态劳动者的身份既有别于传统的“职工”，也不同于城乡“居民”，难以参与现行以“身份契约”为基础的“职工—居民”二元社会保险制度。要解决新业态劳动者的社会保险困境，就需要改变社会保险的“身份契约”基础，形成更具包容性的社会保险模式。“企业—社会共享型”社会保险模式尝试以普遍的“社会权利”为基础，形成面向全体社会成员的统一的社会保险制度，突破“身份契约”的局限，从根本上解决新业态劳动者的社会保险困境，保障全体社会成员在养老、医疗、意外伤害、收入中断等方面的权益，促进社会保险制度的良性发展。[②] 邓志强、李若瑜通过网络问卷调查和线上个案访谈，从生产、生活和生命 3 个维度探讨新业态从业青年生计脆弱性，从人力资本、社会资本、文化资本方向衡量其生计水平，从宏观制度失范、中观外部风险源与微观内部生计资本 3 个层面探究生计脆弱性发生机制。结果发现，总体上，新业态从业青年不仅存在着生计资本水平低的现实，还受到多元力量的影响，从而导致其面临着生计脆弱性风险。最后提出织密织牢“三张网”，即能力网、安全网和保障网，以期保障新业态从业青年生计安全和就业质量。[③] 朱小玉基于对部分网约车、外卖、快递等平台经济头部企业的研究，梳理了相关企业从业人员职业伤害保障的现实困境与政策障碍，总结了欧美国家“零工经济”从业人员保障的最新立法实践，对制度设计的几个关键问题进行了辨析。基于当前国情，建议在政策路径上允许劳动关系与社会保险权益适当分离，暂不主张提供完全社会保险权益，建议建立“社会保险责任分担，保障基本，商业经办”的新业态从

① 钟仁耀：《新业态就业人员的劳动保障权益如何维护》，《人民论坛》2021 年第 27 期。
② 王一：《新业态背景下“企业—社会共享型”社会保险模式探索》，《社会科学战线》2021 年第 4 期。
③ 邓志强、李若瑜：《新业态从业青年的生计脆弱性研究》，《青年探索》2021 年第 2 期。

业人员职业伤害保障制度。[①]

第三节 平台经济与劳动关系

随着新一轮科技革命和产业革命不断深入，平台经济给我们的经济发展、生活水平、劳动就业带来了巨大的影响。互联网平台经济的发展催生了新型劳动关系，一方面为劳动者提供了多元就业选择，另一方面这种劳动关系的弱从属性特征与平台有意“去劳动关系化”，使平台从业者被排除在失业保险的覆盖范围之外，面临着失业风险。

一、平台经济劳动关系的稳定性

孟现玉认为，将平台从业者纳入失业保险制度具有合理性，但社会保险与劳动关系捆绑、隐蔽雇佣与模糊雇佣并存和失业保险制度的不匹配又使之步履维艰。他建议在理论革新上，应将社会保险与劳动关系脱钩；在扫除障碍上，应正确划分平台从业者；在制度改革上，应合理界定非自愿失业，分类构建失业保险缴费机制，缩短失业保险缴费期限和完善失业保险待遇给付内容。[②]何平、高耀赢认为，解雇保护制度随着平台经济的发展而面临新的时代背景，但从我国的现实视角来看，目前的解雇条件规定看似严格，实则比较容易规避。在当今的平台经济下，传统解雇保护制度的实际保护效果并不理想，从长远来看，这既不利于劳动者权益的保护，又对和谐劳动关系的建构造成了损害，对此需要对解雇保护制度进行完善。结合我国特殊的国情和域外的相关经验，我国解雇保护制度在平台经济的影响下需在劳动关系认

---

① 朱小玉：《新业态从业人员职业伤害保障制度探讨——基于平台经济头部企业的研究》，《华中科技大学学报（社会科学版）》2021年第2期。

② 孟现玉：《互联网平台经济从业者的失业保险：制度困局与建构逻辑》，《兰州学刊》2020年第11期。

定、解雇标准以及救济措施方面予以调整以适应现实的制度需求。[①] 李敏等认为，平台经济在此次新冠疫情期间得到了快速发展，不但在有效保持防疫所要求的社交距离同时，满足了百姓的日常生活必需，更重要的是其提供了大量的就业岗位。他们首先分析“稳就业”与“保就业”的内在逻辑，阐述“稳就业”的大局观和长期性。然后基于经济学视角，运用统计年鉴数据计算就业弹性，剖析行业发展与平台经济融合对就业的吸纳效应，显示平台经济发展对保就业和稳就业岗位的正向作用。但同时从劳动关系视角，通过对平台经济灵活就业劳动过程分析，指出其有别于正规就业劳动关系导致就业的不稳定性，对稳定就业带来了挑战。他们最后界定了“灵活就业劳动关系”的内涵和外延，建议在发展平台经济以稳就业岗位的同时，从劳动者权益的具体 7 个方面系统思考灵活就业劳动关系的规制体系，以保障灵活就业劳动者的权益，化解发展平台经济对就业劳动关系的不稳定因素。[②] 刘玉琴认为，弹性的工作时间和灵活的就业方式推动劳动者从“单位就业”向“个体就业”模式转变，众包劳动者数量逐年提高，“稳就业”的积极作用得到较好发挥。同时，众包劳动者的法律关系和定位不同于传统劳动关系，劳动者在权益维护方面遇到了新情况、新问题，对提高新业态下的就业质量抱有更高期待。学界从平台经济的模式和运行特点出发，对互联网用工的劳动关系认定作了大量研究并提出了改进方法。刘玉琴选取平台从业人员中的众包劳动者为研究对象，从他们的切身关注出发，以期了解他们的权益诉求特点和现实存在的突出问题，提出更具针对性和可操作性的对策措施，回应互联网时代众包劳动者对权益保护的合理诉求。[③]

平台经济的最大特点就是大量灵活就业劳动者的出现。黎淑秀、许昌秀认为，技术变革带动平台经济灵活就业形式的兴起。青年中蕴藏着平台经济

---

① 何平、高耀赢：《平台经济下的解雇保护制度走向与应对》，《山东工会论坛》2020 年第 4 期。

② 李敏、刘采妮、白争辉、张春阳：《平台经济发展与“保就业和稳就业”：基于就业弹性与劳动过程的分析》，《中国人力资源开发》2020 年第 7 期。

③ 刘玉琴：《平台众包劳动者权益保护思考》，《经济与社会发展》2020 年第 3 期。

灵活就业的主要劳动力资源。全职型平台经济灵活就业青年的就业状况，在雇佣关系、工作保障、就业方式、劳动收入、劳动激励、工作监管等方面，都体现出了鲜明的特征。研究发现，这个群体在就业中面临着一些不可忽视的问题：“员工”身份缺位导致工作福利和社会保险空白；“不稳定性”与灵活就业如影随形；人力资本存量持续消耗等。这些问题的形成，与他们在劳动力市场处于弱势地位和相关社会保险法律制度的出台相对滞后有关。促进青年全职型平台经济灵活就业良性发展，需要党和政府以及社会高度重视，加强立法，创设“全职型平台经济灵活就业青年工作伤害保险管理平台”；优化平台用工算法管理规则；强化对全职型平台经济灵活就业青年的人力资本培训。① 石艳认为，随着互联网、大数据等新兴信息技术的发展，平台经济成为全国各地拉动经济增长和促进就业的重要方式。与此同时，平台经济在促进部门劳动人员实现就业的同时，也使这部分劳动人员拥有了一个新的身份即灵活就业人员。这部分就业人员具有不同于传统的、稳固的劳动关系，其具有劳动关系模糊化、劳动供给自由化、劳动激励数字化等特点，从而使社会保障权益的维护出现诸多难点。对此，她在分析困境和原因的基础上，从明确责任主体、优化缴费机制、补齐项目短板、建立救助体系和优化服务方式 5 个层面提出了破解策略。② 龙立荣、梁佳佳、董婧霓认为，平台经济在数字化技术的加持下为人力资源管理实践提供了新场景与新机遇，也带来了新的变化与挑战。他们从管理主体、管理过程、管理底层逻辑 3 个基本管理问题出发，对平台零工工作者的人力资源管理进行梳理，提出通过明确主体责任、完善法律制度、实行适度的“严进宽管”的管理制度、通过共建心理契约促进平台经济体可持续发展的相应对策。他们从明确平台雇佣关系主体、优化平台人力资源管理、尊重社会交换和心理契约 3 个角度分析平

① 黎淑秀、许昌秀：《全职型平台经济灵活就业青年的就业状况研究》，《青年探索》2020 年第 6 期。

② 石艳：《平台经济背景下灵活就业人员社会保障权益维护的策略研究》，《黑龙江人力资源和社会保障》2021 年第 21 期。

台零工工作者对人力资源管理带来的挑战，为未来平台零工工作者的人力资源管理提供研究方向，具有一定的理论与实践意义。[①]汪倩菡、赵勇、徐梦杰认为近年来，以互联网技术为依托的平台经济快速发展，促使灵活就业人员迅速增加。平台经济下的灵活就业与传统劳动形式不同，具有非正规化、非固定化、低门槛化等特点，与我国现行的社会保障制度不相适应，给我国社会保障体系带来了一系列挑战。当前平台经济下传统劳动关系界定机制失灵，灵活就业人员存在社会保险问题突出、缺少有效的权益保护渠道、参保意愿低等问题。针对这些困境，应该遵循充分权衡、适度放宽的原则来完善劳动关系认定机制；改革社会保险制度，扩大保险覆盖范围；完善相关法律法规，构建灵活就业者权益保护渠道；通过增加灵活就业人员的收入，完善社会保障的管理和服务水平等手段，提高灵活就业人员参保意愿，力求在维护灵活就业人群权益的同时支持平台经济与劳动者共同发展。[②]

二、平台经济劳动者权益保障

以“互联网 +”为依托，“平台 + 个人”模式得以迅猛发展。网络用工形式在促进生产力的同时也伴随劳动纠纷的频繁发生，如何对平台与网约工二者之间关系进行认定及对网约工群体进行权益保障是需慎重考量的问题。严妮等认为，随着互联网平台经济的飞速发展，新业态从业者规模日益庞大，对以正规就业人群为基础的社会保险制度造成了冲击。为进一步突破经济社会发展和就业模式转变带来的社会保险扩面难题，实现全民参保，通过对武汉市平台经济从业者代表性人群进行问卷调查，建议从劳动关系的认定、制度的设计和政策宣传等层面着力，构建平台经济从业者参保的激励机

① 龙立荣、梁佳佳、董婧霓：《平台零工工作者的人力资源管理：挑战与对策》，《中国人力资源开发》2021 年第 10 期。

② 汪倩菡、赵勇、徐梦杰：《平台经济下灵活就业人员社会保障问题与对策》，《长春理工大学学报（社会科学版）》2021 年第 3 期。

制。[①] 陈心心认为，为平衡“劳务提供者与平台”间及“公共利益与行业长远发展”间的利益关系，可以域外经验为参照，在考量本土环境后采取构建中间类型主体的稳妥之策，对不同群体的网络用工采取不同的保护措施，以求差异中的协调发展。同时，以短期协调为目标，完善社会保障体系、引导企业承担社会责任、创新工会工作形式，以达相同之功用。[②] 李才海、王妍认为，平台经济中用工关系存在着较高的灵活性和较弱的从属性，既有的劳动关系认定标准无法准确识别用工关系，使得平台经济下的许多灵活就业人员无法得到应有的权益保护。他们认为劳动关系认定标准需要从认定情形、从属性以及用工关系分类上进行调整，适应灵活就业的现实特征，向更多的从业者提供有效的权益保障，规范新经济形态的发展。[③] 梁娜娜认为，互联网经济的持续发展，催生了数量众多的网络平台从业人员，其劳动权益保护亟待加强。由于我国传统劳动立法中劳动权益和劳动关系紧密捆绑，使平台从业人员无法获得相应的劳动保护。若将平台从业人员作为第三类劳动者予以保护，由于身份界定标准复杂等，使第三类劳动者在制度设计上存在诸多障碍。应针对平台从业人员的具体特点，通过单独立法的方式，不断扩展其具体劳动权利。从当前的实践来看，应首先实现职业伤害受保障权和集体协商权，加强对平台从业人员的权益保障。[④] 于凤霞认为，基于网络平台的新就业形态在创造大量新的工作岗位和机会的同时，也给劳动者权益保护带来了新的问题和挑战。综观近年来我国各级各类政府部门出台的与规范平台企业用工行为相关的政策可以看出，我国在健全制度、补齐平台经济劳动者权益保障短板方面已进入“快车道”，完善平台企业用工和劳动保障制度已成为我国引导和规范平台经济健康发展的重要抓手。研究认为，未来我国劳

---

① 严妮、黎桃梅、周雨、李梦婷、王世娇：《新就业形态下平台经济从业者社会保险制度探析》，《宏观经济管理》2020 年第 12 期。

② 陈心心：《“互联网 +”背景下网络用工关系的认定与保护》，《唐山学院学报》2020 年第 4 期。

③ 李才海、王妍：《平台经济下灵活就业者用工关系研究》，《劳动保障世界》2020 年第 8 期。

④ 梁娜娜：《平台经济从业人员劳动权益的保障路径》，《中南民族大学学报（人文社会科学版）》2021 年第 10 期。

动保障制度建设将呈现四大发展趋势：制度将更加精准和差异化，构建和完善多层次的社会保险体系成为必然要求，新就业形态劳动者将纳入就业公共服务体系，多方协商共促的劳动者权益保障体系将加快建立和完善。[①] 于萌认为，随着新业态下平台经济的快速发展，平台劳动者权益缺失和保障困难等问题逐渐凸显。平台劳动力市场“灵活失衡”而“保障不足”是造成当下平台劳动者保障困境的主要症结。为顺应数字经济时代劳动力市场的变化趋势，提升我国平台劳动者社会保障政策的保障能力至关重要。一方面应当确保平台经济所固有的灵活性特征，另一方面需要加强保障性制度建设，尤其需要规范平台灵活用工与平等对话协商机制，重视积极的职业技能培训与人力资本投资，提升社会保障制度的包容性、保障性与创新性。[②] 杨欣认为，平台经济对网约工集体劳动权的行使提出了挑战。集体劳动权行使机制形成于大工业时代，工会会员资格与劳动关系结合紧密。平台经济颠覆了企业传统用工方式，网约工面临“劳动者”身份认定困境，既难以加入企业工会，又难以通过基层行业工会与跨区域经营的平台企业进行集体协商。研究认为，面对平台经济引发的挑战，有必要破除劳动关系“迷思”，将网约工纳入“生存权”进路下的“职工”范畴，为其组建或批准跨区域的高层级行业工会，探索与平台企业开展集体协商的方式，以工会治理现代化回应网约工集体劳动权保护需求。[③]

从法律角度来看，余少祥认为，由于立法滞后等原因，我国平台经济劳动者保护陷入很大困境，主要表现为劳动关系难以认定，劳动者缺乏劳动安全和社会保障，劳资权利严重失衡。事实上，平台经济中劳动关系的实质并没有改变，劳动者与平台的从属关系、平台对劳动过程的监管考核较之传统

① 于凤霞：《基于劳动者保护视角的平台经济规范与发展》，《中国劳动关系学院学报》2021 年第 5 期。

② 于萌：《在灵活性与保障性之间：平台劳动者的社会政策保护》，《南京社会科学》2021 年第 8 期。

③ 杨欣：《平台经济下网约工集体劳动权行使机制革新探讨》，《中国劳动关系学院学报》2021 年第 3 期。

意义上的劳动关系都没有改变，现行劳动法律制度仍具有适用性。平台经济劳动者保护的主要路径是，进一步完善劳动关系认定标准，扩大社会保险覆盖范围，加强对从业者的劳动保护，充分发挥工会的维权作用。未来我国劳动法律制度框架的基点仍然是，在劳动者权益保护和平台经济创新发展之间寻求平衡，促进经济社会健康、稳定、协调发展。[①] 岳经纶、刘洋认为，平台经济的蓬勃发展和平台经济从业者劳动权益保障的缺位形成巨大反差。平台企业规避社会保险费缴纳、规制新型雇佣关系的法律滞后、从业者职业风险担责主体模糊以及缺乏制度化的权益表达渠道等因素不同程度地损害了从业者的劳动权益。从业者劳动权益保障缺位的背后是政府对新业态的包容态度、企业追求利润最大化的目标和原子化从业者就业的现实需求，多元主体的理性选择相互作用，导致从业者劳动权益难以得到有效保障。政府应主导制定中国特色职业伤害保障制度，努力实现灵活性和保障性的平衡，平台企业和从业者自身也要扮演好各自在承担社会责任、强化维权意识与能力方面的角色，从而形成从业者劳动权益保障的合力。[②] 张莹认为，我国平台经济快速发展，在经济社会发展全局中的地位和作用日益凸显。伴随平台经济的蓬勃发展，加入其中的就业人员也随之增多，形成了有别于传统雇佣关系的灵活就业模式。平台和就业者不签订正式的劳动合同，只有简单的就业协议。因此，劳动者的社会保障权益得不到法律保障。把这种新型劳动关系扩大到《中华人民共和国劳动法》的认定范围，完善灵活就业人员的社会保障制度，优化平台企业的用工管理等问题迫在眉睫，亟待解决。[③]

① 余少祥：《平台经济劳动者保护的法理逻辑与路径选择》，《人民论坛·学术前沿》2021 年第 20 期。

② 岳经纶、刘洋：《“劳”无所依：平台经济从业者劳动权益保障缺位的多重逻辑及其治理》，《武汉科技大学学报（社会科学版）》2021 年第 5 期。

③ 张莹：《平台经济下灵活就业人员社会保障问题研究》，《营销界》2021 年第 22 期。

三、平台经济下劳动关系认定标准

刘向兵等认为，中国劳动关系研究植根于本国历史经验、道路实践和国情社情，经过 70 多年来 5 个阶段的发展，已经形成了中国特色的劳动关系理论体系，既借鉴西方的劳动关系制度，又摒弃了把劳动关系看成纯粹的经济关系、单纯用产权规则解决纠纷的思维。该理论体系认为，劳动关系中包含了政治关系，劳动关系双方在根本利益上是一致的。因此，劳动关系领域的矛盾，是根本利益一致基础上的具体利益差别的矛盾，属于人民内部矛盾。由此形成了国家主导的中国劳动关系治理体系的“四梁八柱”。当前，劳动力市场结构发生了基础性转变，经济发展已经由高速增长阶段转向高质量发展阶段，互联网平台经济的快速发展促进了各种新就业形态不断涌现，这些变化必然会带来劳动关系的变化和劳动关系研究的新议题。①

左丽认为，互联网平台经济的发展使得传统经济体制下的劳动关系认定受到冲击，新型的用工关系体现出充分的灵活性和独立性，现有的法律政策指导下的司法判例往往体现不同的价值选择倾向，但此类新型经济下的非典型劳动关系依然满足从属性的基本特征，只是存在强弱程度的不同划分。注重非典型劳动关系下劳动者权益的保障，需要打破传统两极化的分类调整模式，建立包含弱从属性劳动者的三级过渡式分类调整模式。在制度设计上，相较标准劳动关系下的劳动群体建立具有针对性的保护措施，平等保护就业者的人格权益、实现劳动者的社会价值目标，缓解劳动争议纠纷与社会压力。② 尹一水认为，平台经济的发展对劳动关系的认定标准提出了质疑，传统劳动关系的从属性标准似乎不能解决平台企业与司机之间的劳动关系争议和责任分担等问题。他通过整理发生在滴滴平台与司机间的劳动争议案件，比较分析发生在美国的 Uber 司机诉请认定雇佣关系案件，为保障网约车驾

① 刘向兵、闻效仪、潘泰萍、窦学伟：《中国劳动关系研究 70 年回顾与展望》，《中国劳动关系学院学报》2020 年第 2 期。

② 左丽：《互联网经济下劳动关系定位与权益保障》，《牡丹江大学学报》2020 年第 5 期。

驶员群体的劳动权益，提出从事网约车工作的累计劳动时间长且网约车工作收入占其个人总收入的比例高的司机与滴滴平台之间存在事实劳动关系。①李卓卓认为，大数据、互联网技术的应用催生了以平台作为载体的平台经济模式，如美团外卖、滴滴打车、e代驾，既促进了就业也创新了社会服务模式。但不可忽视的是平台经济也对传统劳动关系认定、劳动基准、社会保障等法律适用产生了影响。受影响最大的是平台经济下的非自雇劳动者，如外卖小哥、滴滴司机。区别于传统劳动者，其通过平台协议及认证而非劳动合同确立劳务合作关系，其与平台也不具有像传统劳动者那样强的组织从属性与人身附属性，其工作表现为更强的灵活性与自主选择性。劳动者作为劳动关系中的弱势一方，有必要对在平台经济下的非自雇劳动者的权益保护进行分析研究。②

胡磊认为，马克思劳动从属于资本理论表明，劳动从属性与劳动者的劳动过程控制权反向变化，明辨技术进步条件下劳动从属性强度的关键在于考察劳动过程控制权演化的特点和影响。在以网络和信息技术为支撑的平台经济下，劳动时间和地点等控制权向网约工转移，劳动的人身和组织从属性弱化；劳动过程控制权的生成根源由物质资本所有权向数据所有权扩展，劳动的数据从属性强化；劳动过程控制手段数字化且重点不一，劳动从属性多层分化；劳动过程控制主体向消费者扩展，劳动从属性易被遮蔽。有效保护网约工权益，需要以“自主劳动→从属劳动”为依据分类推进劳动关系保护，完善政府、工会、平台、消费者协同共促的社会保护。③陆海娜、陈以恒认为，由于平台经济的灵活用工新模式，平台经济下很多劳动者无法按照传统的劳动关系 / 非劳动关系的二元划分进行归类，基本处于无权利保障的状

① 尹一水：《网约车平台与私家车司机之间的法律关系定位——以滴滴出行平台为例》，《北方经济》2020年第4期。

② 李卓卓：《论平台经济下非自雇劳动者权益保护》，《现代营销（经营版）》2020年第3期。

③ 胡磊：《平台经济下劳动过程控制权和劳动从属性的演化与制度因应》，《经济纵横》2020年第2期。

态。平台经济中的劳动者作为通过劳动谋生存的人，应该享有基本人权，而其中最直接相关的是社会权利。美国学者提出的“独立劳动者”的概念与理论框架更有利于保护平台经济劳动者的社会权利，这一理论既有国际法的法律依据，又符合平衡劳动者保护和平台经济可持续发展的立法目的，也具有可操作性，因此有借鉴意义。结合中国的法律和社会经济现状，以国际人权法中涉及社会权利的理论与标准和国际劳工组织核心公约为法律依据，我们提出一种适合我国国情的保护平台经济“第三类劳动者”的新思路。[①] 中国劳动关系学院课题组认为，平台经济以互联网为载体，以“众包”的方式提供服务，对现有的企业定性、用工方式、工资报酬等均产生了颠覆式的影响，在“众包”之下，劳动者不再是个清晰稳定的概念，“劳动力提供者”此类的描述性概念再度被使用，传统以劳动关系为中心构建的劳动关系协调机制遭遇全新挑战。[②] 张雪娇、肖潇认为，作为最新一轮技术革命的产物，平台经济以数据为核心，以数字技术和互联网平台等数字基础设施为依托，成为社会生产新的组织形式，在劳动供需匹配、劳动过程、收入分配、法律界定与权责界限等方面，呈现出一系列新特征。平台经济下劳动关系的剥削属性并未消失，反而通过算法控制、剥削范围扩大与剥削形式创新，以更为隐蔽、智能的方式存在，并产生了以数据为核心的资本积累的新方式。我们需要在一定程度上规避和清除由此带来的风险与隐患，推动平台经济更好地服务于我国经济高质量发展与人民高品质生活。[③] 陈微波认为，研究互联网平台用工关系治理的理论建构问题对于促进平台经济的健康发展具有重要意义。围绕平台用工关系的治理，当前在学术界主要存在着传统劳动关系理论与双边市场理论两种截然不同的理论观点，二者对平台用工关系的性质、平

---

① 陆海娜、陈以恒:《社会权利视角下的平台经济“第三类劳动者”保护》,《人权》2020 年第 1 期。

② 中国劳动关系学院课题组:《平台经济下劳动力提供者权利保护与劳动关系协调机制创新》,《中国工运》2020 年第 1 期。

③ 张雪娇、肖潇:《自由灵活与隐蔽剥削：平台经济劳动关系属性的再思考》,《改革与战略》2021 年第 11 期。

台从业者的定位以及平台用工关系的治理模式等问题存在较大的认识分歧，在这种认识分歧背后隐含着制度治理逻辑与市场治理逻辑之间的争论。为了弥合围绕平台用工关系治理所产生的理论建构分歧，我们尝试将体现伦理治理逻辑的利益相关者理论作为一种新的理论资源引入平台用工关系治理。利益相关者理论兼顾了平台商业模式的创新与平台从业者的保护，有助于更好地协调平台经济发展初期错综复杂的利益关系。随着平台经济的发展，需要对平台用工关系治理领域出现的新问题予以更有说服力的理论诠释与指导。[①] 刘敏丽认为，随着互联网经济的发展，新兴的平台企业在解决我国就业问题的同时也带来了复杂的劳动争议问题，但我国传统劳动关系中的人格从属性和经济从属性的认定标准对平台劳动关系的认定依然具有很强的包容性，不需要针对平台从业者建立新的规则，但仍应当根据平台用工新的特点完善传统的认定标准，认定劳动关系更应当侧重经济从属性，对于平台从业者的保护可以尝试跳过劳动关系建立专门的社会保障制度。[②] 王嘉炜认为，平台经济的发展亟须对劳动关系的认定标准进行明确，在此基础上调整劳动关系的法律认定方式。我国现有的劳动关系从属性认定标准仍有一定的适用空间。但要想解决实践中劳动关系认定的难题，有必要在现有认定标准的基础上，对我国现行的劳动关系认定方式进行调整，即从要件式认定向要素式认定转变，并且对平台经济下的劳动关系进行要素式的实质性审查，防止要素式认定方法的泛化，以保护劳动者权益和促进平台经济发展。[③]

除此之外还有学者对平台经济的现实特点和新技术进行了讨论。邓智平足田野调研资料，以外卖平台中的“接单游戏”为切入点，对平台经济中外卖骑手的劳动过程与劳动控制进行分析可以发现，算法控制机制、薪酬激励机制与顾客反馈机制强化了平台资本对劳动的影响，而外卖骑手对工作自主

① 陈微波：《互联网平台用工关系治理的理论建构：三种理论视角的比较与反思》，《社会科学》2021 年第 10 期。

② 刘敏丽：《平台经济下的劳动关系认定》，《企业科技与发展》2021 年第 10 期。

③ 王嘉炜：《平台经济下劳动关系认定方式的改进》，《经营与管理》2021 年第 8 期。

性的认可、对平台规则透明性和公正性的感知以及对算法专制的被动“同意”，形塑了其“多接三五单”的意识，从而转化为“自我加压”式的超时劳动。与传统劳动控制相比，基于算法霸权的平台“接单游戏”更具隐蔽性。[①] 贾若凡、妥建清认为，平台经济作为一种新兴经济业态，是当前推动我国经济快速增长的新动力。平台经济的快速发展也为治理带来难题，特别是在平台竞争、信用规范、税收治理及从业者权益保障等方面，平台经济治理成为亟须解决的关键问题。在此过程中，需要通过制度和法律手段营造公平竞争环境，减小垄断行为的副作用；加强信用体系建设，为平台经济发展创造良好的信用环境；加快推进我国平台经济税制体系创新，提高税收管理水平；健全平台经济从业者法律权益保障体系，确保从业者权益。[②]

---

① 邓智平：《“接单游戏”与平台经济中的劳动实践——以外卖骑手为例》，《求索》2021 年第 3 期。

② 贾若凡、妥建清：《平台经济的治理难点与法律规制》，《人民论坛 · 学术前沿》2021 年第 4 期。

第六章

中国式现代化进程中的劳动关系研究

中国式现代化是我们党领导全国各族人民在长期探索和实践中历经千辛万苦、付出巨大代价取得的重大成果。进入新时代，党和国家面临的形势之复杂、斗争之严峻、改革发展稳定任务之艰巨世所罕见、史所罕见，以习近平同志为核心的党中央团结带领全党全国各族人民砥砺前行，在新中国成立以来特别是改革开放以来长期探索和实践基础上继续前进，不断实现理论和实践上的创新突破，成功推进和拓展了中国式现代化。中国式现代化在推进和拓展中，内涵、特质及价值导向是不断丰富与彰显的。其中，共同富裕是中国式现代化的重要特征，高质量发展是中国式现代化的本质要求，共享发展是中国式现代化的价值遵循。2020 年至 2021 年，学界基于中国式现代化的理论热点，从共同富裕、高质量发展、共享发展等视域就劳动关系问题进行了探索，初步展现了中国式现代化下劳动关系问题的研究图景。

第一节　共同富裕与新时代劳动关系

现代化作为一个世界范围内的发展现象和发展过程，体现出自 18 世纪工业革命以来人类社会的总体发展趋势。中国式现代化不仅顺应了这一发展趋势，而且体现出鲜明的中国特色，其最为根本的特点是中国共产党领导的立足于世界第一人口大国这一国情的社会主义的现代化。[①] 这个根本的特征决定了中国式现代化是全体人民共同富裕的现代化。全体人民共同富裕是中国式现代化的重要特征之一，这个特征使得中国式现代化显著区别于西方资本主义国家的现代化。中国共产党领导的中国式现代化是社会主义的现代

① 黄群慧:《共同富裕是中国式现代化的重要特征》,《光明日报》2021 年 9 月 7 日。

化，全体人民共同富裕是社会主义的本质要求。

共同富裕既可以是一个静态的结果，也可以是一个动态的过程。从前者来看，共同富裕不是少数人的富裕、贫富差距巨大的状态，也不是平均主义的同等富裕。从后者来看，要求动态把握发展生产力、消除两极分化等现代化的战略任务，形成既能促进生产力发展又能缩小贫富差距的现代化政策体系。党的十九届五中全会明确提出，到2035年我国要基本实现社会主义现代化，使全体人民共同富裕取得更为明显的实质性进展。劳动关系是现代社会的基本经济关系。扎实推动共同富裕，必然要关注和研究劳动、资本等生产要素，构建和谐劳动关系。为此，学者围绕以下几个方面展开了探析。

一、共同富裕与劳动关系要素

劳动者是劳动关系的主体要素，是实现共同富裕的主体力量。充分认识劳动者在共同富裕道路上的角色与地位，是动员劳动者奋斗追求共同富裕的基础和前提。2021年，学者围绕劳动关系中的主体要素进行了研究。有的学者从共同富裕的内涵入手展开分析，认为共同富裕是社会主义的本质要求，是消除两极分化和贫穷基础上的普遍富裕。“躺赢”是不现实的。仅靠一部分人、仅依靠部分力量是无法实现共同富裕，无法大力发展社会生产力的。而且，部分人的坐享其成对奋斗者来说也是不公平、不合理的。基于习近平总书记关于“全面建成小康社会，一个也不能少；共同富裕路上，一个也不能掉队”的相关论述，提出幸福生活是奋斗出来的，共同富裕的核心要义在于劳动者的共同奋斗；我国仍处于并将长期处于社会主义初级阶段，实现共同富裕还有很长的路要走，只有人人出力、人人尽责，才能聚集更多的力量与智慧。只有撸起袖子加油干，立足岗位、不懈奋斗，最终才能到达梦想彼岸，实现共同富裕。①

劳动者是共同富裕的创造者和体验者。保障每个劳动者的权益是共同富

① 高倩：《共同富裕　每个劳动者都不能缺席》，《安阳日报》2021年11月25日。

裕的基础。2021 年，为切实维护新就业形态劳动者劳动保障权益，经国务院同意，人力资源社会保障部等八个部门共同印发《关于维护新就业形态劳动者劳动保障权益的指导意见》，引发了学者对共同富裕与劳动者权益保护相关问题的思考。有的学者以举例子的方法说明了新就业形态劳动者的状况，如列举指出外卖作为近 10 年来从无到有的新产业，成长速度之快令人咋舌。中国 2 亿左右的灵活就业人数，其中有近千万的外卖骑手，包括全职的和兼职的，但哪一个都没有社保。这些没有社保的快递小哥们只能完全暴露在职业风险之下。2020 年上半年，仅杭州市涉及外卖、快递的电动自行车交通事故就发生了 808 起，杭州交警查处涉及这一行业的电动自行车交通违法行为 1.9 万余起。为此，应将外卖小哥等相关群体纳入最低工资制度保障范围，要求企业建立与工作任务、劳动强度相匹配的收入分配机制，明确发放时间和方式，确保按时足额发放。同时，科学确定工作量和劳动强度，合理确定休息办法，在法定节假日支付高于正常工作时间劳动报酬的合理报酬。①

有的学者从微观视角出发专门探究了共同富裕视域下劳动者 8 小时工作制与劳动者权益的保护。其认为 8 小时工作制是保障劳动者权益和维护劳动者体面劳动的重要制度安排，其实施效果关系到共同富裕目标的实现。马克思关于剩余价值的理论深刻揭露了资本利用超长工作时间剥削劳动者的内在逻辑，并指导世界无产阶级为缩短劳动时间而不懈努力。中国共产党自建立起也始终致力于维护合理的劳动时间制度。但从现实来看，8 小时工作制面临外部冲击和内部挑战，超时劳动倾向日益凸显，严重损害了劳动者的权益。具体来讲，表现为经济全球化中资本优势对劳动时间产生外部冲击；结构性失业带来就业市场失衡，将加剧劳动者之间的竞争，尤其是低技能劳动者之间在劳动时间上的竞争，给 8 小时工作制带来内部挑战；就业方式灵活化、非正规化给 8 小时工作制带来实践挑战。基于此，应从守正维度切入坚守无产阶级争取 8 小时工作制的努力初心、党不断维护和实现好劳动者权益

① 岑嵘：《保障每个劳动者权益是共同富裕的基础》，《每日商报》2021 年 8 月 20 日。

的奋斗初心、我国通过法律保障劳动者体面劳动的立法初心，从创新维度切入推动多元治理的模式创新、监督执法的手段创新、工会的组织和工作方式创新、企业的管理方式创新，实现劳动者体面劳动，促进劳动者全面发展，推动人民共同富裕。[①]

二、实现共同富裕的劳动关系路向

实现全体人民共同富裕，是社会主义的本质要求，也是中国式现代化的特质。从历史的维度、宏观的维度来讲，共同富裕不是没有差别的同步富裕，可以一部分人先富裕起来，先富带动后富。从现实的维度、具体的维度来讲，共同富裕的实现也需要通过构建劳动关系、完善劳动政策、改善劳动环境等方式来推动。2021 年，一些学者就专门从劳动关系的视角进行了思考。

有观点认为共同富裕的实现需要共同劳动、共同创新，认为在开启第二个百年奋斗目标之际，推动人民共同富裕是国家和社会发展的优先议程。在实现第二个伟大社会目标的过程中，关键在共同劳动。共同富裕首先是一个生产问题，是一个共同劳动问题。要达到共同富裕，就必然先要解决供给上生产出满足人民群众需要的产品及服务，无论是在量上还是在质上，这都需要人们通过共同劳动，以获得目标的最终实现。另外，共同富裕也是一个创新问题。只有不断创新，人们不断升级的需求才能获得满足，才会带动供给总量的增加，循环地促进经济不断迈向更高质量的发展水平。通俗地说，共同富裕就是在做大蛋糕之后，再做好蛋糕，这就必须依靠创新。若没有创新，就没有好的发展，就难以实现共同富裕。[②]

有观点认为实现共同富裕要完善劳动法律制度。首先，可以参照民法典

① 黄国武、邵小凤、涂伟：《共同富裕背景下劳动者 8 小时工作制的思辨：守正与创新》，《社会保障研究》2021 年第 5 期。

② 本报特约评论员：《共同富裕，就要共同劳动共同创新》，《中国房地产报》2021 年 9 月 13 日。

立法程序，通过制定劳动法典来审慎发展社会福利制度，确立勤劳致富的发展思路，将勤劳致富上升为国家的基本国策。盲目地发展高福利的制度，短时间内可能帮助很多人富裕，然而这种制度不可避免会滋生懒惰、“躺平”的风气，这是不可持续的，而且欧洲很多国家已经为我们敲响了警钟。另外，制定劳动法典还涉及国家的个人所得税制度改革，建议通过降低个人所得税，有效增加劳动者的到手收入，保障其尽早通过勤奋劳动实现富裕。在此需要注意的是，劳动法典的重大意义毫不逊于民法典。起草劳动法典涉及各方利益博弈，将是一个复杂的系统工程，需要党中央从战略全局的高度来加强统筹。建议参照制定民法典的程序，由全国人大常委会法制工作委员会统一牵头，成立劳动法典编纂工作领导小组及起草专班，把起草工作尽快提上议事日程。其次，要重构劳动违法案件处理程序。为避免法院、劳动监察部门和劳动仲裁机构间的踢皮球现象，要通过制定劳动法典，全面修改劳动争议调解仲裁法，重新构建劳动纠纷案件的处理程序。将劳动仲裁机构与劳动监察、保险稽核等部门合并，建立新的强有力的劳动监察体系，以处理绝大多数侵害劳动者权益的案件；对于工伤认定，借鉴交警认定交通事故程序，通过劳动监察调查来确认；从法律上鼓励劳动监察使用简易程序处理案件，以提高案件办理效率；对违法用工单位拒不改正或情节恶劣的，加大处罚力度。[①]

有观点认为实现共同富裕应构建和谐劳动关系。在深刻领会构建和谐劳动关系的重要意义基础上，要完善制度，创新完善企业工资分配宏观调控制度。要引导企业建立符合技能人才特点的工资分配制度，形成高技者多得、多劳者多得的价值导向。要健全国有企业市场化薪酬分配制度，完善国有企业负责人薪酬、工资总额和内部分配管理政策，确保工资分配既有激励又有约束，进一步激发国有企业内在创造力。此外，还要优化服务。优化劳动关

① 蒲晓磊:《佟丽华建议完善劳动法律制度全面保障劳动者合法权益——制定劳动法典助力实现共同富裕》,《法治日报》2021 年 10 月 19 日。

系公共服务，健全基本公共服务体系，完善共建共治共享的社会治理制度。加强对企业用工的分类指导，以平台企业为重点，引导企业贯彻落实《中华人民共和国劳动法》《中华人民共和国劳动合同法》，明确劳资双方的权利义务，做到依法规范高效用工，切实提高劳动者的就业质量。要强化劳动关系协调员队伍建设，有计划、有组织地培养一批劳动关系协调员队伍，提升劳动关系协调协商业务能力。要切实加强构建和谐劳动关系载体建设，积极组织开展和谐劳动关系创建活动，将解决职工最关心最直接最现实的利益问题纳入创建活动。通过构建和谐劳动关系的深入推进，促进高质量就业，为推动实现共同富裕提供保障。①

还有观点认为共同富裕的实现要坚持劳动伦理原则。强调社会主义共同富裕不仅是社会政策是否合理，还有一个不能忽略的关键点——社会主义是讲劳动伦理的。对应到分配制度，最重要的是初次分配，因为社会主义有劳动伦理，无论是个人幸福还是社会发展都要依靠自己的奋斗，通过努力劳动提高收入，而二次分配、三次分配起到辅助补充作用。即共同富裕的实现不仅要有一个良性运转的经济和社会制度，还要讲劳动伦理。②

第二节　高质量发展与新时代劳动关系

实现高质量发展是中国式现代化的本质要求之一，习近平总书记指出，“高质量发展是全面建设社会主义现代化国家的首要任务”。高质量发展为全面建设社会主义现代化国家提供更为坚实的物质基础。没有坚实的物质技术基础，就不可能全面建成社会主义现代化强国。我国经济发展在经历高速增长以后，已从中低收入阶段迈向高收入阶段，取得了举世瞩目的经济成就，但我国仍处于社会主义初级阶段，人均国内生产总值同发达国家相比差

① 张玉芳：《构建和谐劳动关系　扎实推进共同富裕——四川省法学会劳动和社会保障法学研究会 2021 年年会举行》，《四川劳动保障》2021 年第 12 期。

② 《共同富裕要讲劳动伦理》，《济南日报》2021 年 12 月 17 日。

距仍然较大。这就需要以创新、协调、绿色、开放、共享的新发展理念引领经济发展方式的根本转变，实现从依靠要素投入量的扩大转向主要依靠要素生产率和全要素生产率的提升，实现技术创新、制度创新等方面的创新。立足新发展阶段、贯彻新发展理念、构建新发展格局的过程，高质量发展的要求与劳动关系有着密不可分的联系，都会影响到劳动关系的建立、存续与和谐。因此，2021 年，学界围绕着高质量发展与劳动关系相关问题进行了一定的探索和研究。

一、开展劳动竞赛推动高质量发展

劳动竞赛是国有企业中常见的一项调动职工积极性、提高企业生产经营效率和管理质量的有效措施。2021 年，中华全国总工会制定下发了《劳动和技能竞赛规划（2021—2025 年）》，对“十四五”时期开展劳动和技能竞赛作出全面部署，更加注重以职工为中心和坚持创新引领，紧扣坚持创新核心地位引导职工参与科技创新，紧扣激发人才创新活力提升职工技能水平，为高质量发展提供强大人力支撑。这一规划的出台推动了学者就以劳动竞赛方式推动高质量发展的相关研究。

劳动竞赛在推动高质量发展中发挥着重要作用，是高质量发展的助推器。从个案视角考察这一作用是学者关注的一个方面。例如，有的学者以中国兵器北重集团为例，总结了其通过各类劳动竞赛和合理化建议活动，积极营造了“全员关心、全员参与”的大干氛围，把职工的主人翁精神激发出来，即完即奖，现场命名表彰，以“竞赛先锋”“工人先锋号”等优势品牌凝聚力量，推动了公司高质量发展。[①] 有的学者以天津疏浚公司为例，总结了其实践模式，认为其以中心工作为劳动竞赛主导，把新签合同额、营业收入、利润总额等各项主要经营管理指标作为总体竞赛目标，把零事故、零伤害、零污染作为安全管理目标，把单位工程一次交（竣）工验收合格率 100% 及

① 郭新燕：《劳动竞赛是高质量发展的“助推器”》，《现代班组》2021 年第 1 期。

杜绝重大质量事故作为质量管理目标，为竞赛搭建多样平台，达到科学有效降本增效、实现产值利润双突破的目的。归纳这一工作实践，可得出五条宝贵经验。一是坚持党的领导，在劳动竞赛开展过程中充分发挥党委把方向、管大局、促落实的核心作用，以高质量党建引领高质量发展；二是围绕中心工作，以各项生产经营指标为着力点和落脚点，促进劳动竞赛见实效；三是发挥全员作用，基于自上而下的劳动竞赛组织体系，优化提高全体职工参与感、荣誉感、获得感，弘扬劳模精神、工匠精神，进一步激发广大职工干事创业热情；四是创新工作机制，以全年劳动竞赛为框架，构建不同时期主题、不同主体、不同分项类别交叉组合的体制机制，按需定题、以赛解题、创新扩题，确保劳动竞赛做细做实做好；五是突出文化导向，将劳动竞赛对企业文化直接生动的表现形式与企业文化对劳动竞赛的导向作用充分结合，为劳动竞赛注入新鲜活力。①

还有学者以调查研究的方法就内蒙古地区深入开展劳动和技能竞赛，推动企事业单位高质量发展状况进行了分析。调研发现对在劳动和技能竞赛活动中评选出的优秀团体和先进个人及劳动模范进行精神和物质上的奖励，不仅充分发挥了劳动者主人翁的作用，而且激发了职工建功立业的积极性和主动性，有助于推动企事业单位高质量发展。但其存在着缺乏适合本单位可持续发展规律的竞赛机制，地域性、民族性不强；竞赛结果与实际生产效益联系不紧密；非公有制企业工会经费不足，开展劳动和技能竞赛定位和目标模糊；开展劳动和技能竞赛形式化；在劳动和技能竞赛的宣传力度上欠缺等问题制约了其在推动企业高质量发展上的作用。为此，提出要从注重一线职工的劳动创新，注重提高职工思想上的主人翁意识，注重各企事业单位行业间交流，构建符合单位发展的竞赛管理机制，企事业单位工会发展时刻保持与

① 胡南、蔡琪：《以高质量劳动竞赛助推企业高质量发展　天津疏浚开展 2021 年度劳动竞赛的实践与思考》，《求贤》2021 年第 12 期。

时俱进等方面着手努力提高企业高质量发展的生产效益。[①]

二、构建和谐劳动关系助推高质量发展

劳动关系是最基本的社会关系之一。劳动关系和谐与否，事关企业发展和职工利益，事关经济发展与社会和谐。当前，我国正处在全面建设社会主义现代化国家、向第二个百年奋斗目标进军的关键时期，构建中国特色和谐劳动关系的意义重大。特别是大力推动构建中国特色和谐劳动关系，有助于促进劳动关系双方的互利共赢和经济社会各项事业高质量发展。基于此，2020 年至 2021 年，学界围绕着高质量的和谐劳动关系、高质量发展视域下的和谐劳动关系构建等问题进行系列探究。

在我国乘势而上开启全面建设社会主义现代化国家新征程的关键阶段，深入推动高质量发展对高质量和谐劳动关系也有着较强的需要，也激发了学者对此问题的关注和研究。有研究者系统分析了高质量构建和谐劳动关系的理论依据、现实挑战和应对策略。在理论依据上，认为从马克思在《德意志意识形态》中提出的“物质生产劳动”、《1844 年经济学哲学手稿》中提出的“异化劳动”概念、《资本论》详细阐述的“剩余劳动”“自主劳动”等理论，到习近平总书记关于“人类是劳动创造的，社会是劳动创造的”重要论述等劳动价值理论，是指导构建和谐劳动关系的理论纲领。在现实挑战上，认为随着新生代劳动者进入就业市场，其对劳动关系的关注点和聚焦点相较于老员工有明显的多元化、个性化特征，尤其是很多 90 后、95 后员工在文化娱乐生活、工作成就感、企业劳动地位等劳动关系指标方面的诉求较为强烈；我国经济进入新常态阶段后，经济下行压力加大、叠加交通出行方式多样化的转变，对企业经营带来了冲击，劳动关系稳定性趋弱，同时新业态下灵活的劳动关系，可能会产生一些劳动纠纷、劳动调解仲裁事件，维护劳动关系

---

① 张鑫：《深入开展劳动和技能竞赛，推动企事业单位高质量发展的调查研究》，《包头职业技术学院学报》2021 年第 9 期。

的和谐稳定工作任重道远。另外，应对部分潜在劳动者发生极端行为事件的处置机制和舆情机制也尚不完善。基于此，在对策和建议上，认为要强化劳动关系的源头治理理念，努力构建“预防为主—源头治理—整体推动”的“三位一体”工作流程；要营造强烈的和谐劳动关系文化氛围，在企业内部宣传、渲染和谐劳动关系文化，促进劳资双方形成“参与、共享、合作、共赢”的良好氛围；加强工会工作的改革创新；完善劳动关系协商协调模式。[①] 有研究者认为当前，我国劳动关系呈现多元化发展趋势，劳动者的利益诉求及其表达方式更加多样，这对优化劳动关系公共服务提出了更高要求。在新发展阶段，必须围绕劳动关系的新趋势与新变化，全面贯彻落实新发展理念，逐步构建高质量和谐劳动关系公共服务体系。[②] 还有学者认为经济新常态对劳动关系领域产生了较大的影响，但同时也带来一些新的机遇。新时代我国劳动关系实现高质量发展是促进劳动关系和谐的必然要求。这一艰巨工程所涉利益主体纷繁复杂，因而不能采取传统上某种单一机制或方案，而是要综合各种现实情况，从多方面入手形成中国特色劳动关系的治理体系，来促进新时代劳动关系高质量发展。[③]

构建高质量的和谐劳动关系的旨趣在于推动经济社会高质量发展。因而，高质量发展视域下的和谐劳动关系构建也是学者关注和研究的重要问题。有学者以与和谐劳动关系同义的新型劳动关系为关键词，从三个方面探究了其对于民营企业实现高质量发展的必要性。其一，有助于保留与吸引民营企业人才。劳资双方能够融洽相处，充满温暖友善的企业良好发展环境可以达到吸引优秀人才的效果，对于推动民营企业的发展有着积极的意义。其二，有助于提升民营企业员工对于企业管理的满意程度。真诚关怀企业劳动者，严格约束企业管理人员的日常行为，创造更高层次的民营企业员工满意程度，将会直接影响到民营企业绩效。其三，有助于营造优良的民营企业文

---

① 王丽:《高质量构建和谐劳动关系的思考和建议》,《城市公共交通》2020 年第 6 期。
② 张承孝:《构建高质量和谐劳动关系公共服务体系》,《中国劳动保障报》2021 年 12 月 4 日。
③ 张嘉昕、唐鑫:《新时代高质量发展下的和谐劳动关系构建》,《学术研究》2020 年第 5 期。

化氛围。充满和谐性的民营企业文化氛围将会帮助民营企业树立优良的企业品牌，提升民营企业的市场信誉程度，更好促进企业的高质量发展。[①] 有学者认为民营企业要更加适应经济新常态的转型和高质量发展，必须以切实维护劳动者合法权益和民营企业切实利益为根本的出发点和落脚点，着力加强民营企业劳动人员素质建设，提高劳动者收入水平；保护与尊重劳动者的权益，依法合规地签订劳动合同；加强劳动合同管理，减少民营企业与劳动者双方产生的争议和矛盾；落实休息休假制度，维护劳动者合法权益。[②] 有研究成果还专门摘编了民营企业构建和谐劳动关系以推动企业高质量发展的基本经验，其中非常关键的一条就是坚持建立工资集体协商制度，落实各项维护职工劳动保障权益工作。健全“五有”保障机制。承诺“按时足额发工资”，积极协调解决职工工作生活中遇到的实际困难，营造积极融洽的劳动关系。[③]

三、劳动教育与高质量发展

劳动教育事关治国理政、强国富民、立德树人，劳动关系的和谐稳定程度影响并决定着社会和谐稳定。积极开展劳动教育，对于建立和谐的劳动关系，进而推进经济社会高质量发展是有积极意义的。

宏观维度是考察劳动教育高质量发展的重要视角。有学者系统分析了中国特色、中国风格、中国气派的高质量劳动教育体系的构建，认为高质量劳动教育体系的构建有三个方面的重大价值：其一，中国教育进入高质量发展时代，建构德智体美劳全面发展的教育体系是对国家发展大战略的积极回应。其二，劳动教育对于全面贯彻党的教育方针、落实立德树人根本任务起着不可替代的作用，要有“高质量”的意识。因为高质量劳动教育，是劳动

① 彭雅娟：《基于高质量发展的民营企业如何构建新型的劳动关系》，《质量与市场》2020 年第 20 期。

② 汪恭礼：《高质量发展背景下民营企业新型劳动关系构建》，《财金观察》2020 年第 1 辑。

③ 朱永康：《构建和谐劳动关系　助推民营经济高质量发展》，《中华工商时报》2021 年 2 月 9 日。

教育进程中的一个必然阶段。其三，高质量劳动教育是对当前劳动教育仍存在的一些形式主义问题和没有聚焦在高质量发展上的反思。在把握高质量劳动教育构建意义的基础上，要注意到劳动教育的高质量，它不是孤立的，是全面发展的高质量，不要把劳动教育和全面贯彻落实党的教育方针相分离；认识到劳动教育仍要吃苦、要流汗，要以体力劳动为重点，核心是价值的体认，但是不能只出力只出汗，还要手脑并用；明确劳动教育的高质量实际上是使劳动成为学生的一种生活常态。基于此，要着力从建立劳动教育常态化实施的机制，大中小学协同创新等维度推动构建中国特色、中国风格、中国气派的高质量劳动教育体系。①

微观维度也是透视劳动教育高质量发展的一个视角。有学者专门总结了基于实践基地构建出的劳动教育高质量发展体系，将其概括为“一四五”劳动教育高质量发展体系，即“一个中心——劳动教育基地”“四维贯通——基地、学校、家庭和社区”“五育融合——‘劳动+’实践活动”。②有学者分析了高质量幼儿教育的价值追求与实践理路，认为幼儿劳动教育的“高质量”内涵包括两个层面，即在劳动中“树德”“增智”“强体”“育美”“创新”，达成幼儿的完满人格；既源于幼儿的现实生活，又服务于幼儿的将来生活，在幼儿生活中悄然发生，使幼儿更容易感受劳动的特征、理解劳动的规律，进而在直接感知的基础上获得劳动态度、劳动行为方面的发展，实现“好的教育”。其指出，当前幼儿劳动教育存在着误区，即劳动教育内容窄化：“体力式”“简单式”，劳动教育价值单一化：“任务式”“奖赏式”，劳动教育体验浅表化：“他人式”“娱乐式”。产生这些误区的原因在于劳动场域狭隘，资源不丰富；劳动内容单一，体验不充分；劳动经验残缺，成果不完整。事实上，做好幼儿劳动教育可以促进幼儿身体的发展，促进幼儿心灵的发展。为此，要根据幼儿身心发展特点，以萌发劳动情感为核心目标，以自我服

---

① 成尚荣：《构建中国特色、中国风格、中国气派的高质量劳动教育体系》，《劳动教育评论》2021年第1期。

② 欧建、邓达：《基于实践基地构建劳动教育高质量发展体系》，《四川教育》2021年第Z3期。

务性劳动、公益性劳动、亲子性劳动为内容范围，以“泛在”“在场”“集体”“整体”“建构”为实施原则，据此改善教育实践，贯通大中小幼劳动教育一体化。①

推动劳动教育的高质量发展还要抓住契机。中共中央办公厅、国务院办公厅于 2021 年 7 月印发了《关于进一步减轻义务教育阶段学生作业负担和校外培训负担的意见》，为学界以“双减”为背景开展劳动教育高质量发展提供了理论生长点。有学者认为，在建设高质量教育体系和全面落实“双减”任务的时代背景下，亟须发挥学校劳动教育在促进学生全面发展和提升教育质量方面的主阵地作用，以高质量学校劳动教育落实《中共中央 国务院关于全面加强新时代大中小学劳动教育的意见》。具体来讲，需要严格依据“双减”精神，从学生身心发展的现实水平出发，以学生多方面兴趣的满足为指引，不断创新教学方法与模式，充分利用信息技术手段，借助虚拟仿真与人工智能等，调动并满足学生多样化的劳动兴趣与需求，让学生在教学中不仅能够了解传统社会的劳动知识与技能，更能够接触和学习现代社会所需要的劳动知识与技能，充分发挥学校劳动教学之于学校教育高质量发展的重要作用。与此同时，还要建立以增值评价为导向的学校劳动教育评价机制，建立学生劳动教育评价档案，关注学生在参与具体劳动实践的过程中，在认知、经验、知识、态度、价值观等方面发生的具体变化，重视对学生应用劳动知识与劳动技能创造性解决问题能力的评价，突破唯量化标准评价的窠臼。如此，才能在“双减”背景下，推动学校劳动教育的高质量发展。

四、职工力量与高质量发展

习近平总书记在 2020 年全国劳动模范和先进工作者表彰大会上强调，要大力弘扬劳模精神、劳动精神、工匠精神，充分发挥工人阶级和广大劳动

① 陈琼、柳友荣：《高质量幼儿劳动教育的价值追求与实践理路》，《中国人民大学教育学刊》2021 年第 4 期。

群众主力军作用。2021 年是“十四五”开局之年。立足新发展阶段、构建新发展格局，推动高质量发展，必须深入学习贯彻习近平总书记关于工人阶级的重要论述，凝聚广大职工的奋进力量，以只争朝夕的精神状态和一往无前的奋斗姿态，为全面建设社会主义现代化国家开好局、起好步作出应有贡献。[①] 在习近平总书记相关重要论述的指导下，学者围绕着职工与高质量发展等方面进行了一定的探究。

激发职工创新创造活力，对于推动企业高质量发展意义重大。在政治导向上，激发职工创新创造活力是落实依靠工人阶级根本方针的必然要求；在目标导向上，激发职工创新创造活力是建设高素质专业化产业工人的迫切需要；在实践导向上，激发职工创新创造活力是解决企业发展痛点难点问题的重要举措。因此，为发挥工人阶级主力军作用，推动企业高质量发展，要从开展大竞赛，积累创新创造成果；建设大学校，提升创新创造能力；搭建大平台，激发创新创造活力；培育大文化，营造创新创造氛围等维度着手。[②] 推进企业高质量转型发展，要致力培养打造一支知识型、技术型、创新型的高素质职工队伍。这就需要坚持党政融合，强基固本，做好企业人才储备；创新实践，助力企业高效发展。[③] 另外，总结典型做法，可以为凝聚职工力量，助推高质量发展提供参考。厦门湖里区总工会在凝聚工人力量上，通过创新工作模式，开展常规、维权、精准、培训、文体、健康六大服务，让广大职工一出企业的门，就可享受到“娘家人”零距离的服务，成为共享职工之家。另外，共享职工之家还以购买服务的形式，聘请律师团队，建立起了劳动法律服务站，为职工开展维权服务；同时，与区人社局、湖里法院等，建立“工会 + 人社”“工会 + 法院”维权机制，探索出了激发职工力量的独

---

① 陈刚：《凝聚职工群众奋进“十四五”的磅礴力量》，《人民日报》2021 年 4 月 29 日。

② 罗治华：《激发职工创新创造活力 推动企业高质量发展的实践与思考》，《中国电业》2021 年第 5 期。

③ 严宏：《提升职工队伍素质 助推企业高质量发展》，《企业文明》2021 年第 9 期。

特经验。[①]

另外，弘扬工匠精神是推动高质量发展的重要动力，也为学界所关注。比如，有学者认为工匠精神是推动新时代高质量发展的价值基础，表现在工匠精神与高质量发展的精髓要义高度一致，弘扬工匠精神是推动我国迈向全球价值链中高端的强大动力。[②]总之，学界就劳动关系与高质量发展的研究，不仅拓展了高质量发展的路径，而且深化了劳动关系的价值旨趣。

第三节　共享发展与新时代劳动关系

习近平总书记指出："让广大人民群众共享改革发展成果，是社会主义的本质要求，是社会主义制度优越性的集中体现，是我们党坚持全心全意为人民服务根本宗旨的重要体现。"[③]中国式现代化的社会主义本质，决定了中国式现代化必然是以人民为中心的现代化，人民是中国式现代化的价值主体、实践主体和成果享受主体，人民共享的积极实践必然会为中国式现代化注入不竭动力。共享关系着人民群众顺利享受发展成果，保证人民群众成为改革发展最普遍的受益群体，是中国式现代化的本质体现。中国式现代化是顺应人民群众对美好生活的向往、不断实现好维护好发展好最广大人民根本利益的现代化，是发展为了人民、发展依靠人民、发展成果由人民共享的现代化。[④]2020年、2021年，学界在中国式现代化的视域下，就共享发展与新时代劳动关系问题进行了一定的研究。

一、共享发展与劳动关系的内在关联

在中国特色社会主义建设的实践探索中，以习近平同志为核心的党中央

---

① 庄筱婧：《凝聚职工力量　助推高质量发展》，《厦门日报》2021年9月15日。

② 唐诗源、周显信：《工匠精神：新时代高质量发展的强大精神动力》，《唯实》2021年第4期。

③ 《习近平谈治国理政》第二卷，外文出版社2017年版，第200页。

④ 汪荣有：《共建、共享、共富的辩证统一》，《光明日报》2023年2月20日。

明确提出了“共享发展”理念，对共享主体、共享内容、共享手段、共享层次作出较为准确的界定，丰富和拓展了马克思“共享发展”思想，为21世纪马克思主义的发展作出了重大贡献。因此，马克思“共享发展”思想是中国境遇下共享发展理念的理论之源。

一种代表性的观点认为，自由劳动是马克思建构“共享发展”思想的内涵要旨。其核心要义是，马克思扬弃了威廉·配第、亚当·斯密等的“劳动价值论”，辩证汲取了黑格尔劳动辩证法蕴含的人的异化理论，批判了异化劳动催生的劳动产品不共享、劳动过程痛苦、类本质失衡、类交往变异等异化本质，萌生了“社会活动”“社会享受”相统一的“共享发展”雏形；在解读“感性的、真实的、对象性的”自由劳动本质的基础上，设计了由“共产主义革命”“积极的共同体”恢复自由劳动本质的路径；在系统研究资本主义“雇佣劳动”的价值与使用价值、“雇佣劳动”与资本的关系、“雇佣劳动”的异化本质等理论思辨中，阐释了共享主体、共享内容、共享层次、共享目标等理论要件，建构了自由劳动的共享模型，生成了成熟的“共享发展”思想。这些原创思想内核被中国特色社会主义传承，明晰了共享发展的价值理念和实践机制。①

有观点认为，从共同劳动到共享劳动是共享发展的劳动正义基础。其指出，对象化劳动作为实践的具体范型之一，在人的自我生成和社会发展中发挥着奠基性作用，并通过既定生产力水平的“协作”方式表现出来。现代大工业推动生产社会化，由传统简单协作劳动转向全面的共同劳动。然而，由资本逻辑主导的共同劳动作为社会化大生产及财富增值的环节之一，不是雇佣劳动者实现自我解放的确证方式。马克思正是通过对大工业背景下物化（异化）劳动的政治经济学批判，从总体维度确立对象化劳动在人的本质生成和社会历史中的优先地位，阐明共享劳动是体现社会主义劳动正义的制度

① 徐俊峰：《自由劳动：马克思建构“共享发展”思想的内涵要旨》，《马克思主义理论学科研究》2021年第12期。

逻辑。简单协作—共同劳动—共享劳动，作为一条贯穿实现人类解放的内在线索，是实现社会财富从“社会化共建”到“制度化共享”的生成逻辑。为此，需要尊重和肯定劳动者在财富创造和结果享有上的主体地位，以生产关系公（共）有制建构包容性共享发展的和谐劳动关系，以此阐明共享发展的劳动正义基础和共同富裕的社会主义制度特质。[①]

还有观点着重阐释了保护劳动所得与共享发展理念的关系。认为一方面，共享理念的实质就是正确对待和科学处置劳动及劳动成果的一种价值态度，是一种科学指导和合理配置社会劳动资源与社会劳动成果的治理理念和价值正义，是马克思主义劳动价值论中国化的劳动价值观。包含着非常丰富的内涵：社会劳动制度预设的公平正义是共同享用劳动过程和劳动成果的前提，也是真正尊重和保护劳动所得的制度基础；劳动机会的均等和劳动起点的公平是共同享用劳动过程和劳动成果的核心，也是真正保护劳动者劳动所得的内涵实质；在劳动过程中的平等权利和平等地位是实现共享发展成果和共享劳动荣光的动力，也是劳动者劳动尊严和人格自由的现实确证；追求劳动成果共享和合理有效使用是实现共享发展理念的价值目的，也是真正保护劳动者劳动所得和人格尊严的实质体现。另一方面，“着重保护劳动所得”是对共享理念的最好确证，表现为“着重保护劳动所得，增加劳动者特别是一线劳动者劳动报酬，提高劳动报酬在初次分配中的比重”，改变了人们对社会财富和劳动成果的占有观念和拥有态度，促进了社会生产力的发展和解放，彰显了以人民为中心的发展思想的价值光辉，对激活和“节制”资本提出了更高要求，对治理权力运作提出了更严格的要求和更规范的标准。[②]从理论维度就共享发展与劳动关系问题的研究是开展相关实践探索的基础和前提，对于推进实践维度的研究具有一定的积极意义。

---

① 刘占虎：《从共同劳动到共享劳动：共享发展的劳动正义基础》，《浙江社会科学》2020年第9期。

② 罗建文：《共享发展视域下“着重保护劳动所得”的价值正义》，《青海社会科学》2020年第1期。

二、共享经济视域下的劳动关系研究

进入21世纪，世界经济发展模式发生巨变。劳动用工主体从两方逐渐发展成多方，劳动用工模式已不仅局限于用人单位与劳务提供者双方，劳动用工的方式变得越来越灵活、越来越多元化，而劳动关系认定标准具有很大的滞后性，这使得共享经济视域下要认定新型劳动关系变得愈加困难。劳动就业是民生，劳动关系是一种特殊关系，保障灵活就业的劳动者的合法权益迫在眉睫，推动了学界对劳动关系的研究。

从整体的视角梳理共享经济中劳动关系的认定理论研究状况，可以为学界展开进一步研究提供镜鉴。有学者通过对中国知网上以共享经济用工为主题的30篇法学论文进行分析总结，得出的结论为：当前的研究重点是网约工劳动关系的认定及其规制路径。对于众包型网约工与共享企业之间是否存在劳动关系，有否定说、肯定说、难以定性说3种观点。3种观点相应的规制路径分别为在劳动法外利用公私法的多种制度工具调整、纳入劳动法调整、在劳动者和自雇者之间设置中间类型特别调整。相关讨论已经达成了若干初步共识，但是对于更进一步的问题仍然存在着激烈的争论。①

共享经济在全球范围内的崛起，使得共享经济服务提供者人数不断增加，平台从业者劳动关系问题受到广泛关注。有学者专门对共享经济平台从业者劳动关系认定的国际比较及启示进行了研究，其认为世界各国基于“控制论”或“从属论”的思路，建立了以“二元论”或“三分法”为基础的劳动关系认定体系。以劳动关系“二元论”为基础的国家包括中国、日本、美国，以劳动关系“三分法”为基础的国家包括德国、意大利、加拿大和西班牙。劳动关系“二元论”和“三分法”的区别在于是否存在中间类型的劳动关系主体，在实践过程中，两者各有利弊。“二元论”的认定准则简单明确，

① 王倩：《共享经济用工中的劳动关系认定理论研究综述》，《中国劳动关系学院学报》2020年第2期。

对符合标准劳动关系的劳动者提供倾斜保护。“三分法”的认定标准更为灵活，为中间类型劳动者提供了一定程度的权益保护。在“二元论”中，共享经济平台从业者劳动关系往往无法被法律认定。利用“三分法”对共享经济平台从业者劳动关系进行认定可能会增加监管难度。综合考量各方面优劣，并结合我国实际情况，得出启示：建立中间类型劳动法保护主体，建立充分体现共享经济平台从业者工作特征的劳动关系认定标准，确立多元化劳动关系认定条件，兜底保障平台从业者基本劳动权益。[①]

随着共享经济时代的来临，依赖网络平台的新型用工模式应运而生。该模式带动了一大批就业者，创造出了巨大的社会财富，但也给社会带来了一系列亟待解决的问题。网约工，特别是网约车工的劳动权益保护成为学界关注的重点。有学者认为现实中大多数情况是，滴滴平台并未与司机签订劳动合同，而是在劳动者注册成为司机时，与之签订《专快豪华车服务协议》。但应认定双方为劳动法律关系。通过进行实地或线上访谈与查阅相关资料后发现，网约车司机群体正存在以下忧患：滴滴司机劳动安全保障未受重视，滴滴平台忽视了司机在劳动中的自主权利，滴滴平台未提供司机相应的社会保险保障。因此，对于共享经济模式下的这一类特殊的劳动者群体，全社会都应该携手同心来维护其合法权益，即国家应该完善相关劳动法律法规政策，滴滴平台应担负起劳动保障的责任，工会需积极开展劳动法律宣传活动。[②]有学者认为，作为共享经济中闲散物力与人力整合运用的典型范式，网约车模式用工的劳动权益保障已成为社会热点。较之创设非标准用工关系，针对传统劳动关系认定方式进行变革更符合法教义学的规范诉求，劳动关系从属性标准的调整当为重中之重。对此，应改要件式认定方法为要素式认定范式，具体采用“权重位序法”的认定进路。对于网约车平台用工劳动关系的从属

① 谢鹏鑫、曾馨逸：《共享经济平台从业者劳动关系认定的国际比较及启示》，《中国劳动关系学院学报》2020 年第 3 期。

② 闫新燕、姜怡乐：《共享经济模式下的网约车司机劳动权益保障思考》，《特区经济》2020 年第 2 期。

性，应以组织从属性为主、经济从属性为辅予以认定，并衡量其下属各要素的权重与位序。“权重位序法”在价值判断与事实认定层面皆有运用，其运作机制对共享经济视域下劳动关系从属性的认定具有普遍的指导价值。[①]

网络直播的劳动关系认定问题也是学界关注和研究的一个点。有学者认为网络直播用工作为互联网时代的新型用工方式，在就业方面发挥了很大的作用，但网络直播用工关系纷繁复杂，在司法实践中主要依据《关于确立劳动关系有关事项的通知》将网络直播用工关系认定为平等民事关系，使得大部分网络主播权益未得到充分保障。第三产业发展的显著特点即灵活就业普遍化，传统劳动关系认定方式已经难以适应灵活就业环境，从而陷入了网络直播用工是劳动关系还是民事关系的认定困境。因此，网络直播用工关系的性质认定，应综合考量网络直播用工模式、劳动关系从属性标准及网络主播权益社会保护必要性等因素。可以将网络直播用工关系划分为标准劳动关系、非标准劳动关系和劳务关系三种类型，对不同用工模式下的网络主播进行全面保护，从而实现网络主播与直播平台之间权益的平衡。[②]还有观点以江苏、广州、杭州等地公司与主播案件为例，总结出三个方面的争议焦点，即直播平台对主播的工作要求是否具有管理性、主播所获得的直播收益是否属于“工资”、直播平台与主播之关系能否依合意判断。要解决这些争议焦点，更好地对网络直播平台与主播之间的关系进行认定，提出可从以下几个方面规范网络直播平台的用工关系：具体化、明确化人格从属性中“管理”的内涵，在认定时灵活运用各要素；拓宽经济从属性中的“工资”范围，劳动者从用人单位处获得的报酬支付只要具有规律性，是劳动提供者主要的收入来源，就可以将其认定为工资；转变从属性的认定方法，在认定某一类社会关系是否为劳动关系时，应减少对人格从属性的过度依赖，用人单位对劳

① 叶嘉敏、李少军：《共享经济视域下网约车平台用工劳动关系从属性认定标准研究——以“权重位序法”为核心进路》，《河北法学》2020 年第 11 期。

② 董兴佩、李明倩：《网络直播用工劳动关系认定研究》，《山东科技大学学报（社会科学版）》2021 年第 6 期。

动者有监督约束可能性即可，就可以将其作为劳动关系对待。

共享用工是共享经济发展的一个缩影，在抗击新冠疫情中应势而生。就概念而言，共享用工，是指用人单位之间达成协议，使劳动力以借用或外派名义实现劳动力流动的目的，用以提高劳动力使用效益的一种灵活用工方式。2020 年以来，“共享用工”成为热门词语，这一调剂用工余缺、促进灵活就业的新模式，在复工复产初期一度被广泛使用。但是，随着共享用工的普及，也出现了一些共享用工的劳动报酬、工伤待遇保障问题及劳动纠纷问题。2020 年 9 月，人力资源社会保障部办公厅颁布了《人力资源社会保障部办公厅关于做好共享用工指导和服务的通知》，从支持企业间开展共享用工、加强对共享用工的就业服务、指导开展共享用工的企业及时签订合作协议、指导企业充分尊重劳动者的意愿和知情权、指导企业依法变更劳动合同、维护好劳动者在共享用工期间的合法权益、保障企业用工和劳动者工作的自主权、妥善处理劳动争议和查处违法行为 8 个方面为企业开展共享用工提供了指导和服务。在这样的背景下，学界就共享用工模式下的劳动关系问题开展了初步研究。“共享用工”有着怎么样的劳动属性及特征，有学者认为共享用工模式属于双重劳动关系[①]。因为原用工单位和实际用工单位都会与共享员工缔结合同，即使原用工单位借助第三方（共享平台）的方式与实际用工单位共享用工，但劳动者与原用工单位仍保持着原劳动合同关系，与平台保持着“形式”的劳动关系，与实际用工单位保持着实际的用工关系。[②]“共享用工”中的劳动关系存在着一系列风险，为保障“共享用工”合理在场，需要采取相应措施规避风险。有学者认为，主要有三个方面的法律风险，一是用人单位的用工规范性风险，即用工单位在共享用工上存在劳动关系、劳务关系、合作关系几种不同性质的法律关系，用人单位与实际用

① 双重劳动关系是指同一劳动者在同一时期内，与两个甚至两个以上的用人单位存在劳动关系，这种劳动关系可能是事实劳动关系或者劳动合同关系。

② 邢文娟：《共享用工模式下双重劳动关系的法律问题研究》，《成都理工大学学报（社会科学版）》2021 年第 2 期。

工单位不一致，用人单位无法履行合同中的义务，也无法监控用人单位履行合同的情况；二是实际用工单位的人员管理风险，即临时“借用”劳动者的劳动合同是与原单位签订，用人单位仍为原单位，其社会保险、薪资发放主体也是原单位，如若劳动者工作表现不符合规章制度，势必会给实际用人单位带来管理上的风险；三是劳动者群体的弱势地位和工伤风险，即由于“临时借用”，劳动者在实际工作或上下班途中出现事故，面对两个强大的主体，维权难度比较大。基于这些问题，提出应从规范原单位、实际借用单位和劳动者三方协议，发挥第三方平台在调配企业之间用工需求、规范共享用工流程、统一用工管理方面的作用，原用工单位和实际用工单位要从切实保障劳动者的各项合法权利等方面着手规避共享用工中的法律风险。[①]

三、共享发展与劳动教育

劳动教育是中国特色社会主义教育制度的重要内容，直接决定社会主义建设者和接班人的劳动精神面貌、劳动价值取向和劳动技能水平。但近年来，一些青少年中出现了不珍惜劳动成果、不想劳动、不会劳动的现象，劳动的独特育人价值在一定程度上被忽视，劳动教育正被淡化、弱化。因此，紧密结合经济社会发展变化和青少年生活实际，积极探索中国特色劳动教育模式，创新体制机制，注重教育实效，实现知行合一，促进青少年形成正确的世界观、人生观、价值观，培养德智体美劳全面发展的社会主义建设者和接班人就显得十分必要。以“全民共享、全面共享、共建共享和渐进共享”为核心内涵的共享发展理念，为促进劳动教育提供了思路，成为学界关注的重要方面。

2020年，中共中央、国务院发布《关于全面加强新时代大中小学劳动教育的意见》，提出要“把劳动教育纳入人才培养全过程，贯通大中小学各

① 赵秀莉：《“共享用工”中的劳动关系——风险与规制》，《山东青年政治学院学报》2020年第5期。

学段，贯穿家庭、学校、社会各方面”。把劳动教育工作做好，就需要结合区域的特点、不同学校的优势，建立资源共享机制，推动资源共建共享。部分学者运用案例法就该问题进行了研究。有学者以上海金山区少年活动中心为例，总结了其探索共享赋能、多方联动的区域劳动教育新模式，认为该中心本着“合力建设、成果共享、服务学生”的原则，与各级政府部门、企业协同构建三方联动、责任分担、融合发展的合力育人机制。其中，政府支持是重要保障，本区主动作为是关键“纽带”，企业配合是源泉。而且，中心还依托金山现代农业园区以“农村、农业、农民”为主题的丰富资源，重点开展学生生产劳动，形成核心区；辐射金山全区，依托金山丰富资源，形成东部以高新科技、海洋文化等，中部以农俗体验、自然教育等，西部以历史古镇、非遗文化等为主要特色，重点开展学生生产劳动和服务性劳动，形成合作区；立足长三角区域一体化发展，结合沪浙“田园五镇”丰富劳动教育资源，开展跨区域的学生劳动教育实践与交流活动，形成了社会参与的劳动教育资源共享体系。[①] 还有学者以成都锦江区为例，总结了该区通过整合资源，形成共建共享的区域劳动教育实践。其认为该区开展了“校内外结合小学生农事劳动教育区本路径”的研究，旨在构建以区域为单位，教研部门为主导，学校为主体，小学生为研究对象，农事劳动为载体，校内外结合为渠道的劳动教育路径。由此可得出如下启示：要集合力量，开启区域整体研究；聚焦农事，丰富劳动教育内容；整合资源，探索校内外结合路径；共建共享，丰富农事劳动课程；实践推进，集合劳动教育案例。[②]

推动区域劳动教育资源共享，不是一帆风顺的，虽有困境，但也需要寻找破局之道。有学者以共生理论为切入点，探讨了目前城乡学校劳动教育资源共享面临的困境，并提出了提升对策。其认为“强调协同与合作，个体是存在于具有整体性、系统性以及开放性的共生系统中，应同他者相互促进、

---

① 陈海涛：《探索共享赋能、多方联动的区域劳动教育新模式》，《上海教育》2021 年第 3 期。

② 杨彬彬：《整合资源　共建共享　区域劳动教育实践研究》，《教育科学论坛》2020 年第 10 期。

相互依存、共同发展”的共生理论与“提倡城市学校和乡村学校应发挥各自优势，相互弥补，共同享有优质的劳动教育资源，实现双方共赢”的城乡学校劳动教育资源共享理念，有相同的价值取向。如此，共生理论就为城乡学校劳动教育资源共享的实施提供了指导。基于共生理论视角，城乡学校劳动教育资源共享存在着以下困境，即欠缺城乡劳动教育资源共享的意识、缺乏科学有效的共享协调管理部门、缺少系统和规范的共享政策制度、缺乏支持资源共享的专项基金，以及城乡劳动教育资源共享的技术有限等。为消除这些困境，可从联合共生单元，树立“合作共生”的共享理念；运行共生界面，建立长效管理机制和共享平台；改善共生环境，设立科学共享制度和专项基金支持；优化共生模式，遵循合理的共享原则等层面着力推进。①

高职院校开展劳动教育是《中共中央　国务院关于全面加强新时代大中小学劳动教育的意见》重要内容。如其指出“充分挖掘行业企业、职业院校等可利用资源，宜工则工、宜农则农，采取多种方式开展劳动教育”“职业院校以实习实训课为主要载体开展劳动教育”。在这一意见的指导下，推动高职院校共享式劳动教育体系构建也成为学界关注的方面。代表性的如有学者在分析高职院校存在着劳动价值观引领教育较少、劳动教育师资队伍较为缺乏、劳动教育课程体系相对薄弱、劳动教育考核评价方式单一等基础上，提出高职院校应在借鉴国内外劳动教育经验的基础上，结合目前劳动教育的特点和存在的问题，改进各专业单独制订劳动教育课程标准的方式，整体设计专业群内各专业的劳动教育课程标准，群内各专业设置特色性模块，探索专业群共享式劳动教育。具体来说，育人导向方面，要注重培养学生劳动观念教育，特别是通力协作的劳动合作观念；课程体系方面，要构建以劳动教育课程与“1+X”证书相结合、劳动教育课程与跨专业实训相结合、劳动教育课程与创新训练相结合为主要内容的专业群共享式劳动教育课程；评价机

① 王中华、刘志婷:《共生理论视角下的城乡学校劳动教育资源共享》,《西藏教育》2021 年第 5 期。

制方面，在结果评价上，应提升劳动素养的多元化长效性评价，改进由学校单一评价和静态评价的方式，形成由学校、家庭和企业多元化评价。最后，其认为在高职院校构建起的专业群共享式劳动教育，促进了不同专业之间的有机联系和有效融通，提升了群内专业在岗位中的协同性，具有较高的推广价值。[①]

通过以上梳理可以发现，2020 年至 2021 年，学界就中国式现代化视域下的劳动关系问题进行了一定的研究，不仅彰显了学界对劳动关系问题的持续研究，也反映了研究的前沿性，为我们多视角把握我国劳动关系问题提供了多元化的理论视野，为解决当前劳动关系领域的现实问题提供了路径参考。已有的研究成果，从研究内容来看，多是基于中国式现代化的几个关键点，如共同富裕问题、高质量发展问题、共享发展问题，从这几个视域出发研究了劳动关系问题。从研究学科来看，关涉马克思主义理论、经济学、政治学、哲学等，凸显了研究的交叉性。但已有研究也存在着一些问题，如在研究内容上，从中国式现代化视域研究劳动关系问题还不够深入，有些方面还没有涉及，特别是中国式劳动关系的研究还很薄弱。在研究方法上，多是定性研究，而运用定量方法开展研究尚显不足。基于此，今后的研究应从以下两个方面着力：一方面要以习近平总书记的重要讲话为遵循，拓展和深化中国式现代化视域下劳动关系问题的研究。与 2020 年、2021 年相比，2022 年，习近平总书记就中国式现代化多次发表讲话，形成了比较系统化的思想，这为学界进一步开展中国式现代化视域下的劳动关系研究提供了新生长点。要强化对中国劳动关系问题的总结和研究，如中国劳动关系发展的历程、中国式劳动关系的特点、中国式劳动关系发展的基本经验等，推动中国劳动关系的学术话语体系建设。另外，立足中国式现代化，还要加强中国劳动关系与其他国家、与西方劳动关系的类比研究，凸显中国劳动关系

---

① 李清光、王港、陆昱文：《高职院校专业群共享式劳动教育体系的构建》，《教育观察》2021 年第 46 期。

的独特性。另一方面要综合运用定性和定量相结合的方法深化研究。从调查研究中获得的一些数据，为我们了解事实奠定了基础。以此为依据，再运用定量方法加以分析，有助于抓住问题、把握规律。因此，今后就中国式现代化视域下劳动关系问题研究不仅要用好定性的方法，还要用好定量的方法，在统筹两种方法中全面了解中国式现代化视域下劳动关系的理论和实践问题。

第七章

企业治理下的劳动关系研究

恩格斯为《资本论》第一卷所写的书评中指出，“资本和劳动的关系，是我们现代全部社会体系所依以旋转的轴心”[①]。一方面，劳动关系会通过产量和生产成本影响企业绩效[②]；另一方面，劳动关系不仅是一种生产关系的反映，更是一项“最基本、最重要的社会关系”[③]，劳动关系的和谐稳定直接影响到国家治理体系和治理能力现代化目标的达成。2015 年，中共中央、国务院出台《关于构建和谐劳动关系的意见》，指出要努力构建中国特色和谐劳动关系。党的二十大报告中亦明确指出，“健全劳动法律法规，完善劳动关系协商协调机制，完善劳动者权益保障制度，加强灵活就业和新就业形态劳动者权益保障”[④]。

从实践上看，我国的劳动关系演进主要呈现出以下三个特征：一是用工模式从单一化向多元化转变；二是工资分配从平均主义向按劳分配转变；三是劳动关系法律体系逐步建立完善，劳动关系呈现出市场化、法治化的特点[⑤]。其内涵上则涵盖了生产开展的前提过程和劳动力作为商品的流通过程；生产过程和劳动力的消费过程；交换、分配、消费过程和劳动力的再生产过

① 《马克思恩格斯全集》第十六卷，人民出版社 1964 年版，第 263 页。

② Jody Hoffer Gittell, Andrew Von Nordenflycht, Thomas A. Kochan, *Mutual Gains or Zero Sum? Labor Relations and Firm Performance in the Airline Industry, Industrial and Labor Relations Review*, Vol. 57, No. 2, 2004.

③ 周嘉欣、韩喜平：《构建新时代和谐劳动关系的历史基础与现实路径》，《理论视野》2021 年第 10 期。

④ 习近平：《高举中国特色社会主义伟大旗帜　为全面建设社会主义现代化国家而团结奋斗——在中国共产党第二十次全国代表大会上的报告》，人民出版社 2022 年版，第 48 页。

⑤ 唐镛、刘华：《新中国劳动关系 70 年：发展、变革和迭代》，《求索》2020 年第 3 期。

程，贯穿生产关系各个环节始终[①]。因此，和谐劳动关系的构建既需要政治层面、法律层面的支持，也需要在社会层面形成正确舆论导向、强大舆论声势，“引导企业和职工树立利益共同体意识，培育合作共赢、共谋发展理念，营造全社会共同关心、支持和参与构建和谐劳动关系的良好氛围”[②]；在企业层面，“促进企业和员工相互包容、共同发展”[③]。本章将着重围绕企业治理下的劳动关系，从不同类型企业中劳动就业和劳动关系构建的现状、企业治理下劳动关系研究相关论述，以及不同类型企业推进新时代和谐劳动关系创建的典型案例3个部分具体展开。

第一节 企业和谐劳动关系构建现状

一、就业人员和工资情况[④]

截至2021年年末，全国就业人员74652万人，其中城镇就业人员46773万人，占全国就业人员比重为62.7%；乡村就业人员27879万人。按登记注册城镇单位就业人员17014.5万人，其中国有单位5633.1万人，占比大约为33%。按经济类型具体考察城镇就业人员情况可以发现，人数最多的为有限责任公司城镇就业人员（6526万人），其次是国有单位城镇就业人员（见图7-1）。

截至2021年年末城镇登记失业人员1040万人，相较2020年大幅减少10.3%。城镇失业率由2020年年末的5.2%降至2021年年末的5.1%。

① 肖潇：《新时代我国社会主要矛盾转化视域下和谐劳动关系的内涵》，《思想理论教育导刊》2020年第3期。

② 参见尹蔚民：《努力构建中国特色和谐劳动关系》，《人民日报》2015年4月9日。转引自刘向兵、闻效仪、潘泰萍、窦学伟：《中国劳动关系研究70年回顾与展望》，《中国劳动关系学院学报》2020年第2期。

③ 刘向兵、闻效仪、潘泰萍、窦学伟：《中国劳动关系研究70年回顾与展望》，《中国劳动关系学院学报》2020年第2期。

④ 数据来自国家统计局2019—2021年度数据。

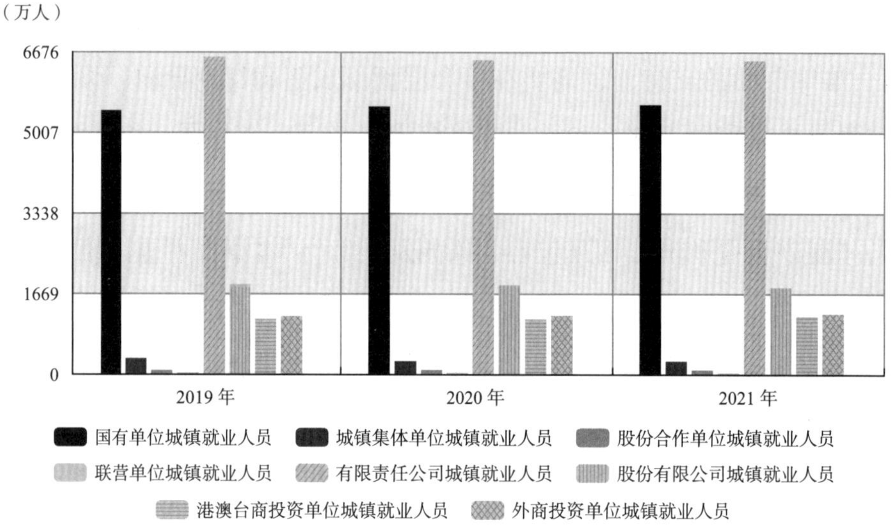

图 7-1　2019—2021 年按经济类型划分城镇就业人员①

2021 年，国有单位工资总额为 64547.9 亿元，较 2020 年增长 8.3%；非国有企业和城镇集体单位就业单位 2021 年工资总额为 114349.7 亿元，较上一年增长 11.4%。各类型企业就业人员平均工资均呈现明显增长，其中国有单位就业人员平均工资为 110221 元，同比增长 6.9%；其他单位就业人员平均工资为 103182 元，同比增长 11.3%（见图 7-2）。

2021 年全国城镇私营单位就业人员年平均工资为 62884 元，比上年增加 5157 元，除去价格因素，2021 年全国城镇私营单位就业人员年平均工资实际增长 7.8%。分区域看，城镇私营单位就业人员年平均工资由高到低依次是东部、西部、中部和东北地区（见表 7-1）；分行业门类看，年平均工资最高的 3 个行业分别为信息传输、软件和信息技术服务业，金融业，科学研究和技术服务业；从增长速度看，年平均工资增速最高的 3 个行业依次为金融业，采矿业，信息传输、软件和信息技术服务业②。

① 2020 年、2021 年私营企业城镇就业人员数和个体城镇就业人员数未公布，图表中未列出。

② 国家统计局:《2021 年城镇私营单位就业人员年平均工资 62884 元》，http://www.stats.gov.cn/sj/zxfb/202302/t20230203_1901473.html。

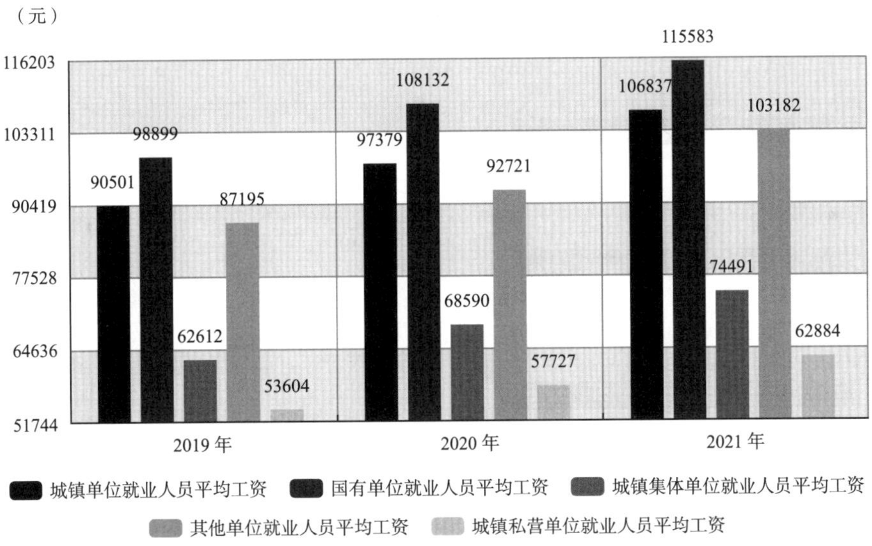

图 7-2　2019—2021 年按单位类型划分就业人员平均工资

表 7-1　2020—2021 年城镇私营单位分区域就业人员年平均工资

区域	2021 年（元）	2020 年（元）	增长速度（%）
合计	62884	57727	8.9
东部地区	69706	63601	9.6
中部地区	52698	48861	7.9
西部地区	54278	50510	7.5
东北地区	48106	43928	9.5

二、劳动争议案件情况[①]及职工合法权益维护

2021 年，劳动争议案件上期未结案数为 43525 件，当期受理劳动争议案件数[②]为 1252045 件，其中集体劳动争议案件数为 7446 件；劳动争议案件结案数为 1256162 件。劳动争议原因涉及劳动报酬争议，社会保险争议，解除、终止劳动合同争议等，其中最主要集中在劳动报酬领域，受理数为

① 数据来自国家统计局 2019—2021 年度数据。

② 受理劳动争议案件数指劳动争议仲裁委员会根据国家有关规定，对劳动争议当事人的申请予以审查，符合受理条件且正式立案、准备处理的劳动争议案件数。

524473 件（见图 7-3）。

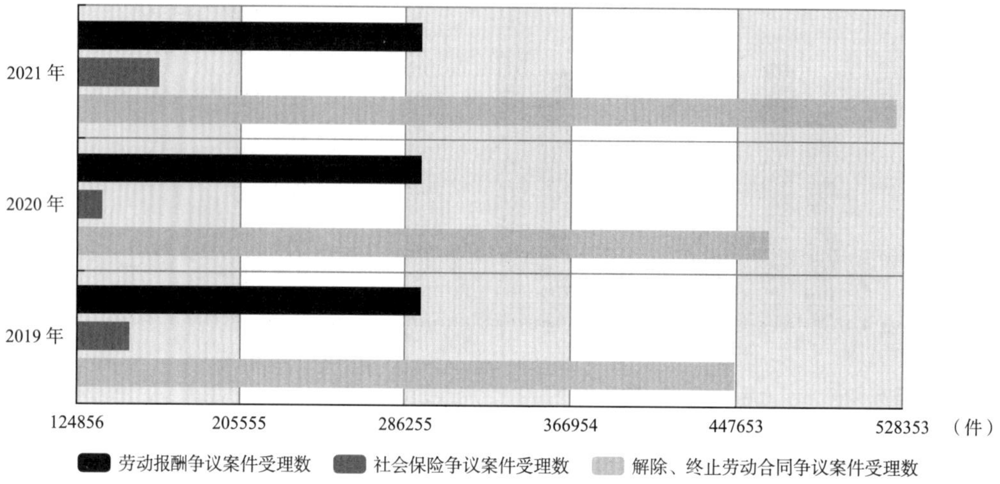

图 7-3　2019—2021 年按争议类型划分劳动争议案件受理数

从劳动争议解决方式上看，仲裁调解劳动争议案件处理数最多，为 703373 件；其次为仲裁裁决，为 471819 件；采用其他处理方式劳动争议案件处理数为 80970 件。从劳动争议案件处理结果上看，劳动者胜诉的劳动争议案件数量为 341245 件，多于用人单位胜诉的 127910 件（见图 7-4）。

根据全国工商联发布的《民营企业劳动关系报告（2021—2022）》，民营企业劳动关系展现出“四稳一提升”态势：一是稳岗位，92.5% 的企业预期 2022 年用工量增加或不变，用工总量总体稳定；二是稳待遇，2019 年至 2021 年，企业按月足额支付工资占比均在九成以上，一线职工工资稳步增加；三是稳权益，实行标准工时制度的企业比 2020 年上升 11.5 个百分点，比 2019 年上升 14.5 个百分点；四是稳保障，2021 年各险种平均参保率较 2019 年、2020 年均有明显提高；五是提升了落实带薪年休假制度占比，为全部或部分职工提供了带薪年休假的企业稳中有升。[①]

① 中华全国工商业联合会:《全国工商联发布民营企业劳动关系报告（2021—2022）》(2022 年 7 月 3 日)，中华全国工商业联合会官网，http://www.acfic.org.cn/qlyw/202207/t20220703_84171.html。

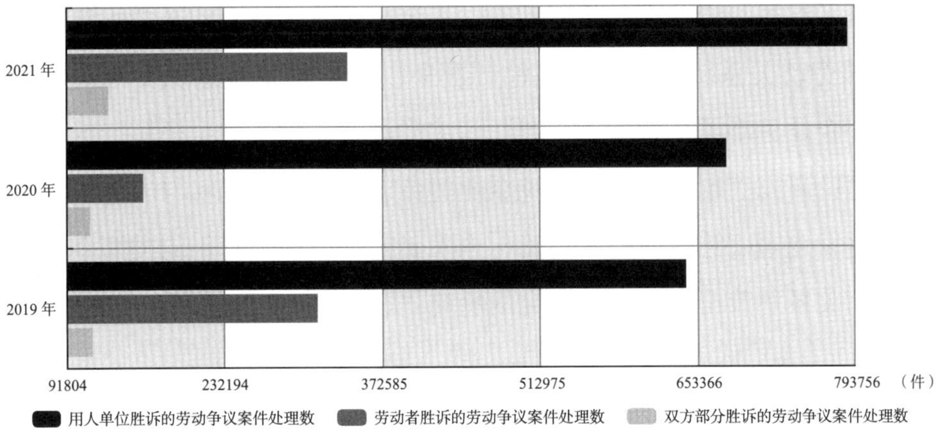

图 7-4　2019—2021 年按争议胜诉结果划分劳动争议案件处理数

女职工劳动保护得到大力加强。2012 年《女职工劳动保护特别规定》的颁布实施，推动了女职工劳动条件不断改善，有力维护了女性在劳动中的合法权益。2020 年，全国执行《女职工劳动保护特别规定》的企业[①]比重达到 71.3%，比 2010 年提高 16.4 个百分点[②]，2021 年该比重达到了 73.3%[③]。2021 年 9 月 8 日，国务院《中国妇女发展纲要（2021—2030 年）》亦明确规定，“对招聘、录用环节涉嫌性别歧视的用人单位进行联合约谈，依法惩处”，“推动有条件的劳动人事争议仲裁机构设立女职工维权仲裁庭，依法处理女职工劳动争议案件”[④]。

第二节　企业治理下劳动关系研究相关论述

谢鹏鑫、屈萌、冯娇娇基于劳动关系主体的视角对新时代我国劳动关系

① 指建立了工会组织的企业。

② 国家统计局：《〈中国妇女发展纲要（2011—2020 年）〉终期统计监测报告》（2021 年 12 月），国家统计局官网，http://www.stats.gov.cn/sj/zxfb/202302/t20230203_1901316.html。

③ 国家统计局：《2021 年〈中国妇女发展纲要（2021—2030 年）〉统计监测报告》（2023 年 4 月），中华人民共和国中央人民政府官网 https://www.gov.cn/lianbo/2023-04/20/content_5752343.htm。

④ 《中国妇女发展纲要（2021—2030 年）》，中华人民共和国中央人民政府官网，https://www.gov.cn/zhengce/content/2021-09/27/content_5639412.htm?dt_platform=weibo&dt_dapp=1。

研究进行了综述与回顾，并从劳动者、工会、企业、政府四个维度概括了新时代我国劳动关系研究框架。在他们看来，企业所面对的现实问题经历了从“传统企业劳动关系管理不规范”到“平台企业用工关系模糊”的新老更替，在理论研究上也表现为“传统企业的劳动关系管理现状与改进策略”以及“平台企业用工管理两条”进路，未来研究则呈现出对不同类型企业构建和谐劳动关系的策略及其影响研究的趋向[①]。

一、企业和谐劳动关系构建路径探讨

唐鑛、刘华对中华人民共和国成立以来劳动关系的演变过程进行了分析与概括，并指出随着数字经济时代的到来，劳资双方的雇佣关系也将发生新的变化，即“一种基于利益共同体、事业共同体和命运共同体的新型雇佣关系”[②]。

杨林、孟泉总结了地方和企业在和谐劳动关系构建方面的经验。例如，天津滨海新区尝试建立灵活多样的劳资沟通对话机制：政府与地方工会形成合力，在区域层面为企业提供劳资沟通、协商、协调等基本工作方法；在企业内部，通过人力资源管理部门和企业工会的共同努力，各自发挥优势，合理分配任务。提出根据新生代员工的需求提供的管理服务、针对新生代员工全过程沟通的策略、融合新生代员工的企业文化也是基于企业成熟经验的策略路径[③]。孟泉、雷晓天对广东省“省市共建和谐劳动关系综合试验区”的工作经验进行了对比，结合盐田区、坪山区、火炬区、花都区的实践，从机制上具体区分了社会化延伸治理、行业 / 区域治理、协商协调治理（见表7-2）。

① 谢鹏鑫、屈萌、冯娇娇：《新时代我国劳动关系的研究综述与展望：基于劳动关系主体的视角》，《中国人力资源开发》2022 年第 4 期。

② 唐鑛、刘华：《新中国劳动关系 70 年：发展、变革和迭代》，《求索》2020 年第 3 期。

③ 杨林、孟泉：《新发展阶段我国劳动关系治理的创新路径》，《社会治理》2021 年第 8 期。

表 7-2 广东省"省市共建和谐劳动关系综合试验区"经验对比[①]

综合试验区 机制	盐田区	坪山区	火炬区	花都区
社会化延伸治理	和谐劳动关系文化创建；专业化培训服务	专业化调解；小微企业劳动关系托管	专业化调解；创新创业企业劳动关系托管；探索共享员工机制	—
行业 / 区域治理	行业协会制定标准；旅游行业灵活工时机制	—	八七模式[②]	基于主要行业生产链的集体协商机制
协商协调治理	劳资冲突预警	企业自主协调机制	企业自主协调机制	适应企业多元化协商协调机制

肖潇在研究的基础上进一步指出，劳动关系的和谐有序需要不断完善我国三方协商机制，"通过国家、企业和劳动者个人共建、共治、共享的统一"[③]。赖德胜等学者在《和谐劳动关系论——全球发展与中国实践》一书中指出了目前我国劳动关系三方协商机制还存在一定的问题，其中就包括政府、企业、工会三方地位不平等，政府干预过多、职能有待进一步厘清；协商机制中企业代表性不强；工会组织扮演"双重角色"，影响工会维权职能的发挥等问题，完善三方协商机制也需要从上述方面着手[④]。涂伟、王文珍则从学科融合的视角，在对既有劳动关系研究范式进行梳理的基础上，进一步着眼于当代劳动关系理论发展演变对创新我国劳动关系协调机制的启发，从

① 孟泉、雷晓天：《"十四五"时期我国劳动关系治理的发展方向与策略选择》，《中国人力资源开发》2020 年第 12 期。

② 即依托八大集团公司和七个劳动保障站长期为其所在区域企业进行服务的基础，把走访式劳动监察、专业化劳动争议调解和极简式劳动政策解读等机制纳入八大集团和七大社区的日常工作之中，形成以向企业提供服务为形式的前端治理模式。参见孟泉、雷晓天：《"十四五"时期我国劳动关系治理的发展方向与策略选择》，《中国人力资源开发》2020 年第 12 期。

③ 肖潇：《新时代我国社会主要矛盾转化视域下和谐劳动关系的内涵》，《思想理论教育导刊》2020 年第 3 期。

④ 参见赖德胜、吕国泉、孟大虎、李长安：《和谐劳动关系论——全球发展与中国实践》，中国工人出版社 2019 年版。转引自刘向兵：《和谐劳动关系理论的有益探索——评〈和谐劳动关系论——全球发展与中国实践〉》，《中国劳动关系学院学报》2021 年第 1 期。

“互补性”概念工具出发，考虑加强劳动关系协调制度和企业治理制度、职业培训制度、产业政策、社会治理之间的相互配合，探索将劳动关系制度嵌入产业政策或者社会治理，最终形成符合我国特色的劳动关系协调机制[①]。

二、国有企业与非公有制企业和谐劳动关系构建

国有企业是中国特色社会主义的重要物质基础和政治基础，是党执政兴国的重要支柱和依靠力量，更承担着“要为共同富裕作出更大贡献”的责任：“一要努力为人民创造出更多财富，二要努力提高广大员工收入水平，三要努力为社会承担更大的责任，四要努力创造更多更好精神产品”[②]。因此，国有企业中和谐劳动关系构建也具有至关重要的意义。

王金柱、蒋福东从中国特色党企关系制度构建的视角出发，对国有企业中党组织与公司治理融合的问题进行了探查，并指出党组织对企业进行指导和监督，是企业在正确的方向上健康发展的重要保证[③]。杨成湘指出，和谐劳动关系构建要以加强组织领导为根本保证，“这就需要加强企业党组织、基层工会、基层企业代表组织等基层组织建设。加强各类企业党建工作，重点在非公有制企业扩大党的组织覆盖和工作覆盖”[④]，这也是对习近平总书记在2012年全国非公有制企业党建工作会议上的重要讲话内容的落实。

受新冠疫情影响，部分行业劳动关系领域也出现一些新情况、新问题，劳动者在不同程度上面临着收入降低、失业、待岗、再就业等风险，劳动关系的稳定性下降，这在非公有制企业和中小微企业中体现得尤为明显。宁夏

---

① 涂伟、王文珍：《劳动关系研究的当代理论争论及对创新中国特色劳动关系协调机制的启示》，《中国劳动关系学院学报》2021年第1期。

② 田应奎、李伟艺：《新时代国有企业改革发展的理论基础和根本遵循》，《理论视野》2021年第12期。

③ 王金柱、蒋福东：《国有企业视阈下中国特色党企关系的制度构建》，《理论视野》2021年第2期。

④ 杨成湘：《习近平关于构建和谐劳动关系重要论述的理论特质及其实践路径研究》，《云南行政学院学报》2021年第6期。

回族自治区银川市总工会 2020 年 2 月至 3 月利用工会劳动关系事态发展监测网络对企业复工复产和劳动关系状况开展的网上调查①显示，“劳动关系纠纷类型中，工资待遇类占比 34.22%，工作时间类占比 17.11%，劳动保护类占比 15.35%，社会保险、公积金类占比 11.19%，劳动合同类占比 8.3%”②。虽然这一时期企业劳动关系纠纷也呈现多发、高发态势，但总体处于可控、平稳运行范围之内，在遇到劳资纠纷问题时尽可能采取协商协调的方式解决③。

三、企业工会及劳动者合法权益维护

张嘉昕、唐鑫对新时代劳动关系所处环境变化的挑战与机遇进行了梳理，并指出了经济下行压力加大、经济结构转型升级压力增加，尤其是产能依赖型企业经营困难，职工安置问题压力大的现实问题。与此同时，劳动争议调解仲裁水平的提升则有利于缓解劳资矛盾，在此基础上他们也进一步提出从维护劳动者权益、促进劳动者稳定就业、提高劳动者收入水平、提高劳动关系协调绩效以及构建劳动关系预警机制、减少劳动争议数量几个维度发力，构建新时代和谐劳动关系④。黄岩、闭金燕从企业责任观的角度对这一问题进行了审视，在他们看来，企业是劳动关系的主要承担者，在“资强劳弱”背景下更是构建和谐劳动关系的主导者，因此倡导企业社会责任有助于企业内部和谐劳动关系的构建，从源头上防范劳动冲突的产生⑤。

---

① 调查时间为 2020 年 2 月 27 日至 3 月 10 日，调查内容主要围绕新冠疫情防控期间企业复工复产和职工普遍关心的工资发放、劳动保护、劳动争议、惠企政策等热点问题。此次调查发放并收回有效调查问卷 3074 份，其中国有企业占比 29.70%，民营企业占比 69.68%，外资企业占比 0.62%；完全复产企业为 17.44%，未复产企业为 57.45%，复产率在 30%—90% 的企业占比 25.11%；企业职工完全返岗的占比 16.72%，未完全返岗的占比 51.24%，返岗率在 30%—90% 的占比 32.04%。参见黄建华、陆成：《新冠肺炎疫情影响下企业劳动关系状况调查》，《工会信息》2020 年第 9 期。

② 黄建华、陆成：《新冠肺炎疫情影响下企业劳动关系状况调查》，《工会信息》2020 年第 9 期。

③ 黄建华、陆成：《新冠肺炎疫情影响下企业劳动关系状况调查》，《工会信息》2020 年第 9 期。

④ 张嘉昕、唐鑫：《新时代高质量发展下的和谐劳动关系构建》，《学术研究》2020 年第 5 期。

⑤ 黄岩、闭金燕：《彰显中国特色和谐劳动关系的新时代魅力——习近平总书记关于和谐劳动关系的系列重要论述研究》，《扬州大学学报（人文社会科学版）》2020 年第 1 期。

雷江平指出新时代工会参与构建和谐劳动关系面临的困境和挑战，包括劳动力市场分割、职工群体性事件诱因转变、经济下行压力和中美经贸摩擦的负面影响，以及隐含在“三新”就业中的职工权益保护难题等，并通过对深圳工会试验区“一个中心，六个支点”改革的具体分析，总结了重塑工会以应对劳动关系的不确定性、积极发挥工会参与社会治理的作用、培育基层工会的治理能力、加强工会服务职能建设和建立冲突事件预警与处理机制等基本经验，为企业和谐劳动关系构建提供了有益借鉴和参考①。

苏映宇、吴宏洛对建党百年以来女性劳动权益保障的经验实践进行了回顾，凸显了中国共产党在马克思主义妇女劳动思想的理论指导下，关心女性劳动、为女性参与社会劳动提供制度条件、保障女性各项劳动权益的举措与贡献，但同时也指出，“受制于劳动力市场分割性和传统用工制度惯性的双重影响，女性劳动权益保障的差异和平等理念在实践中容易出现政策偏差，未来我国仍需强化社会性别主流化，促进女性高质量地参与社会劳动”。②田艳平、姜奕帆从劳动参与、人口素质和社会参与三个维度构建了探讨女性地位与经济增长的理论分析框架，并进一步指出“更加全面、更加平等的眼光看待经济发展问题，需要加强营造平等和谐的劳动力市场环境，推动女性人力资本高效转化”③。

如果将企业的类型做进一步的延伸，也有学者对农村集体经济组织中的劳动关系进行了探析。陆雷、赵黎对农村集体经济组织进行了“传统集体经济组织”④和“新型集体经济组织”⑤两种类型划分，并对农业集体经济现代化

① 雷江平：《新时代工会参与构建和谐劳动关系面临的挑战及其应对——基于深圳工会试验区改革的分析》，《中国劳动关系学院学报》2021 年第 1 期。

② 苏映宇、吴宏洛：《中国共产党女性劳动权益保障思想的百年回顾与经验启示》，《社会保障研究》2021 年第 5 期。

③ 田艳平、姜奕帆：《女性地位与经济增长：一个理论框架》，《学习与实践》2021 年第 12 期。

④ 指具有身份依附性、社区封闭性、不可交易性的成员权为本位的集体经济组织。

⑤ 指具有现代契约性、可流动和可交易的股权为本位的、可以完全参与市场竞争和开展经营活动的集体经济组织。

过程中“集体成员权与财产股份权之间具有内生性矛盾”及其复杂性进行了讨论①。

第三节 推进新时代和谐劳动关系创建典型案例

为发挥先进典型的示范带动作用，促进劳动关系和谐稳定，国家协调劳动关系三方创造性地开展了和谐劳动关系创建活动，通过设置和谐劳动关系指标，对企业劳动关系状况进行评价，大量企业和工业园区积极参与，这一活动也成为构建和谐劳动关系的重要载体。2019 年全国构建和谐劳动关系先进表彰会总结交流各地创建活动经验，表彰了一批全国模范劳动关系和谐企业、工业园区；2021 年，和谐劳动关系创建活动被列为人力资源社会保障部全国创建示范活动项目。

本节选取西部矿业集团有限公司“三同”“四强”“五并行”模式和江苏红豆集团有限公司“四铸四有”工程分别作为新时代国有企业和民营企业和谐劳动关系创建典型案例，选取广西柳州高新技术产业开发区（柳东新区）“三三体系”作为和谐园区创建案例，在展现企业治理下劳动关系构建成果的同时，为企业和谐劳动关系构建提供借鉴和参考。

一、西部矿业集团有限公司“三同”“四强”“五并行”模式经验②

西部矿业集团有限公司成立于 2000 年 5 月，是青海省省属大型综合型企业集团，主营矿山冶炼、盐湖化工、文化旅游、建筑地产、金融贸易、科技信息等业务，现有职工 8200 余人。2024 年，西部矿业集团有限公司荣登

① 陆雷、赵黎：《从特殊到一般：中国农村集体经济现代化的省思与前瞻》，《中国农村经济》2021 年第 12 期。

② 参见青海省协调劳动关系三方机制办公室：《坚持以人为本 共享发展成果 全心全意依靠职工创建和谐企业——西部矿业集团有限公司和谐创建典型经验》（2022 年 12 月 14 日）。中华人民共和国人力资源和社会保障部官网，https://www.mohrss.gov.cn/SYrlzyhshbzb/ztzl/xsdhxldgx/cjfc/202212/t20221214_491712.html。

“中国企业 500 强”榜首，曾先后获得全国五一劳动奖状、全国脱贫攻坚先进集体等荣誉称号，是全国“劳动争议预防调解工作示范企业”，上榜“2021 年度全国退役军人就业合作企业光荣榜”。西部矿业集团坚持“全心全意依靠职工创建和谐企业”的经营理念，推进和谐劳动关系构建，并创新“三同”“四强”“五并行”的模式做法，即立足“三同”，不断推动依靠职工发展的经营理念；落实“四强”，有效建立依法依规的制度体系；保证“五并行”，全面促进企业与职工的良性互动。

首先，不断推动依靠职工发展的经营理念，保障职工队伍稳定。西部矿业集团产业布局涉及第二、第三产业，在国有企业全面深化改革、全球经济及区域经济变化的多重影响下，企业在经营模式、布局调整、技术装备等方面都发生了重大变化，这对职工队伍，尤其是技术型、技能型等知识密集度高的职工的稳定性需求持续上升。但随着用工途径的多样化、职工诉求的多元化、权益分配的复杂化，和谐劳动关系的常态化建设也成为企业治理的重要一环。

西部矿业集团有限公司立足同向发力、同频共振、同步协调的“三同”企业文化，通过职工参与管理、参与经营，提高职工主人翁意识，全力构建和谐劳动关系，凝聚起干事创业的不竭动力。其一是坚守革命情怀、坚定政治立场。通过不断加强企业党组织建设，发挥企业党组织的领导核心和政治核心作用，保证党和国家方针政策、重大部署在国有企业贯彻执行，把党建工作要求写入公司章程，完善党委决策事项和规则，健全“三重一大”决策制度。其二是坚守以人为本、坚信职工群众力量。营造普通职工“能干事、想干事、敢干事、干成事”的工作氛围，推进员工评价“可量化”“实绩化”；根据各类型人才发展需要搭建平台，对拔尖人才实行“感情留人、待遇留人、事业留人”的人才留用机制。其三是坚守干群关系，坚持共享理念。建立收入水平随企业效益调整的分配机制；继续完善福利保障体系，补充建立职工企业年金计划，实施补充医疗保险政策；落实息工、内退、大病长休、矿山单位集中休假等保障性政策；开展助困解难、金秋助学等暖心工程；高度重视女职工、农民工权益保护，定期组织职工及家属疗休养，使职工获得感、幸福感持续增强。

其次，从组织保障、基础建设、制度落实和责任践行 4 个环节全面建立依法依规的制度体系。一是加强组织保障，将党的组织建设贯穿劳动关系治理工作全过程，把党支部建设到车间和部室、把党小组建设到工段和班组，从而实现各级党组织和工会组织从公司到班组全覆盖。目前公司党委下设基层党组织 144 个、基层工会 30 个、生产班组 480 个，职工也已经形成了“有困难找组织、有问题找组织、有诉求找组织”的行事路径，党组织和工会成为职工群众的主心骨、贴心人。二是加强基础建设，建立以招聘录用、劳动合同、休息休假、薪酬福利、社会保险、绩效评价和员工发展等为主体，试用期管理、内部退养管理、专业技术职务评聘管理等为辅助的制度体系，有效搭建制度管人、流程管事、标准做事的人力资源管理体系，实现了人人有标准、事事有依据、件件有落实，切实将职工权益保护工作制度化。三是加强制度落实，践行“不安全不生产、不环保不生产、不合法合规不生产”的经营理念，全面贯彻落实《中华人民共和国劳动法》等法律法规，依法签订和履行《女职工权益保护专项集体合同》《工资集体协商协议》，依法保障职工劳动报酬、休息休假等合法权益，劳动合同签订率达到 100%，所属企业从未发生过拖欠工资等违法行为，切实保障了职工的合法权益。四是加强责任践行。坚持“转岗不下岗、转业不失业”的方针，2016 年至今，在政策性关停企业和僵尸企业处置过程中，践行“不把一名职工推向社会”的国企承诺，妥善安置职工 1700 余名，每年支出 4000 余万元为 700 余名退出岗位人员提供生活保障。新冠疫情暴发后，依法维护职工权益，所属企业未因疫情原因辞退一名职工或与职工解除劳动关系，累计解决社会就业 2000 余人；未变相降低或克扣职工工资，未减少或拖欠职工社会保险；切实保障职工权益，积极履行国企责任和担当，为青海省社会安定团结，实现“六稳”“六保”宏观政策作出积极贡献。

最后，保证“五并行”，全面促进企业与职工的良性互动。一是保证经济发展与职业健康保护并行。严格执行劳动安全和职业卫生法律法规，全面实施职业健康管理，建立健全应急管理体系，提高处置突发事件的能力，在营矿山实现安全避险六大系统全覆盖；定期为职工安排职业健康检查，有效预防职业病的发生，每年安排全体职工健康体检、女职工“两癌筛查”专项体检，切实保障职工职业健康权。二是保证队伍建设与职业能力提升并行。高度重视职工技能培训和素质提升，每年足额计提职工教育经费1000余万元专门用于职工在职教育和培训发展；积极开展专业技术任职资格评聘，实施技能序列员工累积积分制，畅通职业发展通道；出台员工学历提升专项政策，与中南大学、北京化工大学等知名高校建立联合培养机制，全面提升职工就业能力。三是保证合法经营与保护民主权利并行。依法完善和规范以职工代表大会、主席团会议为基本形式的民主管理制度，完善职工董事监事制度，严格落实职代会审议建议、审议通过、审议决定权，公司生产经营、安全生产、重组改制等重大决策、重要管理行为均向职代会专项报告，涉及职工群众切身利益的重大议题必须提交职代会审议通过后方可实行，充分发挥职代会的民主监督作用和民主管理职能，保证职工群众的知情权、参与权和监督权。四是保证改革创新与完善分配关系并行。阶段性推进薪酬总额承包机制，试行生产经营管理稳定企业薪酬总额承包，推进“按劳分配”向“按贡献分配”转变，提高职工参与分配的热情与主体作用；依据行业发展态势及劳动力市场付薪水平，不定时调整所属企业职工收入标准，完善收入分配手段，真正实现劳动有所得、贡献有回报，将以感情温暖职工、以收入激励员工、以机制保护员工落到实处。五是保证权益保障与调解劳动争议并行。作为全国“劳动争议预防调解工作示范企业”，公司成立了劳动争议调解委员会，所属企业下设30个调解委员会，争议调解覆盖率达100%。明确工作原则、工作职责和争议调解程序，确保“有组织、有预防、有调解、有保障”的企业预防调解工作机制有效运行，充分发挥劳动争议调解组织“第一道防线”作用；建立职工思想动态月报告制度，畅通职工反映问题、提出诉求渠道，涉及职工切身利益的问题和合理合法诉求“事事有人管、件件有回音”，第一时间、最大限度地把矛盾纠纷解决在萌芽状态。

二、江苏红豆集团有限公司“四铸四有”工程[①]

红豆集团创始于1957年，现有员工近3万名，聚焦发展服装、轮胎和制药3个产业，位居中国制造业综合实力第80位。集团拥有10多家子公司，包括红豆股份（600400.SH）、通用股份（601500.SH）两家主板上市公司以及紫杉药业（873858）新三板创新层挂牌企业，分设美国纽约、新加坡、泰国等境外机构和工厂。在柬埔寨王国联合中柬企业共同开发了11.13平方公里的西哈努克港经济特区，成为高质量共建“一带一路”的样板。作为全国先进基层党组织，集团创造了“一核心三优势”党建经验，“一融合双培养三引领”党建工作法，“五个双向”的党建工作机制，首创了“企业党建＋现代企业制度＋社会责任”的“三位一体”的中国特色现代企业制度。2012年，中组部向全国发文推广红豆党建工作经验；2019年，红豆党建经验作为民营企业唯一优秀案例入选中组部编印发行的“不忘初心、牢记使命”主题教育案例丛书；2020年作为唯一民营企业入选全国第一批产业工人队伍建设改革试点单位；2021年，集团荣登首批中国民企社会责任百强榜；2022年，集团获评全国和谐劳动关系创建示范企业[②]。

在和谐劳动关系创建方面，红豆集团实施“四铸四有”工程，企业与职工共筑利益共同体、事业共同体、命运共同体，形成了企业关爱职工、职工热爱企业的和谐共赢局面。

一是以思想引领铸魂，确保职工奋斗有方向。红豆集团持续发挥党组织在培养人才、使用人才、凝聚人才方面的独特优势，建立了“双培养”机制：把党员培养成企业人才，把企业人才培养成党员。红豆集团拥有党员1400多名，公司股东代表、工厂的厂长、经理等的党员覆盖率达96%以上。近

① 参见人力资源和社会保障部：《江苏红豆集团有限公司：实施“四铸四有”工程 构建和谐劳动关系》（2022年9月26日），人力资源社会保障部政务微信公众号rsbzwwx。

② 参见红豆集团官方网站，http://www.hongdou.com/about.html。

3 年，共有 300 多名一线职工被培养成为党员，35 名优秀党员被培养成为厂长、经理。新冠疫情暴发后，党员带头第一时间将服装生产线紧急改造转产防护用品，集团职工加班生产防护服、隔离衣、口罩等防疫物资支援抗疫，被国务院应对新型冠状病毒肺炎疫情联防联控机制（医疗物资保障组）称为“当之无愧的抗击疫情‘军工厂’”。

二是以素质提升铸匠，确保职工事业有希望。红豆集团实施“制度选人”，打通自下而上的职业通道，其主要做法是：基层职工获评“三星级职工”即可进入“红豆大学”带薪免费深造，进入管理岗位。现已有 100 多名一线职工通过学习，完成了从蓝领到白领的跨越；进入管理层后，中层职工可以通过“竞争上岗”实现个人职业提升，5 年来已有 700 多名职工通过竞争上岗走上管理岗位。红豆职工普遍形成共识：只要有本事又肯干，就有公平发展机会，都是企业主人。

三是以帮扶济困铸爱，确保职工生活有奔头。红豆集团坚持以诚信经营、关爱职工、扩大就业、奉献社会为职责，以“共同富裕、产业报国、八方共赢”为使命，积极履行社会责任。集团有较为完善的工资正常增长机制，一线熟练工年收入高于当地企业平均水平，即使在抗击新冠疫情的特殊时期，也做到了“不裁员、不降薪”；每年投入近 8000 万元，为一线职工提供食宿优惠；建造 20 幢职工宿舍楼，对有特殊贡献的人才提供安家补贴 80 万元；建立 2500 万元“红豆慈善基金”，先后有 900 多人次困难职工得到资助，共计 1012.5 万元。

四是以身心关爱铸家，确保职工权益有保障。红豆集团打造以“情”为特质的企业文化，关爱职工及家属，努力创建幸福红豆。红豆集团成立工会委员会，设立劳动争议调解委员会、劳动法律监督委员会等，努力维护职工合法权益；在各工厂、食堂广泛设置由专人收集、集团领导拆阅的“书记信箱”“工会信箱”；每个一线车间设置职工可以自由提意见、发牢骚的“回音壁”，不断畅通群众呼声表达渠道，及时回应职工关切诉求；每年 3 月设为“挖潜月”，面向职工开展合理化建议征集奖励活动；推进“有话好商量”，形成双向沟通、双方协商机制，把矛盾化解在萌芽状态。

三、广西柳州高新技术产业开发区（柳东新区）“三三体系”①

广西柳州高新技术产业开发区（柳东新区）1992年经广西壮族自治区人民政府批准成立，2010年经国务院批准成为国家级高新技术产业开发区，是广西柳州汽车城核心区，拥有四大汽车集团整车生产基地，现有165家规模以上工业企业、112个在建项目工地，职工3.56万人，农民工近万人。近年来，柳东新区坚持以“三套模式”“三个强化”“三项服务”为抓手，推动“园区管理、职工权益、企业发展”全面提升，构建劳动关系和谐发展新格局。

首先，打造“三套模式”，齐抓共管形成和谐共建合力。一是打造“党建+”模式，引领园区规范发展。依托柳州汽车城联合党委和园区工业、科技、商贸文化旅游和科创四大行业党建联盟，开展“三师进企业”活动，将和谐劳动关系案例列入联盟例会研讨内容，合力打牢和谐劳动关系根基。二是打造“机制+”模式，保障园区有序发展。通过出台《柳东新区劳动关系“和谐同行”能力提升三年行动方案》等“1+6”文件，建立协调协商、服务指导等“十个全面”机制，实现劳动关系管理标准化、精细化、科学化。三是打造“文化+”模式，促进园区和谐发展。建设农民工之家、女职工关爱室、爱心驿站等27个活动室，服务2万余名职工；开展关爱农民工服务活动29次惠及1.2万余人次，切实增强广大职工对企业的归属感。由此强化园企合力、上下联动、互促相融，实现“企业见效益、职工获实惠、园区快发展”目标。

其次，力推“三个强化”，精准施策保障劳动关系双方合法权益。针对园区劳动密集型企业多、劳动纠纷易发的情况，强力推出“三个强化”措施

---

① 参见人力资源和社会保障部：《广西柳州高新技术产业开发区（柳东新区）：“三三体系”创和谐园区 凝心聚力促企业发展》（2022年9月27日），人力资源社会保障部政务微信公众号rsbzwwx。

严防隐患。一是强化源头监测，实现劳动政策应知尽知。加强源头预防，充分利用入企宣讲、组织培训、唱山歌等形式开展劳动法律法规宣传。建立“劳动合同备案电子化平台”“一户一册备案信息库”“乐签平台数据库”等平台系统，利用大数据精准分析开展劳动纠纷源头治理。二是强化多元解纷，实现劳动纠纷应调尽调。打造“一窗受理、一键投诉、一级办结、一套制度、一条龙服务”调解服务模式，投入资金扶持成立 108 家企业劳动人事争议调解委员会，聘任 680 名调解员，搭建柳东新区网上调解平台，线上线下同频共促，调解成功率达 96%。三是强化跟踪督导，实现劳动用工违法问题应改尽改。实行网格化管理，建立 23 个劳动关系基层服务站点，充分调动劳动关系协调员积极性，定期深入企业，督促劳动用工违法问题立整立改，推动全面实现规范企业用工目标。

最后，优化“三项服务”，用心用情助力企业发展。大力开展“企业服务年”活动，持续健全助企纾困政策，完善配套设施，“一企一册”助力企业和谐发展。一是优化营商环境贴心服务。打造柳东人才市场，为企业提供人才引进、公寓申请、职称申报等一站式全方位服务平台和用工绿色通道，覆盖 100 多家企业 3 万多人。二是优化企业用工暖心服务，成立海内外高端人才创业创新示范基地、政校企联盟，集聚柳东职教园 6 所院校约 8.5 万名学生资源，为企业储备人才。三是优化企业管理用心服务。指导企业进一步深化厂务公开，依法推动百人以上建会企业建立职工代表大会制度，全面推行集体协商制度，建立健全企业民主管理制度，通过企业内部协商民主，引导职工有序参与企业治理，实现更高水平的共建共商共享。

第八章

中国劳动关系研究领域学术影响力评价（2019—2021年）

本章对收集到的2019年至2021年中国劳动关系研究领域的学术论文数据进行总结，并根据引用数量与下载数量进行平均加权求和，计算学术论文的综合学术影响力，最终综合评价中国劳动关系研究领域的学术论文影响力，并按照不同年份进行详尽分析。

第一节 中国劳动关系研究领域学术论文影响力分析

本节围绕中国劳动关系研究领域的学术论文进行了搜索。以“劳动关系”为主题，在中国知网进行了统计。近3年来，中国劳动关系研究领域共发表学术论文5319篇，其中发表在CSSCI期刊或中文核心期刊上的论文784篇，比例约为15%。根据标准化处理方法，本章仅对发表在CSSCI期刊或中文核心期刊上的学术论文进行数据分析，通过论文的引用数量与下载数量，以及综合指标进行计算，评价中国劳动关系研究领域的学术论文影响力。

一、基于论文引用数量的评价

近3年，在中国劳动关系研究领域中，一共发表了784篇CSSCI期刊或中文核心期刊论文，平均引用数量为15.54次，最高引用数量为392次。①论文引用数量最多的为发表在2019年第2期《中国高教研究》上的学术论文《新时代高校劳动教育的内涵辨析与体系建构》，被引用392次，其作者为中国劳动关系学院发展规划办公室的曲霞、中国劳动关系学院的刘向兵。

① 统计截止日期为2023年2月10日。

排在第 2 位的为发表在 2019 年第 2 期《中国人民大学学报》上的学术论文《雇佣关系还是合作关系？——互联网经济中用工关系性质辨析》，被引用 208 次，其作者为中国人民大学劳动人事学院的常凯、郑小静。排名第 3 位的为发表在 2019 年第 4 期《法学评论》上的学术论文《我国新经济下灵活用工的特点、挑战和法律规制》，被引用 193 次，其作者为上海财经大学法学院的王全兴、上海财经大学经济法与社会法研究中心的刘琦。排名前 50 位的学术论文及其相关信息，如表 8-1 所示：

表 8-1　2019—2021 年劳动关系研究领域的论文引用数量情况

排序	论文题目	论文作者	发表期刊	刊期	引用数（次）
1	新时代高校劳动教育的内涵辨析与体系建构	曲　霞 刘向兵	中国高教研究	2019 年第 2 期	392
2	雇佣关系还是合作关系？——互联网经济中用工关系性质辨析	常　凯 郑小静	中国人民大学学报	2019 年第 2 期	208
3	我国新经济下灵活用工的特点、挑战和法律规制	王全兴 刘　琦	法学评论	2019 年第 4 期	193
4	工业 4.0 时代的从属劳动论	田思路	法学评论	2019 年第 1 期	180
5	高质量发展的动力、机制与治理	高培勇 袁富华 胡怀国 刘霞辉	经济研究	2020 年第 4 期	160
6	互联网平台用工的合同定性及法律适用	王天玉	法学	2019 年第 10 期	157
7	“互联网 +”背景下灵活就业者的工伤保险问题研究	李坤刚	法学评论	2019 年第 3 期	132
8	“零工经济”下任务化用工的劳动法规制	班小辉	法学评论	2019 年第 3 期	132
9	人工智能时代互联网平台劳动过程研究——以平台外卖骑手为例	冯向楠 詹　婧	社会发展研究	2019 年第 3 期	129
10	平台经济从业者社会保险法律制度的构建	娄　宇	法学研究	2020 年第 3 期	110
11	互联网平台用工的“类雇员”解释路径及其规范体系	王天玉	环球法律评论	2016 年第 3 期	108

续表

排序	论文题目	论文作者	发表期刊	刊期	引用数（次）
12	“共享经济”还是“零工经济”？——后工业与金融资本主义下的积累与雇佣劳动关系	崔学东 曹樱凡	政治经济学评论	2019年第1期	100
13	产品市场竞争、客户关系治理与企业创新关系研究——基于行业竞争程度与企业市场地位的双重考量	贾　军 魏雅青	软科学	2019年第12期	91
14	劳动关系从属性认定标准的理论解释与体系构成	肖　竹	法学	2021年第2期	88
15	零工经济是一种劳资双赢的新型用工关系吗	谢富胜 吴　越	经济学家	2019年第6期	85
16	高质量发展背景下的新就业形态：内涵、影响及发展对策	王　娟	学术交流	2019年第3期	79
17	APP平台用工中的网约工身份认定与劳动关系重构	王　健	兰州学刊	2019年第6期	78
18	网络平台经济中“去劳动关系化”的动因及治理	胡　磊	理论月刊	2019年第9期	73
19	论数字经济时代资本主义劳动过程中的劳资关系	胡　莹	马克思主义研究	2020年第6期	72
20	网约工劳动权益保障问题研究——基于湖北外卖骑手的调查	胡放之	湖北社会科学	2019年第10期	71
21	互联网平台的责任结构与规制路径——以审查义务和经营者责任为基础	徐　可	北方法学	2019年第3期	69
22	马克思劳动观的三重维度及其现实意蕴——兼论习近平的劳动观	常　胜	思想政治教育研究	2020年第1期	66
23	人工智能时代劳动形态的演变与法律选择	田思路 刘兆光	社会科学战线	2019年第2期	65
24	新业态灵活就业人员社会保障制度健全研究	匡亚林 梁晓林 张　帆	学习与实践	2019年第4期	62
25	英国网约工劳动权益保障的思路、困境及启示	林　欧	中国人力资源开发	2016年第10期	61
26	零工经济的研究视角——基于西方经典文献的述评	郑　祁 杨伟国	中国人力资源开发	2019年第1期	60

续表

排序	论文题目	论文作者	发表期刊	刊期	引用数（次）
27	心理契约违背、劳资冲突与员工离职意向关系的实证研究：整合型组织文化的调节作用	张高旗 徐云飞 赵曙明	商业经济与管理	2019年第9期	60
28	马克思唯物史观叙事中的劳动正义	刘同舫	中国社会科学	2020年第9期	59
29	多样选择与灵活的两面性：零工经济研究中的争论与悖论	杨滨伊 孟　泉	中国人力资源开发	2020年第3期	58
30	互联网平台用工与劳动政策未来发展趋势——以劳动者身份判定为基础的分析	吴清军 张艺园 周广肃	中国行政管理	2019年第4期	57
31	平台经济灵活就业人员劳动权益保障的法理探析与制度建构	娄　宇	福建师范大学学报（哲学社会科学版）	2021年第2期	56
32	平台经济下劳动过程控制权和劳动从属性的演化与制度因应	胡　磊	经济纵横	2020年第2期	56
33	加快完善适应新就业形态的用工和社保制度	关　博	宏观经济管理	2019年第4期	56
34	新中国70年中国情境下人力资源管理研究知识图谱及展望	赵曙明 张紫滕 陈万思	经济管理	2019年第7期	55
35	共享经济下社会保险制度创新研究	问清泓	社会科学研究	2019年第1期	55
36	环境信息披露与融资约束之动态关系研究——基于重污染行业的检验证据	黄　蓉 何宇婷	金融经济学研究	2020年第2期	54
37	试论劳动、劳动教育和职业教育的关系	赵　伟	中国高教研究	2019年第11期	52
38	共享经济视域下网约车平台用工劳动关系从属性认定标准研究——以“权重位序法”为核心进路	叶嘉敏 李少军	河北法学	2020年第11期	52
39	数字劳动过程中的“去劳动关系化”现象、本质与中国应对	韩文龙 刘　璐	当代经济研究	2020年第10期	51
40	绿色工艺创新与制造业行业财务绩效关系研究	解学梅 霍佳阁 王宏伟	科研管理	2019年第3期	51

续表

排序	论文题目	论文作者	发表期刊	刊期	引用数（次）
41	工会能够维护流动人口劳动权益吗?	纪雯雯 赖德胜	管理世界	2019 年第 2 期	50
42	网络平台劳动的合约特征、实践挑战与治理路径	黄再胜	外国经济与管理	2019 年第 7 期	50
43	灵活就业、新型劳动关系与提高可雇佣能力	肖　巍	复旦学报（社会科学版）	2019 年第 5 期	49
44	高技术产业技术引进消化吸收再创新分阶段投入与产出关系研究——基于分行业数据的实证研究	王莉静 王庆玲	中国软科学	2019 年第 1 期	48
45	共享员工到底是什么?——源起、内涵、框架与趋势	何　江 闫淑敏 关　娇	商业研究	2020 年第 6 期	47
46	疫情防控背景下劳动合同不能履行时的风险负担规则研究	沈建峰	比较法研究	2020 年第 2 期	47
47	健康权益可及性与农民工城市劳动供给——来自流动人口动态监测的证据	邓　睿	中国农村经济	2019 年第 4 期	47
48	论新时代劳动精神的内涵、价值与培育路径	上官苗苗 李春华	思想理论教育导刊	2020 年第 6 期	46
49	新型用工劳动关系的法律规制研究	苏晖阳	中国人力资源开发	2020 年第 5 期	45
50	企业社会责任与品牌价值的关系研究——基于食品行业消费者购买意愿的实证分析	孙小丽	价格理论与实践	2019 年第 7 期	45

数据来源：根据中国知网相关数据计算得出。

二、基于论文下载数量的评价

近 3 年，在中国劳动关系研究领域发表的学术期刊论文，平均下载数量为 1371.85 次，最高下载数量为 15711 次，最低下载数量为 23 次。[①] 论文下载数量最多的为发表在 2019 年第 2 期《中国高教研究》上的学术论文《新

① 统计截止日期为 2023 年 2 月 10 日。

时代高校劳动教育的内涵辨析与体系建构》，下载次数 15711 次，其作者为中国劳动关系学院发展规划办公室的曲霞、中国劳动关系学院的刘向兵。排在第 2 位的为发表在 2021 年第 12 期《国际新闻界》上的学术论文《做主播：一项关系劳动的数码民族志》，下载次数 14396 次，其作者为中国人民大学新闻学院的董晨宇、荷兰鹿特丹伊拉斯姆斯大学的叶蓁。排名第 3 位的为发表在 2020 年第 4 期《经济研究》上的学术论文《高质量发展的动力、机制与治理》，下载次数 13032 次，其作者为中国社会科学院经济研究所高质量发展研究课题组的高培勇、袁富华、胡怀国、刘霞辉。排名前 50 位的学术论文及其相关信息，如表 8-2 所示：

表 8-2　2019—2021 年劳动关系研究领域的论文下载数量情况

排序	论文题目	论文作者	发表期刊	刊期	下载数（次）
1	新时代高校劳动教育的内涵辨析与体系建构	曲　霞 刘向兵	中国高教研究	2019 年第 2 期	15711
2	做主播：一项关系劳动的数码民族志	董晨宇 叶　蓁	国际新闻界	2021 年第 12 期	14396
3	高质量发展的动力、机制与治理	高培勇 袁富华 胡怀国 刘霞辉	经济研究	2020 年第 4 期	13032
4	人工智能时代互联网平台劳动过程研究——以平台外卖骑手为例	冯向楠 詹　婧	社会发展研究	2019 年第 3 期	8193
5	新业态灵活就业人员社会保障制度健全研究	匡亚林 梁晓林 张　帆	学习与实践	2021 年第 1 期	8109
6	我国新经济下灵活用工的特点、挑战和法律规制	王全兴 刘　琦	法学评论	2019 年第 4 期	6897
7	社保投入有利于企业提高劳动生产率吗？——基于“中国企业—劳动力匹配调查”数据的实证研究	程　欣 邓大松	管理世界	2020 年第 3 期	6539
8	突发公共卫生事件视域下企业人力资源管理应对措施——以新型冠状病毒肺炎疫情为例	鲍立刚	企业经济	2020 年第 3 期	5965

续表

排序	论文题目	论文作者	发表期刊	刊期	下载数（次）
9	网约工劳动权益保障问题研究——基于湖北外卖骑手的调查	胡放之	湖北社会科学	2019 年第 10 期	5674
10	研究生导师和学生关系问题何在——基于深度访谈的分析	刘　志	教育研究	2020 年第 9 期	5653
11	数字经济时代新职业发展与新型劳动关系的构建	戚聿东 丁述磊 刘翠花	改革	2021 年第 9 期	5629
12	共享员工到底是什么？——源起、内涵、框架与趋势	何　江 闫淑敏 关　娇	商业研究	2020 年第 6 期	5531
13	新业态下劳动与社会保险政策的检视与选择	汪　敏	社会保障评论	2021 年第 3 期	5411
14	零工经济是一种劳资双赢的新型用工关系吗	谢富胜 吴　越	经济学家	2019 年第 6 期	5406
15	零工经济的研究视角——基于西方经典文献的述评	郑　祁 杨伟国	中国人力资源开发	2019 年第 1 期	5384
16	平台经济从业者社会保险法律制度的构建	娄　宇	法学研究	2020 年第 2 期	5354
17	外卖平台灵活用工背景下劳动关系的司法认定	阙梓冰	中国应用法学	2021 年第 4 期	5302
18	互联网平台用工的合同定性及法律适用	王天玉	法学	2019 年第 10 期	5075
19	论数字经济时代资本主义劳动过程中的劳资关系	胡　莹	马克思主义研究	2020 年第 6 期	5066
20	平台型灵活就业的劳动关系研究——以外卖骑手为例	蓝定香 朱　琦 王　晋	重庆社会科学	2021 年第 10 期	4994
21	马克思唯物史观叙事中的劳动正义	刘同舫	中国社会科学	2020 年第 9 期	4928
22	马克思劳动观的三重维度及其现实意蕴——兼论习近平的劳动观	常　胜	思想政治教育研究	2020 年第 1 期	4854
23	劳动关系从属性认定标准的理论解释与体系构成	肖　竹	法学	2021 年第 2 期	4852
24	“共享经济”还是“零工经济”？——后工业与金融资本主义下的积累与雇佣劳动关系	崔学东 曹樱凡	政治经济学评论	2019 年第 1 期	4811

续表

排序	论文题目	论文作者	发表期刊	刊期	下载数（次）
25	“互联网+”背景下灵活就业者的工伤保险问题研究	李坤刚	法学评论	2019年第3期	4685
26	雇佣关系还是合作关系？——互联网经济中用工关系性质辨析	常凯 郑小静	中国人民大学学报	2019年第2期	4589
27	新中国70年中国情境下人力资源管理研究知识图谱及展望	赵曙明 张紫滕 陈万思	经济管理	2019年第7期	4547
28	互联网平台用工的“类雇员”解释路径及其规范体系	王天玉	环球法律评论	2020年第3期	4265
29	平台经济灵活就业人员劳动权益保障的法理探析与制度建构	娄宇	福建师范大学学报（哲学社会科学版）	2021年第2期	4057
30	数字经济、新就业形态与劳动力市场变革	胡放之	学习与实践	2021年第10期	4026
31	多样选择与灵活的两面性：零工经济研究中的争论与悖论	杨滨伊 孟泉	中国人力资源开发	2020年第3期	4024
32	劳动者个人信息保护的法律价值、基本原则及立法路径	谢增毅	比较法研究	2021年第3期	3983
33	生产方式数字化转型与适应性创新——数字经济的创新逻辑（五）	谢康 吴瑶 肖静华	北京交通大学学报（社会科学版）	2021年第1期	3938
34	数字时代资本主义生产关系中数字劳动的价值走向——基于马克思政治经济学批判	姜耀东	东北大学学报（社会科学版）	2021年第6期	3925
35	数字劳工过度劳动的逻辑生成与治理机制	朱悦蘅 王凯军	社会科学	2021年第7期	3758
36	历史规律的辩证性质——马克思文本的呈现方式	唐正东	中国社会科学	2021年第10期	3749
37	工会能够维护流动人口劳动权益吗？	纪雯雯 赖德胜	管理世界	2019年第2期	3731
38	“零工经济”下任务化用工的劳动法规制	班小辉	法学评论	2019年第3期	3706
39	试论劳动、劳动教育和职业教育的关系	赵伟	中国高教研究	2019年第11期	3703
40	幼儿教师职业认同、情绪劳动与职业幸福感的关系	卫少迪 关金凤 王淑敏 梁九清	中国健康心理学杂志	2021年第9期	3693

续表

排序	论文题目	论文作者	发表期刊	刊期	下载数（次）
41	我国新业态从业人员职业伤害保险制度：模式选择与构建思路	苏炜杰	中国人力资源开发	2021 年第 3 期	3687
42	高质量发展背景下的新就业形态：内涵、影响及发展对策	王　娟	学术交流	2019 年第 3 期	3680
43	产品市场竞争、客户关系治理与企业创新关系研究——基于行业竞争程度与企业市场地位的双重考量	贾　军 魏雅青	软科学	2019 年第 12 期	3674
44	技术升级劳动降级？——基于三家“机器换人”工厂的社会学考察	许　怡 叶　欣	社会学研究	2020 年第 3 期	3543
45	疫情防控背景下劳动合同不能履行时的风险负担规则研究	沈建峰	比较法研究	2020 年第 2 期	3533
46	网络平台经济中“去劳动关系化”的动因及治理	胡　磊	理论月刊	2019 年第 9 期	3532
47	共享经济视域下网约车平台用工劳动关系从属性认定标准研究——以“权重位序法”为核心进路	叶嘉敏 李少军	河北法学	2020 年第 11 期	3488
48	“接单游戏”与平台经济中的劳动实践——以外卖骑手为例	邓智平	求索	2021 年第 3 期	3465
49	人工智能时代劳动形态的演变与法律选择	田思路 刘兆光	社会科学战线	2019 年第 2 期	3450
50	灵活就业、新型劳动关系与提高可雇佣能力	肖　巍	复旦学报（社会科学版）	2019 年第 5 期	3408

数据来源：根据中国知网相关数据计算得出。

三、劳动关系研究领域学术论文综合评价

通过对近 3 年中国劳动关系研究领域发表的学术期刊论文的引用数量与下载数量统计，将学术论文引用数量与下载数量进行标准化处理之后，进行平均加权处理，即可得到近 3 年中国劳动关系研究领域学术影响力的综合评价。论文综合指数排名第 1 位的是发表在 2019 年第 2 期《中国高教研究》上的学术论文《新时代高校劳动教育的内涵辨析与体系建构》，其作者

为中国劳动关系学院发展规划办公室的曲霞、中国劳动关系学院的刘向兵。排在第 2 位的为发表在 2020 年第 4 期《经济研究》上的学术论文《高质量发展的动力、机制与治理》，其作者为中国社会科学院经济研究所高质量发展研究课题组的高培勇、袁富华、胡怀国、刘霞辉。排名第 3 位的为发表在 2019 年第 4 期《法学评论》上的学术论文《我国新经济下灵活用工的特点、挑战和法律规制》，其作者为上海财经大学法学院的王全兴、上海财经大学经济法与社会法研究中心的刘琦。排名前 50 位的学术论文及其相关信息，如表 8-3 所示：

表 8-3 2019—2021 年劳动关系研究领域学术论文的综合评价

排序	论文题目	论文作者	发表期刊	刊期	引用数	下载数（次）
1	新时代高校劳动教育的内涵辨析与体系建构	曲 霞 刘向兵	中国高教研究	2019 年第 2 期	392	15711
2	高质量发展的动力、机制与治理	高培勇 袁富华 胡怀国 刘霞辉	经济研究	2020 年第 4 期	160	13032
3	我国新经济下灵活用工的特点、挑战和法律规制	王全兴 刘 琦	法学评论	2019 年第 4 期	193	6897
4	雇佣关系还是合作关系？——互联网经济中用工关系性质辨析	常 凯 郑小静	中国人民大学学报	2019 年第 2 期	208	4589
5	人工智能时代互联网平台劳动过程研究——以平台外卖骑手为例	冯向楠 詹 婧	社会发展研究	2019 年第 3 期	129	8193
6	工业 4.0 时代的从属劳动论	田思路	法学评论	2019 年第 1 期	180	2973
7	互联网平台用工的合同定性及法律适用	王天玉	法学	2019 年第 10 期	157	5075
8	“互联网 +”背景下灵活就业者的工伤保险问题研究	李坤刚	法学评论	2019 年第 3 期	132	4685
9	“零工经济”下任务化用工的劳动法规制	班小辉	法学评论	2019 年第 3 期	132	3706
10	平台经济从业者社会保险法律制度的构建	娄 宇	法学研究	2020 年第 2 期	110	5354

续表

排序	论文题目	论文作者	发表期刊	刊期	引用数	下载数（次）
11	做主播：一项关系劳动的数码民族志	董晨宇 叶　蓁	国际新闻界	2021 年第 12 期	14	14396
12	互联网平台用工的“类雇员”解释路径及其规范体系	王天玉	环球法律评论	2020 年第 3 期	108	4265
13	“共享经济”还是“零工经济”？——后工业与金融资本主义下的积累与雇佣劳动关系	崔学东 曹樱凡	政治经济学评论	2019 年第 1 期	100	4811
14	新业态灵活就业人员社会保障制度健全研究	匡亚林 梁晓林 张　帆	学习与实践	2021 年第 1 期	62	8109
15	零工经济是一种劳资双赢的新型用工关系吗	谢富胜 吴　越	经济学家	2019 年第 6 期	85	5406
16	劳动关系从属性认定标准的理论解释与体系构成	肖　竹	法学	2021 年第 2 期	88	4852
17	产品市场竞争、客户关系治理与企业创新关系研究——基于行业竞争程度与企业市场地位的双重考量	贾　军 魏雅青	软科学	2019 年第 12 期	91	3674
18	网约工劳动权益保障问题研究——基于湖北外卖骑手的调查	胡放之	湖北社会科学	2021 年第 4 期	71	5674
19	论数字经济时代资本主义劳动过程中的劳资关系	胡　莹	马克思主义研究	2020 年第 6 期	72	5066
20	高质量发展背景下的新就业形态：内涵、影响及发展对策	王　娟	学术交流	2019 年第 3 期	79	3680
21	马克思劳动观的三重维度及其现实意蕴——兼论习近平的劳动观	常　胜	思想政治教育研究	2020 年第 1 期	66	4854
22	零工经济的研究视角——基于西方经典文献的述评	郑　祁 杨伟国	中国人力资源开发	2019 年第 1 期	60	5384
23	网络平台经济中“去劳动关系化”的动因及治理	胡　磊	理论月刊	2019 年第 9 期	73	3532
24	马克思唯物史观叙事中的劳动正义	刘同舫	中国社会科学	2020 年第 9 期	59	4928
25	社保投入有利于企业提高劳动生产率吗？——基于“中国企业—劳动力匹配调查”数据的实证研究	程　欣 邓大松	管理世界	2020 年第 3 期	41	6539
26	APP 平台用工中的网约工身份认定与劳动关系重构	王　健	兰州学刊	2019 年第 6 期	78	2706

续表

排序	论文题目	论文作者	发表期刊	刊期	引用数	下载数（次）
27	共享员工到底是什么？——源起、内涵、框架与趋势	何　江 闫淑敏 关　娇	商业研究	2020年第6期	47	5531
28	新中国70年中国情境下人力资源管理研究知识图谱及展望	赵曙明 张紫滕 陈万思	经济管理	2019年第7期	55	4547
29	人工智能时代劳动形态的演变与法律选择	田思路 刘兆光	社会科学战线	2019年第2期	65	3450
30	研究生导师和学生关系问题何在——基于深度访谈的分析	刘　志	教育研究	2020年第9期	43	5653
31	多样选择与灵活的两面性：零工经济研究中的争论与悖论	杨滨伊 孟　泉	中国人力资源开发	2020年第3期	58	4024
32	平台经济灵活就业人员劳动权益保障的法理探析与制度建构	娄　宇	福建师范大学学报（哲学社会科学版）	2021年第2期	56	4057
33	互联网平台的责任结构与规制路径——以审查义务和经营者责任为基础	徐　可	北方法学	2019年第3期	69	2746
34	互联网平台用工与劳动政策未来发展趋势——以劳动者身份判定为基础的分析	吴清军 张艺园 周广肃	中国行政管理	2019年第4期	57	3258
35	数字经济时代新职业发展与新型劳动关系的构建	戚聿东 丁述磊 刘翠花	改革	2021年第9期	33	5629
36	试论劳动、劳动教育和职业教育的关系	赵　伟	中国高教研究	2019年第11期	52	3703
37	工会能够维护流动人口劳动权益吗？	纪雯雯 赖德胜	管理世界	2019年第2期	50	3731
38	共享经济视域下网约车平台用工劳动关系从属性认定标准研究——以“权重位序法”为核心进路	叶嘉敏 李少军	河北法学	2020年第11期	52	3488
39	突发公共卫生事件视域下企业人力资源管理应对措施——以新型冠状病毒肺炎疫情为例	鲍立刚	企业经济	2020年第3期	27	5965
40	新业态下劳动与社会保险政策的检视与选择	汪　敏	社会保障评论	2021年第3期	32	5411
41	心理契约违背、劳资冲突与员工离职意向关系的实证研究：整合型组织文化的调节作用	张高旗 徐云飞 赵曙明	商业经济与管理	2019年第9期	60	2560

续表

排序	论文题目	论文作者	发表期刊	刊期	引用数	下载数（次）
42	劳动法上违约金制度的反思与完善——以户口违约金条款的司法实践为例	郭昌盛	河北法学	2019 年第 10 期	15	1636
43	灵活就业、新型劳动关系与提高可雇佣能力	肖　巍	复旦学报（社会科学版）	2019 年第 5 期	49	3408
44	疫情防控背景下劳动合同不能履行时的风险负担规则研究	沈建峰	比较法研究	2020 年第 2 期	47	3533
45	平台经济下劳动过程控制权和劳动从属性的演化与制度因应	胡　磊	经济纵横	2020 年第 2 期	56	2555
46	论新时代劳动精神的内涵、价值与培育路径	上官苗苗 李春华	思想理论教育导刊	2020 年第 6 期	46	3298
47	数字劳动过程中的“去劳动关系化”现象、本质与中国应对	韩文龙 刘　璐	当代经济研究	2020 年第 10 期	51	2647
48	新型用工劳动关系的法律规制研究	苏晖阳	中国人力资源开发	2020 年第 5 期	45	3228
49	实现高质量就业与提升人力资本水平研究	陈　晨 刘冠军	中国特色社会主义研究	2019 年第 3 期	16	1525
50	我国新业态从业人员职业伤害保险制度：模式选择与构建思路	苏炜杰	中国人力资源开发	2021 年第 3 期	40	3687

数据来源：根据中国知网相关数据计算得出。

第二节　基于年度的中国劳动关系研究领域学术影响力分析

上一节主要研究的是基于 2019 年至 2021 年的中国劳动关系研究领域发表学术论文的整体评价，但要了解中国劳动关系研究领域的发展，需要基于年度数据的分析。从中国知网搜索“劳动关系”为主题的统计结果来看，3 年来围绕劳动关系研究领域的学术论文呈递减趋势，由 2019 年的 1894 篇，到 2020 年的 1863 篇，再到 2021 年的 1562 篇。从 CSSCI 期刊与中文核心期刊数量上看，2019 年至 2021 年，基本保持平稳。劳动关系研究领域的学术论文精度在 15% 左右波动，2019 年 CSSCI 期刊与中文核心期刊发表论文数量占总数量的 13.6%，在 2020 年上升为 14.0%，2021 年继续快速上升为

17.1%，具体数据如图 8-1 所示：

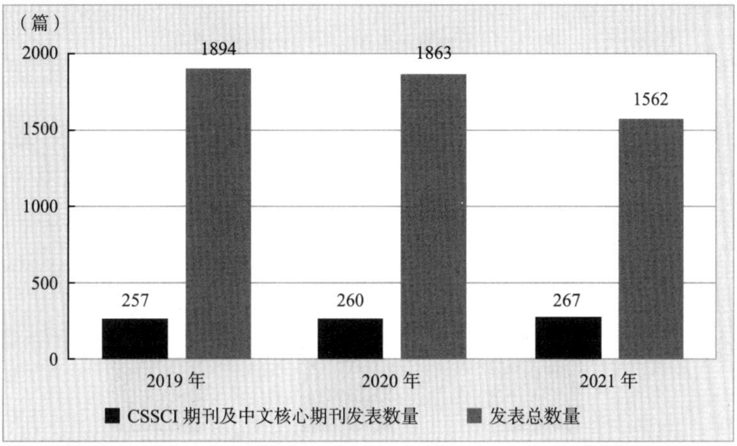

数据来源：根据中国知网相关数据计算得出。

图 8-1　2019—2021 年劳动关系研究领域学术论文发表情况

一、分年度发表论文引用数量情况

从发表在 CSSCI 与中文核心期刊上论文的引用数量来看，近 3 年中国劳动关系研究领域的学术论文引用数量呈现不断下降的趋势，2019 年学术论文的平均引用数量为 22.69 次，到 2020 年下降到 15.49 次，至 2021 年进一步下降到每篇论文的平均引用数量为 8.72 次，如图 8-2 所示：

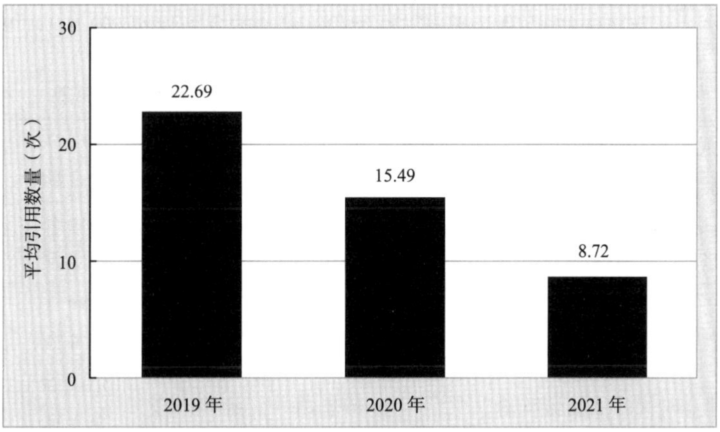

数据来源：根据中国知网相关数据计算得出。

图 8-2　2019—2021 年劳动关系研究领域学术论文平均引用数量情况

与此同时，中国劳动关系研究领域学术论文的总引用数量也呈现出下降的趋势，如图 8-3 所示：

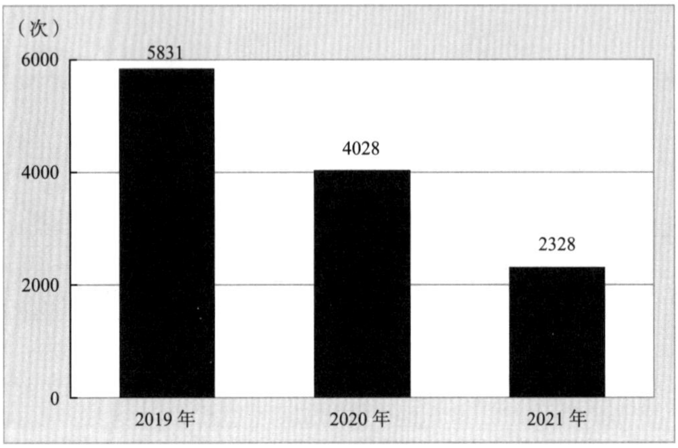

数据来源：根据中国知网相关数据计算得出。

图 8-3 2019—2021 年劳动关系研究领域学术论文引用数量情况

通过具体年份的数据可以更直观地看出，劳动关系研究领域的引用数量在不断下降，2019 年劳动关系研究领域学术论文引用数量前 3 位分别引用了 392 次、208 次与 193 次，至 2021 年其数据分别为 88 次、62 次与 56 次。

表 8-4 展示了 2019 年劳动关系研究领域学术论文引用数量的前 10 位论文及具体信息：

表 8-4 2019 年劳动关系研究领域学术论文引用数量前 10 位情况

排序	论文题目	论文作者	发表期刊	刊期	引用数（次）
1	新时代高校劳动教育的内涵辨析与体系建构	曲 霞 刘向兵	中国高教研究	2019 年第 2 期	392
2	雇佣关系还是合作关系？——互联网经济中用工关系性质辨析	常 凯 郑小静	中国人民大学学报	2019 年第 2 期	208
3	我国新经济下灵活用工的特点、挑战和法律规制	王全兴 刘 琦	法学评论	2019 年第 4 期	193
4	工业 4.0 时代的从属劳动论	田思路	法学评论	2019 年第 1 期	180
5	互联网平台用工的合同定性及法律适用	王天玉	法学	2019 年第 10 期	157

续表

排序	论文题目	论文作者	发表期刊	刊期	引用数（次）
6	“零工经济”下任务化用工的劳动法规制	班小辉	法学评论	2019年第3期	132
7	“互联网+”背景下灵活就业者的工伤保险问题研究	李坤刚	法学评论	2019年第3期	132
8	人工智能时代互联网平台劳动过程研究——以平台外卖骑手为例	冯向楠 詹　婧	社会发展研究	2019年第3期	129
9	“共享经济”还是“零工经济”？——后工业与金融资本主义下的积累与雇佣劳动关系	崔学东 曹樱凡	政治经济学评论	2019年第1期	100
10	产品市场竞争、客户关系治理与企业创新关系研究——基于行业竞争程度与企业市场地位的双重考量	贾　军 魏雅青	软科学	2019年第12期	91

数据来源：根据中国知网相关数据计算得出。

表8-5展示了2020年劳动关系研究领域学术论文引用数量的前10位论文及具体信息：

表8-5　2020年劳动关系研究领域学术论文引用数量前10位情况

排序	论文题目	论文作者	发表期刊	刊期	引用数（次）
1	高质量发展的动力、机制与治理	高培勇 袁富华 胡怀国 刘霞辉	经济研究	2020年第4期	160
2	平台经济从业者社会保险法律制度的构建	娄　宇	法学研究	2020年第2期	110
3	互联网平台用工的“类雇员”解释路径及其规范体系	王天玉	环球法律评论	2020年第3期	108
4	论数字经济时代资本主义劳动过程中的劳资关系	胡　莹	马克思主义研究	2020年第6期	72
5	马克思劳动观的三重维度及其现实意蕴——兼论习近平的劳动观	常　胜	思想政治教育研究	2020年第1期	66
6	马克思唯物史观叙事中的劳动正义	刘同舫	中国社会科学	2020年第9期	59
7	多样选择与灵活的两面性：零工经济研究中的争论与悖论	杨滨伊 孟　泉	中国人力资源开发	2020年第3期	58

续表

排序	论文题目	论文作者	发表期刊	刊期	引用数（次）
8	平台经济下劳动过程控制权和劳动从属性的演化与制度因应	胡 磊	经济纵横	2020年第2期	56
9	环境信息披露与融资约束之动态关系研究——基于重污染行业的检验证据	黄 蓉 何宇婷	金融经济学研究	2020年第2期	54
10	共享经济视域下网约车平台用工劳动关系从属性认定标准研究——以“权重位序法”为核心进路	叶嘉敏 李少军	河北法学	2020年第11期	52

数据来源：根据中国知网相关数据计算得出。

表8-6展示了2021年劳动关系研究领域学术论文引用数量的前10位论文及具体信息：

表8-6 2021年劳动关系研究领域学术论文引用数量前10位情况

排序	论文题目	论文作者	发表期刊	刊期	引用数（次）
1	劳动关系从属性认定标准的理论解释与体系构成	肖 竹	法学	2021年第2期	88
2	新业态灵活就业人员社会保障制度健全研究	匡亚林 梁晓林 张 帆	学习与实践	2021年第1期	62
3	平台经济灵活就业人员劳动权益保障的法理探析与制度建构	娄 宇	福建师范大学学报（哲学社会科学版）	2021年第2期	56
4	新业态从业人员职业伤害保障制度探讨——基于平台经济头部企业的研究	朱小玉	华中科技大学学报（社会科学版）	2021年第2期	44
5	平台企业用工关系的性质特点及其法律规制	常 凯	中国法律评论	2021年第4期	44
6	我国新业态从业人员职业伤害保险制度：模式选择与构建思路	苏炜杰	中国人力资源开发	2021年第3期	40
7	劳动者个人信息保护的法律价值、基本原则及立法路径	谢增毅	比较法研究	2021年第3期	35
8	数字经济时代新职业发展与新型劳动关系的构建	戚聿东 丁述磊 刘翠花	改革	2021年第9期	33

续表

排序	论文题目	论文作者	发表期刊	刊期	引用数（次）
9	试点的价值：平台灵活就业人员职业伤害保障的制度约束	王天玉	中国法律评论	2021 年第 4 期	32
10	“接单游戏”与平台经济中的劳动实践——以外卖骑手为例	邓智平	求索	2021 年第 3 期	32

数据来源：根据中国知网相关数据计算得出。

二、分年度发表论文下载情况

从发表在 CSSCI 期刊与中文核心期刊上论文的下载数量来看，近 3 年中国劳动关系研究领域的学术论文的平均下载数量逐渐提升，劳动关系领域研究受到更多研究者的关注。2019 年学术论文的平均下载数量为 1298.92 次，2020 年为 1372.35 次，2021 年每篇论文的平均下载数量为 1441.56 次，如图 8-4 所示：

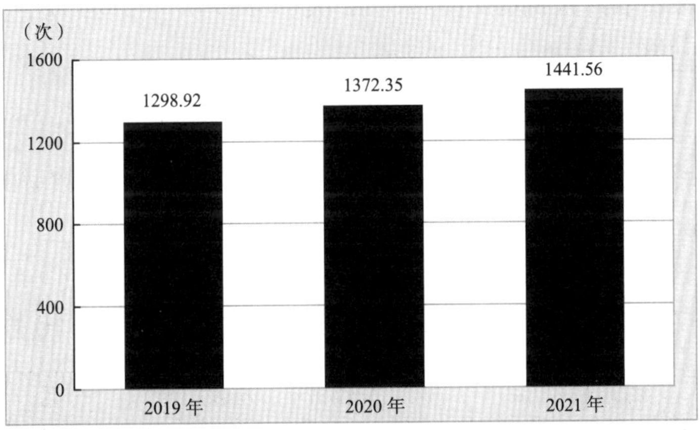

数据来源：根据中国知网相关数据计算得出。

图 8-4 2019—2021 年劳动关系研究领域学术论文平均下载数量情况

3 年内总下载数量统计中，2019 年至 2021 年的总下载量稳步提升，如图 8-5 所示：

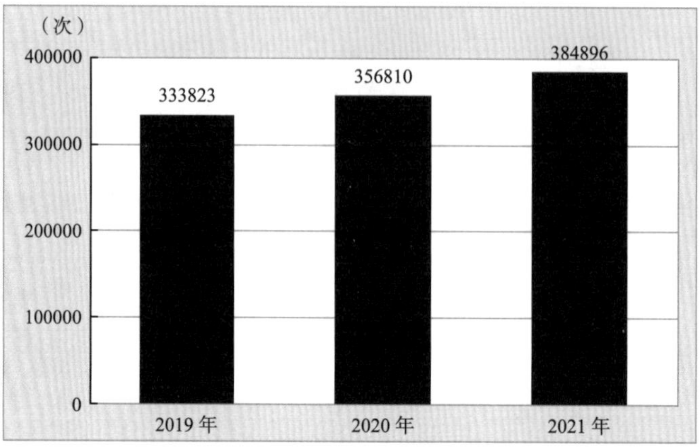

数据来源：根据中国知网相关数据计算得出。

图 8-5　2019—2021 年劳动关系研究领域学术论文总下载数量情况

通过不同年份的劳动关系研究领域学术论文的下载数量数据，可以更直观地看出，劳动关系研究领域学术论文的下载数量在各个年份呈现较大的差距，2019 年劳动关系研究领域学术论文下载数量前 3 位分别引用了 15711 次、8193 次与 6897 次，明显高于后两年，其具体数据为最高 15711 次，最低 23 次；2020 年其数据分别为 13032 次、6539 次与 5965 次，其具体数据为最高 13032 次，最低 61 次；2021 年其数据分别为 14396 次、8109 次与 5629 次。其具体数据为最高 14396 次，最低 59 次。

表 8-7 展示了 2019 年劳动关系研究领域学术论文下载数量的前 10 位的论文及具体信息：

表 8-7　2019 年劳动关系研究领域学术论文下载数量前 10 位情况

排序	论文题目	论文作者	发表期刊	刊期	下载数（次）
1	新时代高校劳动教育的内涵辨析与体系建构	曲　霞 刘向兵	中国高教研究	2019 年第 2 期	15711
2	人工智能时代互联网平台劳动过程研究——以平台外卖骑手为例	冯向楠 詹　婧	社会发展研究	2019 年第 3 期	8193
3	我国新经济下灵活用工的特点、挑战和法律规制	王全兴 刘　琦	法学评论	2019 年第 4 期	6897
4	网约工劳动权益保障问题研究——基于湖北外卖骑手的调查	胡放之	湖北社会科学	2019 年第 10 期	5674

续表

排序	论文题目	论文作者	发表期刊	刊期	下载数（次）
5	零工经济是一种劳资双赢的新型用工关系吗	谢富胜 吴　越	经济学家	2019 年第 6 期	5406
6	零工经济的研究视角——基于西方经典文献的述评	郑　祁 杨伟国	中国人力资源开发	2019 年第 1 期	5384
7	互联网平台用工的合同定性及法律适用	王天玉	法学	2019 年第 10 期	5075
8	“共享经济”还是“零工经济”？——后工业与金融资本主义下的积累与雇佣劳动关系	崔学东 曹樱凡	政治经济学评论	2019 年第 1 期	4811
9	“互联网 +”背景下灵活就业者的工伤保险问题研究	李坤刚	法学评论	2019 年第 3 期	4685
10	雇佣关系还是合作关系？——互联网经济中用工关系性质辨析	常　凯 郑小静	中国人民大学学报	2019 年第 2 期	4589

数据来源：根据中国知网相关数据计算得出。

表 8-8 展示了 2020 年劳动关系研究领域学术论文下载数量的前 10 位的论文及具体信息：

表 8-8　2020 年劳动关系研究领域学术论文下载数量前 10 位情况

排序	论文题目	论文作者	发表期刊	刊期	下载数（次）
1	高质量发展的动力、机制与治理	高培勇 袁富华 胡怀国 刘霞辉	经济研究	2020 年第 4 期	13032
2	社保投入有利于企业提高劳动生产率吗？——基于“中国企业—劳动力匹配调查”数据的实证研究	程　欣 邓大松	管理世界	2020 年第 3 期	6539
3	突发公共卫生事件视域下企业人力资源管理应对措施——以新型冠状病毒肺炎疫情为例	鲍立刚	企业经济	2020 年第 3 期	5965
4	研究生导师和学生关系问题何在——基于深度访谈的分析	刘　志	教育研究	2020 年第 9 期	5653
5	共享员工到底是什么？——源起、内涵、框架与趋势	何　江 闫淑敏 关　娇	商业研究	2020 年第 6 期	5531

续表

排序	论文题目	论文作者	发表期刊	刊期	下载数（次）
6	平台经济从业者社会保险法律制度的构建	娄　宇	法学研究	2020 年第 2 期	5354
7	论数字经济时代资本主义劳动过程中的劳资关系	胡　莹	马克思主义研究	2020 年第 6 期	5066
8	马克思唯物史观叙事中的劳动正义	刘同舫	中国社会科学	2020 年第 9 期	4928
9	马克思劳动观的三重维度及其现实意蕴——兼论习近平的劳动观	常　胜	思想政治教育研究	2020 年第 1 期	4854
10	互联网平台用工的“类雇员”解释路径及其规范体系	王天玉	环球法律评论	2020 年第 3 期	4265

数据来源：根据中国知网相关数据计算得出。

表 8-9 展示了 2021 年劳动关系研究领域学术论文下载数量的前 10 位的论文及具体信息：

表 8-9　2021 年劳动关系研究领域学术论文下载数量前 10 位情况

排序	论文题目	论文作者	发表期刊	刊期	下载数（次）
1	做主播：一项关系劳动的数码民族志	董晨宇 叶　蓁	国际新闻界	2021 年第 12 期	14396
2	新业态灵活就业人员社会保障制度健全研究	匡亚林 梁晓林 张　帆	学习与实践	2021 年第 1 期	8109
3	数字经济时代新职业发展与新型劳动关系的构建	戚聿东 丁述磊 刘翠花	改革	2021 年第 9 期	5629
4	新业态下劳动与社会保险政策的检视与选择	汪　敏	社会保障评论	2021 年第 3 期	5411
5	外卖平台灵活用工背景下劳动关系的司法认定	阙梓冰	中国应用法学	2021 年第 4 期	5302
6	平台型灵活就业的劳动关系研究——以外卖骑手为例	蓝定香 朱　琦 王　晋	重庆社会科学	2021 年第 10 期	4994
7	劳动关系从属性认定标准的理论解释与体系构成	肖　竹	法学	2021 年第 2 期	4852

续表

排序	论文题目	论文作者	发表期刊	刊期	下载数（次）
8	平台经济灵活就业人员劳动权益保障的法理探析与制度建构	娄 宇	福建师范大学学报（哲学社会科学版）	2021年第2期	4057
9	数字经济、新就业形态与劳动力市场变革	胡放之	学习与实践	2021年第10期	4026
10	劳动者个人信息保护的法律价值、基本原则及立法路径	谢增毅	比较法研究	2021年第3期	3983

数据来源：根据中国知网相关数据计算得出。

三、分年度发表论文综合评价

综合评价是劳动关系研究领域学术论文引用数量与下载数量的平均加权，通过不同年份的学术论文分别计算，可以看到每年学术论文综合评价前3位的论文在整体3年综合评价的不同位次。总体来讲，2019年发表的劳动关系研究领域学术论文综合指数更高，其前3位的论文在整体3年综合评价排序中分别位列第1、第3与第4，而且整体3年综合评价排序前10位的论文中有8篇均来自2019年；2020年发表的学术论文综合评价前3位论文在整体3年排序中分别位列第2、第10与第12；2021年发表的综合评价前3位学术论文分别位列总评价排序的第11、第14与第16。

表8-10展示了2019年劳动关系研究领域学术论文综合评价的前10位的论文及具体信息：

表8-10 2019年劳动关系研究领域学术论文综合评价前10位情况

排序	论文题目	论文作者	发表期刊	刊期	引用数	下载数（次）
1	新时代高校劳动教育的内涵辨析与体系建构	曲 霞 刘向兵	中国高教研究	2019年第2期	392	15711
2	我国新经济下灵活用工的特点、挑战和法律规制	王全兴 刘 琦	法学评论	2019年第4期	193	6897

续表

排序	论文题目	论文作者	发表期刊	刊期	引用数	下载数（次）
3	雇佣关系还是合作关系？——互联网经济中用工关系性质辨析	常　凯 郑小静	中国人民大学学报	2019 年第 2 期	208	4589
4	人工智能时代互联网平台劳动过程研究——以平台外卖骑手为例	冯向楠 詹　婧	社会发展研究	2019 年第 3 期	129	8193
5	工业 4.0 时代的从属劳动论	田思路	法学评论	2019 年第 1 期	180	2973
6	互联网平台用工的合同定性及法律适用	王天玉	法学	2019 年第 10 期	157	5075
7	“互联网+”背景下灵活就业者的工伤保险问题研究	李坤刚	法学评论	2019 年第 3 期	132	4685
8	“零工经济”下任务化用工的劳动法规制	班小辉	法学评论	2019 年第 3 期	132	3706
9	“共享经济”还是“零工经济”？——后工业与金融资本主义下的积累与雇佣劳动关系	崔学东 曹樱凡	政治经济学评论	2019 年第 1 期	100	4811
10	零工经济是一种劳资双赢的新型用工关系吗	谢富胜 吴　越	经济学家	2019 年第 6 期	85	5406

数据来源：根据中国知网相关数据计算得出。

表 8-11 展示了 2020 年劳动关系研究领域学术论文综合评价的前 10 位的论文及具体信息：

表 8-11　2020 年劳动关系研究领域学术论文综合评价前 10 位情况

排序	论文题目	论文作者	发表期刊	刊期	引用数	下载数（次）
1	高质量发展的动力、机制与治理	高培勇 袁富华 胡怀国 刘霞辉	经济研究	2020 年第 4 期	160	13032
2	平台经济从业者社会保险法律制度的构建	娄　宇	法学研究	2020 年第 2 期	110	5354

续表

排序	论文题目	论文作者	发表期刊	刊期	引用数	下载数（次）
3	互联网平台用工的“类雇员”解释路径及其规范体系	王天玉	环球法律评论	2020 年第 3 期	108	4265
4	论数字经济时代资本主义劳动过程中的劳资关系	胡　莹	马克思主义研究	2020 年第 6 期	72	5066
5	马克思劳动观的三重维度及其现实意蕴——兼论习近平的劳动观	常　胜	思想政治教育研究	2020 年第 1 期	66	4854
6	马克思唯物史观叙事中的劳动正义	刘同舫	中国社会科学	2020 年第 9 期	59	4928
7	社保投入有利于企业提高劳动生产率吗？——基于“中国企业—劳动力匹配调查”数据的实证研究	程　欣 邓大松	管理世界	2020 年第 3 期	41	6539
8	共享员工到底是什么？——源起、内涵、框架与趋势	何　江 闫淑敏 关　娇	商业研究	2020 年第 6 期	47	5531
9	研究生导师和学生关系问题何在——基于深度访谈的分析	刘　志	教育研究	2020 年第 9 期	43	5653
10	多样选择与灵活的两面性：零工经济研究中的争论与悖论	杨滨伊 孟　泉	中国人力资源开发	2020 年第 3 期	58	4024

数据来源：根据中国知网相关数据计算得出。

表 8-12 展示了 2021 年劳动关系研究领域学术论文综合评价的前 10 位的论文及具体信息：

表 8-12　2021 年劳动关系研究领域学术论文综合评价前 10 位情况

排序	论文题目	论文作者	发表期刊	刊期	引用数	下载数（次）
1	做主播：一项关系劳动的数码民族志	董晨宇 叶　蓁	国际新闻界	2021 年第 12 期	14	14396
2	新业态灵活就业人员社会保障制度健全研究	匡亚林 梁晓林 张　帆	学习与实践	2021 年第 1 期	62	8109

续表

排序	论文题目	论文作者	发表期刊	刊期	引用数	下载数（次）
3	劳动关系从属性认定标准的理论解释与体系构成	肖　竹	法学	2021年第2期	88	4852
4	平台经济灵活就业人员劳动权益保障的法理探析与制度建构	娄　宇	福建师范大学学报（哲学社会科学版）	2021年第2期	56	4057
5	数字经济时代新职业发展与新型劳动关系的构建	戚聿东 丁述磊 刘翠花	改革	2021年第9期	33	5629
6	新业态下劳动与社会保险政策的检视与选择	汪　敏	社会保障评论	2021年第3期	32	5411
7	外卖平台灵活用工背景下劳动关系的司法认定	阙梓冰	中国应用法学	2021年第4期	22	5302
8	我国新业态从业人员职业伤害保险制度：模式选择与构建思路	苏炜杰	中国人力资源开发	2021年第3期	40	3687
9	劳动者个人信息保护的法律价值、基本原则及立法路径	谢增毅	比较法研究	2021年第3期	35	3983
10	平台企业用工关系的性质特点及其法律规制	常　凯	中国法律评论	2021年第4期	44	3225

数据来源：根据中国知网相关数据计算得出。

第三节　中国劳动关系研究领域相关方向学术论文影响力分析

上两节分别对中国劳动关系领域学术论文从近3年整体和分年度进行整理，并根据引用量和下载量及其综合指标作出学术论文影响力综合评价。为了对劳动关系领域分析更充分，需要对相关方向作出分析。选取劳动教育、劳动文化、劳动精神方向作整理分析，近3年来，3个方向中劳动教育方向发表数量远超劳动文化和劳动精神，劳动教育方向共发表967篇CSSCI期刊或中文核心期刊论文，劳动文化方向发表65篇，劳动精神方向发表108篇。

一、基于劳动教育方向的评价

劳动教育研究所涉及的学科范围较广，具有较强的理论性和实践性，研究内容主要侧重劳动教育内涵和时代价值理解、教育理论和体系构建、劳动教育课程建设以及劳动教育的历史演进和未来展望。劳动教育研究的重要任务是不断改善劳动观教育方案，培养新时代优秀劳动者，特别是深入学校，在技术育人的同时还要以劳树德、以劳增智、以劳强体等观念促进学生全面发展，及早解决社会存在的扭曲的劳动观问题，为社会健康可持续发展做好奋斗精神的导向。当前劳动教育研究成果主要集中在劳动教育内涵特征和价值、高校劳动教育课程和体系建设以及经验总结和未来展望。其中发文数量的表现上高校大学生劳动教育更为受关注。

近 3 年中劳动教育方向发表的学术期刊，总引用量 20556 次，平均引用量 21.26 次，总下载量 1749483 次，平均下载量 1809.19 次。将学术论文引用数量与下载数量进行标准化处理之后，进行平均加权处理，即可得到近 3 年劳动教育方向学术影响力的综合评价。综合评价排在第 1 位的是发表在 2019 年第 2 期《中国教育学刊》上的学术论文《劳动教育的概念理解——如何认识劳动教育概念的基本内涵与基本特征》，其作者为北京师范大学教育学部、北京师范大学公民与道德研究中心、全国德育学术委员会的檀传宝。第 2 位是发表在 2019 年第 1 期《教育研究》上的学术论文《“新”劳动教育的内涵特征与实践路径》，其作者为北京师范大学教育学部的班建武。第 3 位是发表在 2019 年第 2 期《中国高教研究》上的学术论文《新时代高校劳动教育的内涵辨析与体系建构》，其作者为中国劳动关系学院发展规划办公室的曲霞、中国劳动关系学院的刘向兵。

表 8-13 展示了 2019—2021 年劳动教育方向学术论文综合评价前 30 位的论文及具体信息：

表 8-13　2019—2021 年劳动教育方向学术论文综合评价前 30 位情况

排序	论文题目	论文作者	发表期刊	刊期	引用数	下载数（次）
1	劳动教育的概念理解——如何认识劳动教育概念的基本内涵与基本特征	檀传宝	中国教育学刊	2019 年第 2 期	1062	36127
2	“新”劳动教育的内涵特征与实践路径	班建武	教育研究	2019 年第 1 期	547	25241
3	新时代高校劳动教育的内涵辨析与体系建构	曲　霞 刘向兵	中国高教研究	2019 年第 2 期	393	15719
4	“五育融合”与新时代“教育新体系”的构建	李政涛 文　娟	中国电化教育	2020 年第 3 期	267	17934
5	走向跨界融合：新时代劳动教育课程建设的价值、认识与实践	林克松 熊　晴	湖南师范大学教育科学学报	2020 年第 2 期	217	12169
6	新时代加强高校劳动教育的价值意蕴与实践路径	岳海洋	思想理论教育	2019 年第 3 期	202	10536
7	构建德智体美劳全面培养的教育体系：理据与策略	冯建军	西北师大学报（社会科学版）	2020 年第 3 期	175	10797
8	新时代劳动教育何以必要和可能	肖绍明 扈中平	教育研究	2019 年第 8 期	164	10142
9	高校大学生劳动教育的多维透视	裴文波 岳海洋 潘聪聪	学校党建与思想教育	2019 年第 4 期	167	8256
10	新时代加强大学生劳动教育的时代价值与实践路径	冯　刚 刘文博	中国高等教育	2019 年第 12 期	162	8699
11	全面准确地把握劳动教育内涵	柳夕浪	教育研究与实验	2019 年第 4 期	189	5593
12	刍议新时代劳动教育课程的一体化设计	顾建军 毕文健	人民教育	2019 年第 10 期	176	6149
13	劳动教育何以促进人的自由全面发展——基于马克思主义劳动观和人的发展观的考察	程从柱	南京师大学报（社会科学版）	2020 年第 3 期	131	8987
14	核心素养时代的项目式学习：内涵重塑与价值重建	杨明全	课程・教材・教法	2021 年第 2 期	117	10289
15	陶行知劳动教育思想对新时代加强大学生劳动教育的启示	李　珂 蔡元帅	思想教育研究	2019 年第 1 期	136	7703

续表

排序	论文题目	论文作者	发表期刊	刊期	引用数	下载数（次）
16	重构劳动教育的价值空间	徐海娇	中国教育学刊	2019 年第 6 期	148	5657
17	大中小学劳动教育实施现状的调查研究	王　飞 徐继存	课程·教材·教法	2020 年第 2 期	139	6166
18	新时代教育发展的指导思想——学习习近平总书记在全国教育大会上的讲话	顾明远	北京师范大学学报（社会科学版）	2019 年第 1 期	130	5215
19	劳动教育的现状、问题和建议——2019 年浙江省中小学劳动教育调研报告	方凌雁	人民教育	2020 年第 1 期	97	8121
20	五育融合视野下劳动教育的中国经验与未来展望	孙会平 宁本涛	教育科学	2020 年第 1 期	107	6897
21	身体视域下的劳动教育：文化内涵、价值意蕴与实践路向	张　磊 倪胜利	国家教育行政学院学报	2019 年第 10 期	128	4841
22	新时代中小学劳动教育课程的价值旨归	康翠萍 龚　洪	教育研究与实验	2019 年第 6 期	118	5471
23	建国 70 年我国劳动教育的演进脉络、时代内涵与实践路径	郑程月 王　帅	当代教育科学	2019 年第 5 期	110	6130
24	新时代中小学劳动教育的内涵、类型与实施策略	余文森 殷世东	全球教育展望	2020 年第 10 期	108	6189
25	新中国成立 70 年劳动教育的历史演变——基于教育政策学的视角	张雨强 张书宁	中国教育学刊	2019 年第 10 期	109	5479
26	人的全面发展视域下的新时代高校劳动教育研究	郭长义	辽宁大学学报（哲学社会科学版）	2019 年第 4 期	102	5766
27	论高校创新创业教育与劳动教育的同构共生	刘丽红 曲　霞	中国青年社会科学	2020 年第 1 期	105	5313
28	新中国中小学劳动教育课程设置：演变、特征与趋势	艾　兴 李　佳	教育科学研究	2020 年第 1 期	89	6064
29	行胜于言：论劳动教育对立德树人的功能支撑	李　珂	教学与研究	2019 年第 5 期	101	4771
30	新时代劳动教育的内涵、特征与价值	陈　云 吴艳玲	人民教育	2020 年第 7 期	103	4535

数据来源：根据中国知网相关数据计算得出。

二、基于劳动文化方向的评价

劳动文化方向研究重在凝练劳动文化的深刻内涵意蕴，解析新时代劳动文化形成部分和深厚根基，将劳动文化注入教育培养，向劳动者和广大群众传播丰富内容，展现劳动文化的育人价值，研究发挥引领和激励作用，建立健康的社会劳动心态。劳动文化研究针对社会浮躁的劳动现象，坚持以劳动为核心融合马克思主义劳动学说和中华优秀传统文化，高度赞扬劳动者的历史地位和创造地位，培养积极的劳动价值观，营造社会和谐劳动氛围，旨在推动劳动教育的精神引领和凝聚价值共识。目前劳动文化研究成果大多集中体现在劳动文化内涵、时代价值意义、劳动文化育人挑战与实践等方面。

近 3 年中劳动文化方向发表的学术期刊，总引用量 1067 次，平均引用量 16.42 次，总下载量 101045 次，平均下载量 1554.54 次。综合评价排在第 1 位的是发表在 2019 年第 10 期《人民教育》上的学术论文《刍议新时代劳动教育课程的一体化设计》，其作者为南京师范大学教育科学学院的顾建军、南京理工大学泰州科技学院发展规划处的毕文健。第 2 位是发表在 2019 年第 10 期《国家教育行政学院学报》上的学术论文《身体视域下的劳动教育：文化内涵、价值意蕴与实践路向》，其作者为西南大学的张磊和倪胜利。第 3 位是发表在 2020 年第 5 期《思想理论教育》上的学术论文《新时代高校劳动教育的价值考量与整体推进》，其作者为上海第二工业大学党委学工部的乐晓蓉和胡蕾。

表 8-14 展示了 2019—2021 年劳动文化方向学术论文综合评价前 30 位的论文及具体信息：

表 8-14　2019—2021 年劳动文化方向学术论文综合评价前 30 位情况

排序	论文题目	论文作者	发表期刊	刊期	引用数	下载数（次）
1	刍议新时代劳动教育课程的一体化设计	顾建军 毕文健	人民教育	2019 年 第 10 期	176	6149

续表

排序	论文题目	论文作者	发表期刊	刊期	引用数	下载数（次）
2	身体视域下的劳动教育：文化内涵、价值意蕴与实践路向	张　磊 倪胜利	国家教育行政学院学报	2019年第10期	128	4841
3	新时代高校劳动教育的价值考量与整体推进	乐晓蓉 胡　蕾	思想理论教育	2020年第5期	82	5605
4	从“德智体美”到“德智体美劳”：加强高校劳动教育的逻辑审视	李　丹	中国职业技术教育	2019年第33期	48	2998
5	新时代劳动教育课程的价值与建构	蔡其勇 向诗丽 谢霁月 胡春芳	当代教育科学	2020年第9期	48	2440
6	新时代大学生劳动教育的价值意蕴、核心内容及实践策略	马志霞 黄朝霞	中国大学教学	2021年第10期	25	4106
7	习近平关于劳动的重要论述及其时代价值	刘映芳 朱志明	思想理论教育导刊	2021年第4期	27	3798
8	新时代劳动教育的育人逻辑与实践路径探索	金　哲 陈恩伦	贵州师范大学学报（社会科学版）	2021年第6期	27	3464
9	习近平新时代劳动教育观的文化底蕴	何虎生 王　玮	北京联合大学学报（人文社会科学版）	2020年第4期	28	3020
10	中小学劳动教育课程体系构建与实施	朱志勇	课程·教材·教法	2021年第8期	19	3842
11	新时代劳动教育社会支持的现实挑战及应对路径	班建武	中国电化教育	2021年第11期	22	3321
12	学校劳动教育课程建设的“乡村思路”	刘　佳 王玥玮	中国教育学刊	2021年第6期	17	3455
13	数字文化生产者的劳动境遇考察——以网络文学签约写手为例	张　铮 吴福仲	同济大学学报（社会科学版）	2019年第3期	31	1838
14	劳动教育资源开发的目标审视	黄丽蓉 班建武	教育科学研究	2020年第10期	32	1318
15	人口结构、劳动参与率与长期实际利率演变——基于女性劳动文化视角的研究	庹思伟 周铭山	中国工业经济	2020年第12期	8	3807

续表

排序	论文题目	论文作者	发表期刊	刊期	引用数	下载数（次）
16	新时代劳模精神的崭新意蕴与当代价值	李　珂	红旗文稿	2020 年第 8 期	27	1721
17	我国劳动教育课程的发展历程、主要成就和实施方略	吕晓娟 李晓漪	课程·教材·教法	2021 年第 8 期	10	3260
18	新时代高校大学生劳动精神的生成逻辑、科学内涵及培育路径	宋广军	思想政治教育研究	2021 年第 3 期	21	1863
19	中国共产党建党百年以来对劳动教育的探索	刘向兵 张清宇	国家教育行政学院学报	2021 年第 7 期	17	1811
20	劳动教育厚植美好生活内涵的文化基因	罗建文 李爱军	湖南科技大学学报（社会科学版）	2020 年第 5 期	19	1483
21	新时代应用型高校劳动教育的时代价值、实践原则及推进理路	梁广东	教育与职业	2020 年第 20 期	18	1323
22	新时代高校劳动教育的困境与出路	吴玉剑 王习胜	广西社会科学	2021 年第 9 期	13	1837
23	以“劳”育“德”：基本内涵、时代意义与实现路径	于春玲 万美君	思想教育研究	2021 年第 11 期	8	2364
24	新时代劳动精神培育的逻辑脉络、价值内核、困囿与路径	邓旭升 程　娟	中国职业技术教育	2020 年第 33 期	16	1406
25	新时代劳动文化育人研究	马其南	学校党建与思想教育	2020 年第 17 期	17	1251
26	在高职人才培养中强化劳动教育的目标及路径	郑治伟 许艳丽 张雨澄	教育与职业	2020 年第 15 期	17	1015
27	论劳动教育的生命意义	程从柱	当代教育科学	2020 年第 9 期	13	1207
28	创造性智慧赋能智能时代的劳动教育：内涵与维度	詹青龙	国家教育行政学院学报	2021 年第 7 期	10	1440
29	职业院校劳动教育实施路径的创新与实践	彭　谦	中国职业技术教育	2021 年第 34 期	11	1258
30	新时代高职院校劳动教育的三重维度	邓红彬 曹　刚	中国职业技术教育	2021 年第 21 期	8	1276

数据来源：根据中国知网相关数据计算得出。

三、基于劳模精神、劳动精神、工匠精神方向的评价

劳模精神、劳动精神、工匠精神方向所研究的重点在于丰富劳动精神内涵，明确价值意义，构建合理的弘扬劳模精神路径，树立正确的劳动观，塑造社会积极奋斗的健康状态。特别是针对当前社会关于劳动的不正之风和大学生错误的劳动价值判断，劳模精神、劳动精神、工匠精神研究的重要任务是改进劳动教育的实践模式，把握劳模精神的培育方向，改善社会劳动的浮躁风气。劳模精神、劳动精神、工匠精神研究以理论带动实践，将劳动精神融汇于劳动教育，在教育中不断深化对劳动精神的学习和认知，尤其大学生劳动教育是新时代劳模精神培养的重要组成部分，将马克思主义劳动观和中华优秀传统文化所形成的劳模精神、劳动精神、工匠精神在教育培养过程中深入人心，以劳动精神的强大力量推动中华民族的社会发展和伟大复兴。目前的劳模精神、劳动精神、工匠精神研究成果主要集中在基本内涵、价值意蕴、实践路径以及高校大学生新时代劳动教育相关问题，侧重点在于新时代大学生劳动教育实践路径。

近 3 年中劳模精神、劳动精神、工匠精神方向发表的学术期刊，总引用量 3715 次，平均引用量 34.39 次，总下载量 247293 次，平均下载量 2289.75 次。综合评价排在第 1 位的是发表在 2019 年第 2 期《中国教育学刊》上的学术论文《劳动教育的概念理解——如何认识劳动教育概念的基本内涵与基本特征》，其作者为北京师范大学教育学部、北京师范大学公民与道德研究中心、全国德育学术委员会的檀传宝。第 2 位是发表在 2019 年第 1 期《思想教育研究》上的学术论文《陶行知劳动教育思想对新时代加强大学生劳动教育的启示》，其作者为中国劳动关系学院党委组宣部的李珂、中国劳动关系学院纪检监察办公室的蔡元帅。第 3 位是发表在 2019 年第 4 期《辽宁大学学报（哲学社会科学版）》上的学术论文《人的全面发展视域下的新时代高校劳动教育研究》，其作者为辽宁石油化工大学党委的郭长义。

表 8-15 展示了 2019—2021 年劳动精神方向学术论文综合评价前 30 位

的论文及具体信息：

表 8-15　2019—2021 年劳模精神方向学术论文综合评价前 30 位情况

排序	论文题目	论文作者	发表期刊	刊期	引用数	下载数（次）
1	劳动教育的概念理解——如何认识劳动教育概念的基本内涵与基本特征	檀传宝	中国教育学刊	2019 年第 2 期	1062	36127
2	陶行知劳动教育思想对新时代加强大学生劳动教育的启示	李　珂 蔡元帅	思想教育研究	2019 年第 1 期	136	7703
3	人的全面发展视域下的新时代高校劳动教育研究	郭长义	辽宁大学学报（哲学社会科学版）	2019 年第 4 期	102	5766
4	论新时代弘扬劳动精神的重大意义与实践路径	鲁满新	思想理论教育导刊	2019 年第 4 期	87	5274
5	新时代高校劳动教育的价值考量与整体推进	乐晓蓉 胡　蕾	思想理论教育	2020 年第 5 期	82	5605
6	新时代劳动精神的生成逻辑、核心内涵与弘扬路径	黄　燕	思想理论教育	2019 年第 1 期	88	4971
7	马克思劳动观的三重维度及其现实意蕴——兼论习近平的劳动观	常　胜	思想政治教育研究	2020 年第 1 期	66	4857
8	新时代劳动精神的科学内涵与培育路径	赵　浚 田鹏颖	思想理论教育	2019 年第 9 期	76	3696
9	基于实践导引的中小学劳动教育评价研究	刘茂祥	教育科学研究	2020 年第 2 期	74	3592
10	习近平新时代劳动教育观论析	程德慧	职业技术教育	2019 年第 6 期	61	4413
11	习近平总书记关于劳模精神的重要论述研究	彭维锋	山东社会科学	2019 年第 4 期	67	3617
12	促进新时代大学生确立正确劳动观刍议	张　玲 廖　钰	思想理论教育导刊	2019 年第 9 期	70	3054
13	劳动素养的内涵、结构体系及培养路径	纪德奎 陈璐瑶	天津师范大学学报（基础教育版）	2021 年第 2 期	52	3634
14	人工智能时代劳动教育的价值省思与超越	杨颖秀	中小学管理	2019 年第 5 期	58	3080

续表

排序	论文题目	论文作者	发表期刊	刊期	引用数	下载数（次）
15	中小学劳动教育的实践观照与理性回归	李　群 郝志华 张萍萍	中小学管理	2019 年第 5 期	58	2910
16	新时代大学生劳动精神培育的价值意蕴及其实现路径	郑娓娜	学校党建与思想教育	2019 年第 9 期	57	2546
17	为何要高度重视劳动与劳动教育	冯颜利	人民教育	2020 年第 1 期	57	2470
18	论新时代劳动精神的内涵、价值与培育路径	上官苗苗 李春华	思想理论教育导刊	2020 年第 6 期	46	3299
19	大概念视域下我国大中小学劳动教育课程一体化建设的思考	李　刚 吕立杰	教育科学	2020 年第 5 期	38	3655
20	职业院校劳动教育实施成效、问题与建议——来自 754 所职业院校的调研报告	佛朝晖 张宇泉	中国职业技术教育	2021 年第 6 期	40	3170
21	高校青年学生群体劳动精神教育的时代价值与现实路径	申文昊	马克思主义理论学科研究	2019 年第 5 期	47	2440
22	新时代大学生劳动教育的价值意蕴、核心内容及实践策略	马志霞 黄朝霞	中国大学教学	2021 年第 10 期	25	4106
23	习近平关于劳动教育重要论述的思想内涵与时代价值	刘芳芳 吴　琼	内蒙古社会科学	2021 年第 3 期	24	4181
24	论教科书中的劳动精神渗透——以中小学语文教科书为例	商　曼	基础教育课程	2019 年第 11 期	45	2447
25	劳动素养：新时代人才必备素养	龚春燕 魏文锋 程艳霞	中小学管理	2020 年第 4 期	49	2131
26	新时代大学生劳动观培育的现实境遇与实践路径	刘　俊	江西师范大学学报（哲学社会科学版）	2020 年第 6 期	43	2585
27	习近平关于劳动的重要论述及其时代价值	刘映芳 朱志明	思想理论教育导刊	2021 年第 4 期	27	3798
28	新时代劳模精神、劳动精神、工匠精神的理论内涵与实践导向	彭维锋	江西社会科学	2021 年第 5 期	31	3240

续表

排序	论文题目	论文作者	发表期刊	刊期	引用数	下载数（次）
29	用劳模精神、劳动精神、工匠精神凝聚新征程奋斗力量	刘向兵	红旗文稿	2021年第1期	35	2752
30	劳动精神的主体性阐释	何云峰 万　婕	思想理论教育	2020年第6期	48	1738

数据来源：根据中国知网相关数据计算得出。

后　记

习近平总书记指出："劳动关系是最基本的社会关系之一。要最大限度增加和谐因素、最大限度减少不和谐因素，构建和发展和谐劳动关系，促进社会和谐。"和谐稳定的劳动关系不仅是维护个人和企业单位之间的桥梁，更是高质量发展的重要组成部分，也是国家治理体系和治理能力现代化的重要内容。

本书系统地梳理了习近平总书记关于工人阶级和工会工作重要论述研究，重点梳理了中国劳动关系领域政策法律法规，系统地整理了近年来国内劳动教育理论与弘扬劳模精神、劳动精神、工匠精神的相关理论成果，并从智能经济、中国式现代化企业治理的角度，围绕构建新时代中国特色社会主义和谐劳动关系，进行了系统的文献与观点梳理，最后综合评价了中国劳动关系研究领域的学术论文影响力。

本书由吉林大学天和劳动关系研究院邵彦敏、孙在旗编著，韩喜平、隋明利任编委会主任，吉林大学天和劳动关系研究院的纪明、闫立光、李珮瑶、尹希文、刘凤文竹、何况、邵春国、刘芙彤等参与了本书的编写，吉林大学的刘柏桥、张严续、罗雨佳等为本书的材料收集作出了重要贡献，在此对他们的辛勤付出表示真诚的感谢。本书在撰写过程中参考了诸多专家学者的著作、文章及相关资料，受益匪浅，甚为感谢。在此对出版社的有关领导和编辑为本书的出版给予的大力支持亦表示感谢。由于本书是对年度劳动关系领域研究成果的总结和梳理，一定存在着诸多不足，恳切期望本领域的专家、学者批评指正！

编者

2024 年 9 月